电视媒体问政类话题
会话研究

付 博 / 著

 湖南师范大学出版社

·长沙·

图书在版编目（CIP）数据

电视媒体问政类话题会话研究／付博著. --长沙：湖南师范大学出版
社，2025.2.
　　ISBN 978 - 7 - 5648 - 5246 - 7

　　Ⅰ.①电…　Ⅱ.①付…　Ⅲ.①电视工作—新闻采访—研究　Ⅳ.①
G222.1

中国国家版本馆 CIP 数据核字（2024）第 024070 号

电视媒体问政类话题会话研究
Dianshi Meiti Wenzheng Lei Huati Huihua Yanjiu

付　博　著

◇出　版　人：吴真文
◇组稿编辑：李　阳
◇责任编辑：李　阳
◇责任校对：张圣仪　李　航
◇出版发行：湖南师范大学出版社
　　　　　　地址/长沙市岳麓区　邮编/410081
　　　　　　电话/0731 - 88873071　0731 - 88873070　0731 - 88872256
　　　　　　网址/https：//press. hunnu. edu. cn
◇经销：新华书店
◇印刷：长沙市宏发印刷有限公司
◇开本：710 mm × 1000 mm　1/16
◇印张：19. 75
◇字数：350 千字
◇版次：2025 年 2 月第 1 版
◇印次：2025 年 2 月第 1 次印刷
◇书号：ISBN 978 - 7 - 5648 - 5246 - 7
◇定价：69. 80 元

凡购本书，如有缺页、倒页、脱页，由本社发行部调换。
投稿热线：0731 - 88872256　微信：ly13975805626　QQ：1349748847

序

　　本书的作者付博是我指导的博士研究生，在学习期间，她思维敏捷、勤奋好学、脚踏实地，学术水平不断提高。她的博士毕业论文曾获得外审专家和答辩委员会专家的一致好评，本书是在她的博士毕业论文基础上几经修改而成的。在电视问政中，政府人员与民沟通、民众借此参政议政等都需要通过会话来实现，因而，对此领域会话的研究很有意义，这也使得本书的研究既具有理论意义又具有实践意义。本书综合运用多种理论和研究方法，对语言现象的把握准确、细致，具有较高的学术价值。

　　本书的特点是将理论与实际进行了很好的结合，综合运用会话分析理论、伯明翰学派话语分析模式理论、主位与述位理论、主位推进理论，采用由美国社会学家 Harvey Sacks、Emanuel Schegloff & Gail Jefferson 所开创的会话分析方法，辅以定量与定性相结合、描写与解释相结合的研究方法，自建 30 余万字的电视媒体问政类话题会话语料库，在对大量的一手数据进行统计分析的基础上，对电视媒体问政类话题会话进行了系统、深入的研究。构建了电视媒体问政类话题会话模式，搭建了电视媒体问政类话题会话研究理论框架，创建了以对应为基础的电视媒体问政类话题会话分析模式，考察了此领域会话与其他电视媒体领域会话的区别特征，拓展了电视媒体领域会话的研究领域，验证了相关理论的普适性并试图丰富相关理论，为相关领域会话研究提供了一些新的思路。

本书的创新之处甚多。目前电视媒体问政类话题会话的研究基本还没有引起学术界的关注,学者们从语言学角度对此领域会话进行的研究非常少。作者从整体结构、局部结构、主位推进模式、会话打断模式、会话策略这几个方面进行了全面、细致、深入的研究,力争使该领域会话的研究得到发展。对于主位推进模式的考察,提出将主位与述位理论、主位推进理论与伯明翰学派话语分析模式理论相结合,以主位推进模式为轴心,把构成每个问答对应中的话语视为一个单独语篇进行主位推进模式的考察。不但考察问答对应里同一语步中话语的主位推进模式,更重要的是考察答话与问话跨语步的主位推进模式。对于检验答话与问话有效性的可行性途径方面,创建了电视媒体问政类话题会话中的优质会话模式与非优质会话模式,制定了对优质与非优质会话模式的评价体系。对于电视媒体问政类话题会话问答对应方面,作者将问答对应分为简短型问答对应、追问型问答对应、重问型问答对应,并提出了"Q-A-Fi + a-Fii-Fii + a-Fiii-Fiiii"追问型问答对应、"Q-A-Fi + a-Fii-Fii + a-Fiii-Fiii + a-Fiiii-Fiiiii"追问型问答对应、"Q-A-Qa-An-F"重问型问答对应、含有挑战语步"A/Q"的"Q-A/Q-A"简短型问答对应、"Q-A/Q-A-F"简短型问答对应、"Q-A/Q-A-Fi + a-Fii-Fiii"追问型问答对应、"Q-A/Q-A-Qa-An-F"重问型问答对应。此外,作者还对电视媒体问政类话题会话相关研究内容的分类方面提出了一些独到的见解。

希望付博能以此书的出版为契机,在未来的学术之路上努力前行、拓宽视野、勤奋创新,在语言学领域能够取得更为丰硕的成果!

金晓艳

2024 年 10 月

目　录

绪 论

一、研究缘起、研究目标及研究意义

（一）研究缘起

党的十九大报告提出"打造共建共治共享的社会治理格局"，电视媒体问政类话题会话所依托的平台——电视问政，就是在这种背景下逐渐发展的。目前电视问政在许多省市的电视台举办，电视问政将政府、公众、媒体置于同一时空中，彼此面对面地进行交流、沟通，公众借此参政议政，这对于发展"共建共治共享的社会治理格局"具有促进作用。因而，电视问政受到了学术界不同领域学者的关注。学者们主要从新闻传播学、管理学、政治学等领域对其发展、创新、现状、传播策略、舆论监督模式、长效机制、推动政府工作、对公共领域的建构、社会协商功能、官民互动、搭建参政议政平台等方面进行了研究，对电视问政中会话进行的研究很少，从语言学角度对其进行的研究更是少之甚少。而在电视问政中，政府人员与民沟通、民众参政议政等都需要通过会话来实现，因而，对此领域会话的研究意义重大，势在必行。

电视媒体问政类话题会话指的是以电视媒体平台上的"电视问政"为载体，公众与政府人员就公共事务，现场面对面地讨论、沟通、协商，利用"问"与"答"的互动方式进行问政的会话。电视媒体问政类话题会话属于电视媒体领域会话。目前对不同领域如医患、法庭、课堂等领域会话进行的研究，相比于电视媒体领域会话来说，进行得更为深入和全面。而对电视媒体领域会话来说，大部分的研究集中在从新闻传播学的视角进行，从语言学角度进行的相对少些，研究的领域集中在谈话类会话领域。而对电视媒体问政类话题会话的研究基本还没有引起学者们的注意。电视媒体问政类话题会话与其他电视媒体领域会话相比，在会话性质、整体结构、局部结构、主位构成、主位推进模式、会话打断等方面有其独有的特征，对这些特征的研究与揭示，有助于构建电视媒体问政类话题会话模式，深化电视媒体领域会话的研究，为相关研究开辟新的思路。

在电视媒体问政类话题会话中，会话参与者们的话语有时会出现所答非所问、答话与问话的相关度低、会话者之间的沟通效率不高等情况，这些都有待解决。因而，目前电视媒体问政类话题会话的重要性以及此领域会话研究基本未引起学者们的关注，还有上述有待解决的问题，这些成为触发笔者对电视媒体问政类话题会话开展研究的缘起。

（二）研究目标

鉴于目前从语言学的角度对电视媒体问政类话题会话的研究处于起始阶段，本书通过自建 30 余万字的电视媒体问政类话题会话语料库，利用大量真实、有效、科学的一手语料，对电视媒体问政类话题会话进行系统、全面的研究，试图构建电视媒体问政类话题会话模式，搭建电视媒体问政类话题会话研究理论框架，创建电视媒体问政类话题会话分析模式，考察此领域会话与其他电视媒体领域会话的区别特征，验证并丰富相关理论。具体研究目标如下：

第一，从宏观的视角，通过运用伯明翰学派话语分析模式理论及会话分析理论，构建出以对应为基础的电视媒体问政类话题会话分析模式，揭示出电视媒体问政类话题会话整体结构全貌，发掘出区别于其他电视媒体领域会话的电视媒体问政类话题会话的性质。

第二，从微观的视角，通过运用伯明翰学派话语分析模式理论研究出电视媒体问政类话题会话以问答对应为核心的局部结构全貌，考察出此领域会话的典型结构，揭示与其他电视媒体领域会话以及相关机构性会话在局部结构方面的区别，同时考察出伯明翰学派话语分析模式理论是否具有普适性，试图对伯明翰学派话语分析模式理论进行有益的扩充。

第三，透过形式层面深入到语义层面，将主位与述位理论、主位推进理论与伯明翰学派话语分析模式理论相结合，以主位推进模式为轴心，揭示出电视媒体问政类话题会话内在语义关联；探究出检验答话与问话吻合度的途径；研究出优质会话模式与非优质会话模式的评价体系；构建优质会话模式与非优质会话模式；解释非优质会话模式产生的原因。进而为其他电视媒体领域会话在研究语义关联、验证问答会话有效性上提供新的思路，同时试图使研究成果能够丰富主位与述位理论及主位推进理论。

第四，运用会话分析理论，揭示出区别于其他电视媒体领域会话的此领域会话打断特征；考察出此领域会话打断目的，进而解释此领域会话打断现象为何大量存在；弄清会话打断对优质会话模式的产生究竟起到了推动作用还是阻碍作用。从而，构建出电视媒体问政类话题会话打断模式。

第五，为了有助于会话参与者会话目的的实现、促进会话任务的完成、提高问政的会话效率、增加会话打断成功概率、推动优质会话模式产生，研究出电视媒体问政类话题会话中有效的问话策略、答话策略以及会话打断策略。

（三）研究意义

1. 理论意义

第一，本书的研究成果拓宽和加深了电视媒体领域会话的研究。以往对电视媒体领域的研究从新闻传播学角度进行得较多，对电视媒体领域会话的研究相对进行得较少，而对电视媒体问政类话题会话进行的研究更少，从语言学角度对电视媒体问政类话题会话进行的研究更是少之又少。电视媒体问政类话题会话的研究基本还没有得到学者们的关注，处于起始阶段。因而，本书从语言学的角度对于电视媒体问政类话题会话的研究使其在电视媒体领域会话的研究中占有一席之地。

第二，本书对电视媒体问政类话题会话内部语义关联的研究为相关领域会话的研究提供了一些新的思路。本书将主位与述位理论、主位推进理论与伯明翰学派话语分析模式理论相结合，以主位推进模式为轴心，把构成每个问答对应中的话语视为一个单独语篇进行主位构成及主位推进模式的考察。不但考察问答对应里同一语步中话语的主位推进模式，更重要的是考察答话与问话跨语步的主位推进模式，进而探寻到了检验答话与问话吻合度的有效途径，研究出了优质会话模式与非优质会话模式。这为相关领域会话研究在考察会话深层次语义关联、判断优质与非优质会话模式、验证问答会话的有效性等方面提供了一些新的思路。

第三，本书综合运用了会话分析理论、伯明翰学派话语分析模式理论、主位与述位理论、主位推进理论，展现了电视媒体问政类话题会话从结构到语义的全貌，搭建了电视媒体问政类话题会话研究的理论框架，验证了伯明翰学派话语分析模式理论的普适性并对其进行了扩充，尝试性地丰富了主位与述位理论及主位推进理论。

2. 实践意义

第一，电视媒体问政类话题会话是一个政府人员与公众零距离面对面交流、亲民、利民的渠道，是关乎政府职责是否有效履行，百姓民生问题是否有效解决的重要媒介。因而，政府人员与公众在此领域的会话对发展"共建共治共享的社会治理格局"具有促进作用。因此，对此领域的会话进行深入系统的研究，有着社会意义。

第二，政府人员、主持人、问政代表、新媒体主播、评论员如何有效地进行会话沟通？政府人员如何保持答话与问话的高等级吻合度？主持人如何很好地发挥协调与掌控会话的作用？问政代表采用何种问话方式能够有助于其精准地得到所需信息？评论员如何使评论的话语具有较高的逻辑性、层次性、连贯性？本书研究的成果能够促进上述问题的解决，因而本书研究具有实用意义。

第三，本书自建30余万字的电视媒体问政类话题会话语料库。同时，在对电视媒体问政类话题会话进行研究时，掌握了大量的真实、精准的一手数据，如此领域会话中412个单式问话，101个复式问话，3285个主位，2184个主位推进模式，124个优质会话模式，优质会话模式中的897个相关主位推进模式，339个非相关主位推进模式，优质会话模式中的1230个主位，85个非优质会话模式，非优质会话模式中的658个非相关主位推进模式，290个相关主位推进模式等。本研究对这些数据的掌握为其他学者对于此领域会话的研究能够提供基础性的数据，具有参考意义。

二、研究对象

本书分别从整体结构、局部结构、主位推进模式、会话打断模式、会话策略几个方面对电视媒体问政类话题会话展开深入、系统的研究。"'问政'一语，最早见于《中庸》哀公问政于孔子的记述，其意义更贴近执政者自上而下向相关人士咨询为政之道。"（杨诗哲等，2014）而现在"问政"则多指公众对政府人员就公共事务进行发问。因而，电视媒体问政类话题会话指的是以电视媒体平台上的"电视问政"为载体，公众与政府人员就公共事务，现场面对面地讨论、沟通、协商，利用"问"与"答"的互动方式进行问政的会话。其中，公众是指"社会上大多数的人；大众"。（中国社会科学院语言研究所词典编辑室，2016）政府人员指的是在政府各部门及所属的事业单位工作的人员。

电视媒体问政类话题会话所依托的平台是电视问政。电视问政是指通过电视媒体平台，政府人员与公众就公共事务现场面对面地讨论、沟通、协商，利用"问"与"答"的互动方式进行的问政活动。电视问政的雏形应当数 2005 年兰州市的《"一把手"上电视》，在这之后，全国各地的电视问政逐渐兴起并发展。到了 2011 年进入繁荣期，以武汉电视台创办的电视问政为标志，至此"电视问政"这一名称正式被确立，并得到了社会的广泛认可。从 2011 年至今，电视问政在很多省市逐一展开，如洛阳的《百姓问政》、长春的《电视问政》、银川的《电视问政》、湖南的《电视问政》等。

"会话（conversation）是指发生在两人或多人之间的口头交流活动。"（代树兰，2007）会话属于口语范畴。对于会话进行的系统研究始于 20 世纪 60 年代，美国社会学家 Harvey Sacks、Emanuel Schegloff & Gail Jefferson 开创了会话分析，使会话的研究从广度到深度开始有了长足的发展。学者们从不同的领域运用各自的理论、方法对会话展开了系统研究。20 世纪 70 年代末，学者们不但对日常会话进行研究，对不同领域的会话也开展了研究，如对课堂领域会话、医患领域会话、法庭领域会话、电视媒体领域会话等进行了研究。本书所研究的电视媒体问政类话题会话属于电视媒体领域的会话。电视媒体领域会话是指依托电视媒体平台而进行的会话，包括谈话类会话、生活服务类会话、综艺娱乐类会话、电视媒体问政类话题会话等。

电视媒体问政类话题会话主要以问答会话为主，问答对应是此领域会话的核心结构。因而，本书在对电视媒体问政类话题会话进行综合探究的基础上，重点对能够充分体现此领域特征的问答会话进行深入研究。这样能够使本书的研究重点突出，详略得当，有助于构建电视媒体问政类话题会话模式。

三、理论背景

本书对电视媒体问政类话题会话进行研究所运用的理论为会话分析理论、伯明翰学派话语分析模式理论、主位与述位理论以及主位推进理论。这些理论都是话语分析的分支，因而，本书有必要先对话语分析进行简要的梳理。

1952 年，美国结构主义语言学家 Zellig Harris 第一次使用了"话语分析"，这一概念是在他发表于美国《语言》（*Language*）中的文章《话语分析》（*Discourse Analysis*）中提出的。话语分析（Discourse Analysis）这一新的学科是从多种学科发展而来的。① 语言学家们分别从话语分析研究的对象、功能、内容以及社会语言学等角度对话语分析进行了界定。Stubbs（1983）认为话语分析是指"针对自然情况下产生的连贯的口语或书面语所进行的语言分析"。Widdowson（1979）认为话语分析是指"针对语句用于交往以实现社会行为的研究"。胡壮麟（2017）指出"'话语分析'涉及研究书面语、口语、符号语言，以至任何有意义的符号实践的各种方法，对象为话语、写作、谈话、会话、交际场合等"。Labov（1969）指出话语分析指的是"通过制定一系列规则把做的和说的或是说的与做的关联起来"。继 Harris 发表《话语分析》（*Discourse Analysis*）之后，Mitchell 对话语分析作出了进一步的贡献，其在 1957 年所写的《昔兰尼加的买卖》（*The Language of Buying and Selling in Cyrenaica*）中提出了分析话语的方法——语义分析法，这是在 Harris 对话语分析研究的基础上，进一步加深对话语分析的研究。从 20 世纪 60、70 年代开始，话语分析逐渐发展起来，不同领域的学者在进行话语分析时运用各自不同的理论和方法，出现了话语分析的一些分支。

20 世纪 60 年代，Halliday 用系统功能语法对句子与话语之间的关系进行了研究，提出了语言的三大元功能：概念（ideational）、人际（interpersonal）和语篇（textual）。人类学家 D. Hymes 对口头话语做了研究，这是从社会学的视角进行的研究，其编写的《文化和社会中的语言：语言学和人类学读本》（*Language in Culture and Society：A Reader in Linguistics and Anthropology*），在这一论文集中，"话语、风格、称呼形式、语言艺术的各种形式以及语言应用的差异等问题受到了重视"。（刘虹，2004）这些研究为后来的话语文化学的创建奠定了基础。这一时期，美国社会学家 Harvey

---

① 刘虹（2004）指出："这些学科包括语言学、社会学、人类学、哲学、交际学、认知心理学、社会心理学、符号学、修辞学、教育学和人工智能等。"

Sacks、Emanuel Schegloff & Gail Jefferson 开创了会话分析，他们引领了学术界开始对日常会话进行仔细研究，对日常会话的规律进行深入发掘。会话分析研究的内容包括话轮、话轮转换机制、会话序列结构、会话修正等等。

20 世纪 70 年代，由于会话分析学家们的研究扩展了话语分析的视角，从事话语分析的学者们，除了对日常会话进行研究外，逐渐开始对课堂、医患等领域的会话进行系统研究。比较有代表性的如 1975 年英国的语言学家Sinclair 和 Coulthard 创建了伯明翰学派，这一学派对课堂话语进行了研究，注重对话语结构的分析，提出了以"对应"为基础的话语分析模式。这一时期，布拉格学派语言学家 František Daneš 提出了主位推进理论。这一理论揭示了语篇中主位是如何推进、变化的，主位之间、述位之间、主位和述位之间的联系，以及这种联系对于语篇的衔接与连贯的影响。这一理论成了话语分析中的重要理论之一。由英国哲学家 Austin 在 20 世纪 50 年代开创的言语行为理论在此后的二三十年间产生了深远的影响。这一理论中的言内行为、言外行为以及言后行为对于话语与行为之间的关系进行了揭示，对语言的意义进行研究，从行为的视角来研究话语。此后，Searle 对 Austin 创建的言语行为理论进行了发展，Searle 对于言外行为的分类产生了一定的影响。在 20 世纪 70 年代，言语行为理论逐渐成了话语分析所遵循的重要理论框架。这一时期，社会语言学也开展了话语分析，"Labov & Fanshel 创建了用言语行为理论进行话语分析的理论模式和方法"。（李悦娥、范宏雅，2002）这一时期，一些学者在语用学领域进行了话语分析。如美国哲学家 Grice 创建的会话合作原则；Leech 提出了礼貌原则；1978 年，Brown 和 Levinson 创建了面子保全论，这些理论成了话语分析的重要理论。此外，70 年代初由Hymes、Gumperz 等人类学家创建的话语文化学的理论模式也成为话语分析的理论之一。1978 年由 Roy O. Freedle 主编的《话语过程》（*Discourse Process*）的杂志为话语分析方面的专业杂志，这一杂志中发表的文章都是话语分析的研究成果，这些成果来自多个学科。这一杂志的问世体现出了 70 年代以来话语分析所取得的成就。

进入 20 世纪 80 年代以后，学者们所开展的话语分析从理论到研究方法等日趋成熟。荷兰语篇学家 van Dijk 是这领域的代表人物之一，他主编的《语篇》（*Text*）杂志于 1981 年出版，这一杂志具有国际性，涵盖了国际上不同学术领域学者们关于话语分析的研究成果。1985 年，Halliday 的著作《功能语法导论》（*An Introduction to Functional Grammar*）问世，以 Halliday 为代表的系统功能学派沿袭了布拉格学派的创始人 Mathesius 提出的主位、述位概念，并进行了进一步的发展和阐释，对主位、述位的内涵、类型、功能等进行了深入探讨，丰富了主位与述位理论，使这一理论成了话语分析所遵循的理论之一。随着话语分析逐渐发展，出现了批评话语分析与积极话语分析。1989 年 Fairclough 第一次使用了"批判话语分析"的概念，1992 年，Fairclough 的《批评话语分析》（*Critical Discourse Analysis*）专著问世，使批评话语分析在学术界得到了关注。从事批评话语分析的语言学家除了 Fairclough 以外，还有 Martin 等人，批判话语分析注重研究话语所体现的权力关系。积极话语分析的开展源于 Martin 于"1999 年在英国伯明翰批评话语分析国际研讨会上宣读了'积极话语分析：团结和变化'的论文"①。随着各国学者们在不同领域，从不同的视角，运用相应的理论与方法从事话语分析，话语分析硕果累累。

以上对话语分析进行了简要梳理，下面将对话语分析中的会话分析理论、伯明翰学派话语分析模式理论、主位与述位理论、主位推进理论进行详述。

（一）会话分析理论

本书所运用的会话分析理论是由美国社会学家 Harvey Sacks、Emanuel Schegloff & Gail Jefferson 所开创的。"严格地来说，会话分析最早是在 20 世纪 60 年代美国的加利福尼亚出现的。"（于国栋，2008）Harvey Sacks & Emanuel Schegloff 是会话分析的发起者。1964 年 Sacks 在第一次讲座中观察到的会话中的一些现象如相邻对和序列等，这些研究可以被视为是会话分析的开始。1968 年，Schegloff 发表的文章《会话分析序列》（*Sequencing in Conversational Openings*）成为第一篇会话分析研究领域正式发表的文章。这篇文章"在一定基础上奠定了会话分析基本的研究方向和研究方法。Schegloff 完成了谈话起步序列（conversational openings）的研究，提出了谈话起步阶段的话语分配原则和呼叫—应答序列等概念"。（于国栋，2008）1974 年 Sacks、Schegloff & Jefferson 发表的著名文章《会话中一个最简单的话轮转换

---

① 转引自胡壮麟. 新编语篇的衔接与连贯 [M]. 上海：华东师范大学出版社，2017：21.

机制》（*A Simplest Systematics for the Organization of Turn-taking for Conversation*）提出了会话分析的核心理论之一，即话轮转换机制。

会话分析研究的对象是会话，因而，书面语不在其研究的范围之内。"会话分析属于话语分析的一个派别，其研究重点是考察在自然情况下收集到的大量数据中反复出现的模式。"（刘虹，2004）"Schegloff & Sacks（1973）认为，会话分析就是一种精致地、经验性地、形式化地描述社会行为之细节的自然的观察性学科。"① Have（1999）认为会话分析是对交际中会话者之间谈话规律的研究。20 世纪 60 年代在会话分析之初，Sacks 进行会话分析所使用的材料主要一方面来自打给"自杀研究中心"的电话录音，另一方面来自心理治疗的录音，还有一些是来自通过电话打给灾害中心的录音。Schegloff 进行会话分析所使用的材料主要来自通过电话打给灾害中心的录音。这说明最初的会话分析对象是机构性会话，② 随着研究的逐渐开展，Sacks & Schegloff 将会话分析的对象锁定到了日常会话上，因为他们发现对日常会话的分析更有利于揭示会话的一些规律。到了 20 世纪 70 年代末，会话分析的研究对象又转回到了机构性会话上。当今会话分析研究的会话包括日常会话以及不同领域的会话，如课堂、医患、法庭、电视媒体等领域的会话。

会话分析中的核心理论之一为话轮转换机制，除了这一核心理论以外，会话分析还有会话序列结构、会话修正等理论。本书在对电视媒体问政类话题会话进行研究时，重点运用了会话分析理论中的话轮、话轮转换机制、会话修正这些理论来研究此领域会话中的整体结构、会话打断现象、会话中的重问现象以及会话策略等。

1. 话轮和话轮转换机制

Levinson（1983）认为"话轮是某一会话者在一个典型的、有秩序的、有两个或两个以上会话者参加的会话中独自说话的时间段"。刘虹（2004）认为"话轮是指会话过程中，说话者在任意时间内连续说出的一番话，其结尾以说话者和听话者的角色互换或各方的沉默为标志"。本书赞同刘虹对

---

① 转引自于国栋. 会话分析 [M]. 上海：上海外语教育出版社，2008：4.

② Drew & Heritage（1992）认为会话的机构性并不取决于会话发生在什么场合里，而是取决于会话的内容是否关涉到了会话者的机构身份，如果会话的内容关涉到了会话者的机构身份，那么不管这一会话发生在怎样的场合里，这一会话都是机构性会话。

话轮的定义。如例（1）：

（1）**主**：都怎么处罚的？

政：这么---我们主要采取这种措⊥两项的措施：呃第一呢就是---责成他啊在规定的期限内把他自己所张贴的野广告全部清理掉。第二个，如果说逾期不清理的，我们会送公安机关来进行依法惩处。（2018 年 12 月 28 日）

例（1）中有两个话轮，分别为主持人的话轮和政府人员的话轮。主持人说出问题后，由说话者变成了听话者，政府人员进行了回答，政府人员由听话者变成了说话者，话轮在主持人和政府人员之间发生了转换。

话轮构建成分（turn-construction component）指的是将话轮构建起来的成分。Sacks 等人（1974）指出，"在英语中，构成话轮的语言单位有多种，词、短语、从句和句子都是构成话轮的语言单位"。刘虹（2004）指出，"话轮只能由单句、复句或句群构成"。本文赞同刘虹的观点，因为在汉语中，会话者们在会话时，构成每个话轮的词和短语都带上了句调，同时能够表达完整的语义，因而，构成话轮的这些词和短语属于句子的范畴。所以，本书认为构建话轮的成分可以是单句、复句、句群。在一个话轮中，有时由一种话轮构建成分组成，有时由两种或三种话轮构建成分组成。如例（2）、例（3）、例（4）、例（5）：

（2）**主**：……我理解的责任人哪应该是两个含义……我的这个理解对吗？

政：对。（2016 年 9 月 26 日）

（3）**主**：用了多长时间？

政：呃---将近一年的时间。

主：一年的时间。（2017 年 9 月 22 日）

（4）**主**：也就是说这个年人均纯收入得低于这两个<u>数</u>，才能够申请低保。

政：对。（2017 年 3 月 24 日）

（5）**政**：这里面呢也反映出啊旧改这个面积呢---相当大，咱们这个在管理方面出现了一个漏洞。现在按照我们区委区政府的要求我们采取两种办法：第一个，由旧改指挥部组织施工单位从去年的 11 月份开始呃---逐个小区、逐栋楼正在排查，形成问题清单。第二个，就是由我们的街道组织社区在所有的旧改小区设置这个群众意见的征询台，那么把群众意见收集起来也要形成清单。根据这两个清单我们现在正在制定那个旧城改造的整改提升方案。那么在这个整改期间也要不断地征求意见不断地进行改正。（2018 年 3 月 30 日）

例（2）中，政府人员话轮中的话轮构建成分为由"对"一个词构成的单句。例（3）第三个话轮"一年的时间"为主持人的话轮，这一话轮的构建成分为一个由短语构成的单句。例（4）中，主持人话轮的构建成分为复句。例（5）中，政府人员的话轮是由复句和句群以及单句组成的。其中"现在按照我们区委区政府的要求我们采取两种办法：第一个……第二个……"这是一个句群。

在探讨话轮转换机制之前，还有一个概念需要明晰——话轮转换相关处（transition relevance place）。Hutchby & Wooffitt（1998）指出"在话轮构建成分的末尾会出现话轮转换相关处，这是由于在此处话轮有可能在会话者之间发生转换"。因此，话轮构建成分的末尾处就是话轮转换相关处。在会话者话语中的每个话轮转换相关处，都有可能出现话轮转换，但不是一定要出现话轮转换。如例（6）：

（6）**主**：嗯路线图时间表都有了。人大代表还有什么问题吗？

　　代：我想呢，拆迁工作啊是一个很复杂、很系统的工程……（2016 年 9 月 26 日）

上例中，主持人的话轮中，在"嗯路线图时间表都有了"这个单句的结束处是第一个话轮转换相关处，在"人大代表还有什么问题吗？"这个单句的结束处，是第二个话轮转换相关处，在第一个话轮转换相关处没有出现话轮转换，在第二个话轮转换相关处，出现了话轮转换，问政代表开始说话。可见，话轮转换相关处只是提供了一种话轮转换的可能，但不是一定要出现话轮转换。

话轮转换机制是 Sacks、Schegloff & Jefferson 提出来的，话轮转换机制实际是对会话者们话轮的一种分配规则，主要涉及会话者之间话轮是通过自选还是他人指定的方式来进行分配的，以此使话轮在不同会话者之间轮换，这种规则普遍存在于人们的会话中。Sacks、Schegloff & Jefferson（1974）提出的话轮转换机制具体如下：

（1）对于任何话轮来说，在第一个话轮构建成分的第一个话轮转换相关处的位置上：

（a）如果出现了现在的说话者选择下一说话者的情况，那么这一被选择的说话者有权利也有义务开始说话，其他人无权说话也没有义务说话。话轮转换发生在说话者选完后的第一个话轮转换相关处。

（b）如果没有出现现在的说话者选择下一说话者的情况，那么，其他会话参与者可以通过自选的方式来获得话轮，最先通过自选的方式获得话轮的会话者成了下一个说话者，话轮转换在这个转换相关处发生。

（c）如果没有出现现在的说话者选择下一说话者的情况，当前说话者可以继续说话，但不是一定要继续说话，直到其他会话者通过自选的方式获得话轮为止。

（2）如果在第一个话轮构建成分的第一个话轮转换相关处的位置上，规则（1）（a）、（1）（b）并未被使用，规则（1）（c）被使用了，那么就意味着当前的说话者继续说话，在下一个转换相关处规则（1）（a）—（1）（c）再次被使用，而且，在之后的每一个话轮转换相关处可循环使用，一直到会话者话轮转换发生为止。

下面举例说明上述话轮转换机制，如例（7）：

（7）**主**：＞听得出来使了很大劲儿哈＜。说一个具体的问题，比如刚才我提到的很多人很关心外立面的这个苯板，它不光是牵涉质量更牵涉安全。现在的情况怎么样？能不能让大家放心？

政：呃---现在的苯板呢，在我们那个这次普查过程中啊……呃现在情⊥苯板的情况呢基本上是合格的。

主：嗯，您早说这个我们都放心了。好，请坐！（2017年9月22日）

上例中，主持人的第一个话轮中，第一个话轮构建成分的第一个话轮转换相关处为"听得出来使了很大劲儿哈"这个单句的结束处，在第一个话轮转换相关处并没有出现话轮转换，话轮转换机制中规则（1）（c）被使用，主持人继续说话。之后又出现了几个话轮转换相关处，均未出现话轮转换，主持人继续说话。直到"能不能让大家放心？"这个单句末端的话轮转换相关处，出现了话轮转换，主持人通过对政府人员的提问，运用了规则（1）（a），选择了下一说话者。随后，被选择的政府人员开始说话，规则（1）（a）—（1）（c）再次被使用，直到政府人员话轮中的"现在情⊥苯板的情况呢基本上是合格的"这一单句末端的话轮转换相关处的出现，实现了话轮转换。这时规则（1）（b）被使用，政府人员没有选择说话者，主持人是通过自选的方式获得了话轮，成了下一个说话者。

本书将在对电视媒体问政类话题会话的研究中，来验证这一话轮转换机制的解释力及普适性。

2. 会话修正

美国社会学家 Harvey Sacks、Emanuel Schegloff & Gail Jefferson（1977）提出了会话修正的概念，"认为会话修正是指会话参与者对于会话过程中关于听、说或理解方面出现的阻碍及问题所进行的处理。指出构成会话修正的三部分为：问题源（trouble source）、修正的启动（repair initiation）和修正的进行（repair）。依据会话双方对于修正的启动和进行是由自我还是他人来完成的，将会话修正分为自我启动自我修正、自我启动他人修正、他人启动自我修正、他人启动他人修正这四种类型"。

首先，自我启动自我修正指的是"发话人意识到了自己话语中存在的问题，从而对自己刚刚产出的话语进行修正"。（李捷等，2011）其次，自我启动他人修正是指发话人在表达时出现问题源，并意识到了问题源的存在，但自己没办法进行消除，于是启动修正，由他人对问题源进行修正。再次，他人启动自我修正是指发话人表述后，由他人发现发话人话语中的问题源，并启动了修正，之后由发话人自己对话语中的问题源进行修正。最后，他人启动他人修正是指发话人表述后，由他人发现发话人话语中的问题源后发起修正，并对问题源进行了修正。如例（8）、（9）：

（8）**主**：对不起，时间有限，我想呃问一下，最近这个事有没有什么处理进展？

　　政：应该说……从 2013 年开始始终在拆除⊥执法队员在拆除。……今年去拆，可能过一段，过个半年⊥十⊥一年半载他又在接建……（2016 年 6 月 27 日）

（9）**主**：好的，打断一下某区长，咱们的回答时间基本到了哈。我想说的是，刚才咱们的政协委员问的似乎是想知道这样的情况究竟为什么会发生？您回答的和他的问题似乎不是太贴切，您能直接回答咱们委员的问题吗？

　　政：呃---这中间是⊥主要是由于我们监管不到位啊。另外呢还有一个客观原因，有可能我们区内目前啊这个垃圾的这个临时的堆放场啊，受这个客观条件的限制，还是有限。（2016 年 6 月 27 日）

在例（8）中，政府人员为了很好地回答主持人的问题，进行了多次自我启动自我修正。先是通过补充话语，在"在拆除"前加了"执法队员"，使行为的执行者更加明确；之后对于接建的时间，通过修正明确为"过个一年半载"。通过这些修正，使得所答内容更加精准、严谨，这也体现出答话人一种认真负责的态度。

例（9）中，由于政府人员在回答问政代表的话时不是很贴切，出现了问题源，因而主持人指出了政府人员话语里的问题源"回答的问题与问政代表的问题不是太贴切"，启动了会话修正，进行了重问。随后政府人员对自己之前的话语进行了修正，精准地回答了之前问政代表的问题。

在电视媒体问政类话题会话中诸如会话参与者重问的原因有哪些，会话参与者在打断时的目的都是怎样的等，对于这些问题的解释，会话修正理论为本书提供了一个很好的切入点。

（二）伯明翰学派话语分析模式理论

在课堂领域会话中，有代表性的是始于 20 世纪 70 年代初伯明翰学派对教师与学生在课堂上的会话进行的深入、详细的研究。其代表人物为英国语言学家 Sinclair & Coulthard。Sinclair & Coulthard 对于课堂会话的研究模式主要是以韩礼德《语法理论范畴》（*Categories of the Theory of Grammar*）中的语法模式为理论基础进行的。1975 年 Sinclair & Coulthard 在论著《试析话语》（*Towards an Analysis of Discourse*）中提出了其对课堂会话的分析模式，之后在论著《话语分析导论》（*An Introduction to Discourse Analysis*）中对关于课堂会话的分析模式又做了进一步的充实与改进。通过对课堂上教师与学生会话互动的研究，"Sinclair 等构建出了具有五个层级的课堂话语分析模式，即'课（lesson）→交往（transaction）→对应（exchange）→语步（move）→行为（act）'"。[①]（Coulthard，1977/1985）在这一话语分析模式中，课由交往构成，"交往由围绕一个主题展开的一次或多次对应（exchange）结构组成"（廖美珍，2002）。根据 Sinclair & Coulthard 等的观点，"由对应构成的交往在开端和结束部分有'边界对应'（boundary exchange），'边界对应'中包含着'框架'（frame）和/或'焦点'（focus）。对应的基

---

① 对于 Sinclair 等构建出的话语分析的基本模式翻译过来的内容不尽相同，目前，在学术界对这一模式的翻译还有将"transaction"翻译成"课段"，将"exchange"翻译成"回合""交际回合"，将"move"翻译成"话步"，将"act"翻译成"话目"等，本书参见谢群（2013）对这一模式的翻译。

本单位是语步，最简单的对应结构由两个语步构成。对应是伯明翰学派话语分析模式中的核心结构。根据教师与学生的交流情况，构成对应的语步可分为启动（initiation）、回应（response）和后续（follow-up）这三类语步。对应（exchange）的典型结构为由三个语步构成的'启动 + 回应 + 后续'结构"。（Coulthard，1977/1985）关于启动、回应、后续这三个语步的关系，谢群（2013）指出"启动是对应中的预测成分，对回应形成限制性的预测。回应又是被启动预测的，受到启动的限制。与之相比，后续在一定意义上既不被预测也不产生预测"。如例（10）：

（10）**主**：会不会影响到这个大家所担心的这个湿地的生态？

政：没有，咱们这个呃某湿地的改造是本着啥呢，是改造和保护这两个理念是并存的啊。……但是改造后水面和环境会比原先的更美、更好。

主：好，所以说这个沟通太重要了。……（2016 年 9 月 26 日）

上例为由启动语步、回应语步、后续语步构成的对应。主持人在启动语步中提出问题后，政府人员在回应语步对主持人的问题进行了回应，随后，主持人对政府人员的话语用"好"表示话语接受之后又进行了评论等。

语步是由行为构成的，对于行为的分类，最开始 Sinclar 总结出了 22 种行为类型，后来 Coulthard（1977/1985）"在 Sinclar 总结的行为类型的基础上提出了三大类行为，分别为话轮转换行为（turn-taking）、元交往行为（meta-interactive）和交往行为（interactive）。这三大类行为共包含 16 种行为，其中交往行为可细分为十种行为"。在这些交往行为中，其中九种行为根据所在语步的不同，又可分为以下三类：

表 0 - 1　语步中的交往行为①

启动（initiation）	回应（response）	后续（follow-up）
告知（informative）	确认（acknowledge）	—
指示（directive）	反应（react）/ 确认（acknowledge）	接受（accept） 评价（evaluate）
诱发（elicitation）	回答（reply）	评论（comment）

Coulthard（1977/1985）根据对应中启动语步的不同类别，将对应分为

---

① 转引自谢群．商务谈判话语互动研究［D］．武汉：华中师范大学，2013：41.

三种类型，即诱发对应（eliciting exchange）、告知对应（informing exchange）和指示对应（directing exchange）。关于诱发对应，Coulthard（1977/1985）提出"一般所说的问话行为（questioning behavior）构成了诱发对应的启动语步。"如例（11）：

（11）**代**：嗯现在就是能不能按照计划完成？影不影响整体那个工程进度？

政：应该不能影响，我们的计划呢十月中旬启动啊。……我们一定会按照市里的时限要求保质保量地完成，不拖市里工程的这个后腿。

主：嗯，好，谢谢。……。（2016 年 9 月 26 日）

上例为由启动语步、回应语步、后续语步构成的对应，其中问政代表的启动语步为问话行为，因而此对应为诱发对应。

"Coulthard 认为，告知对应通常以告知行为（informative）为启动语步，以陈述句的形式来实现提供新信息的功能。"① 如例（12）：

（12）**主**：在上次直播的时候，有位村民说了一句话，让大家印象非常深刻。……所谓问出干部执行力，问出机关好作风，问出发展好环境，就是要达成一种共识，那就是面对问题，我们必须向前一步。那么今天我们依然要围绕责任和担当来发问，和抗旱井一样，责任担当不仅体现在当时的建，更要体现在后续的管。今天，我们要聚焦的是旧改长效机制和河长制落实。好，先来介绍今天在现场接受问政的是来自某区、某区、某区、某区、某区、市某办、市某局的负责同志。那么今天的主考官仍然是由人大代表、政协委员、群众代表、媒体代表来组成。（1s）那今天到场的两位评论员一位是某校某学院的某某教授，还有一位是某大学某学院的某某副教授，欢迎大家。好，首先有请新媒体主播某某为大家发布今天的互动话题。

新主：好的，电视问政全民参与。在今天节目的一开始，我们已经通过某市电视问政的官方微信、微博发布了本期的两个投票互动话题。请看大屏幕：您认为旧城改造提升成果的有效维护，哪些方面最需要加强？A 公示责任部门、B 明确反馈时限、C 理清责任主体、D 加强自治管护。我们再来看下一个互动话题：（1s）您认为河长制如何做到真落实？A 细化管理制度、B 强化责任追究、C 加强社会监督、D 扩大制度宣传。欢迎大家通过新媒体

---

① 转引自谢群.商务谈判话语互动研究［D］.武汉：华中师范大学，2013：71.

来参与互动，具体的参与方式，您可以用手机扫描屏幕上的二维码，或在微信、微博搜索某市电视问政加关注，您还可以通过电视问政专线来反映问题。在稍后的节目当中呢某某会向大家来公布网友们的投票情况，期待您和我们一起问政发声，时间交给某某。（2018 年 10 月 12 日）

例（12）是一个告知对应，这一对应的启动语步由主持人持有，主持人在启动语步告知了很多新信息，包括此次问政的主题、问政嘉宾的信息、评论员的信息，以及互动话题的发布方式等。新媒体主播作为主持人告知对象中的一员，对主持人的启动语步先以"好的"进行了回应，作为对主持人告知的接受与确认。进而，针对启动语步中关于"发布互动话题"进行了详细阐述，运用大量话语构建了回应语步。

谢群（2013）指出"指示对应是由一个'要求非言语回应'的语步启动的，因此它的回应语步多为反应（react），属于一种非言语行为"。如例（13）：

（13）主：好，谢谢。一位著名的社会学家曾经说过这样一句话，他说，"城市的人性在建筑之间，一座城市的最动人处便是街头巷尾的笑意吟吟"。从 2016 年 6 月开始的这场旧城改造提升不仅规模空前，而且着力细微。一处处出现在居民身边的精致景观，一个个被解决掉的老难题，让我们在这座城市的大街小巷看到了许多这样的（1s）欢声笑语。首先让我们来眼见为实，让我们看看这一年多的时间里大家努力带来的改变。

（（播放视频：某市三环以内旧城区"旧城蝶变"。））（2018年3月30日）

例（13）是由两个语步构成的指示对应。第一个语步为主持人持有，是启动语步。主持人在启动语步中介绍了某市旧城改造的情况后，用话语"首先让我们来眼见为实，让我们看看这一年多的时间里大家努力带来的改变"。要求电视问政现场的相关工作人员播放相关视频。主持人持有的启动语步引发了一个非言语回应。在回应语步中，相关工作人员做出了反应，播放了视频，用这个非言语行为构成了语步，回应了主持人的要求。

电视媒体问政类话题会话主要是以问答会话为主，很多时候的问答会话是由主持人或问政代表提问，政府人员回答，随后主持人对政府人员的答话进行反馈，这一问答形式与课堂会话有类似的地方。因而，伯明翰学派提出的这一会话分析模式能够适用于本书对于电视媒体问政类话题会话进行分析。因而，本书运用伯明翰学派话语分析模式理论对电视媒体问政类话题会话的整体结构与局部结构进行研究，以探究这一领域会话所体现出来的特征。

（三）主位与述位理论

首先，较早提出主位（theme）与述位（rheme）理论的是布拉格学派。布拉格学派的创始人 Mathesius 较早提出了主位、述位概念，认为可以从功能的角度考察句子的构成。"Mathesius 发现，位于句首的成分在交际过程中有着一种特殊的作用，这个作用就是引出话题，他把这类表示话题的成分称为主位，把其他部分称为述位。"（朱永生，1995）后来，以 Halliday 为代表的系统功能学派沿袭了这对术语，但对于 Mathesius 提出的关于主位的划分做了进一步的发展与阐释。Halliday（1985）指出"主位是话语中起出发点作用的部分。述位是指主位之外余下的成分，起到发展主位作用的成分"。如例（14）：

（14）我（T）｜会想尽一切办法尽快解决（R）。①（2016 年 12 月 19 日）

例（14）这一句子中，主位为"我"，"我"是话语中起出发点作用的部分。述位为"会想尽一切办法尽快解决"，"会想尽一切办法尽快解决"是围绕主位"我"展开的内容，是起到发展主位作用的成分。

其次，主位的构成情况较为复杂，涉及了语言的三种功能。Halliday 提出了语言的三大元功能，即概念（ideational）、人际（interpersonal）和语篇（textual）。"首先，语言的功能之一，就是要描述主客观世界中的各种事物、各种事物的发生、运动、变化的过程等等，这当中要涉及所有的概念以及与各种概念相关的属性、动态等语义单位。所以韩氏将这种元功能称为'概念（ideational）功能'。其次，语言的功能之一是要反映作为语言操用者的交际双方之间的关系的功能，韩氏将语言的这种功能称为语言的'人际（interpersonal）功能'。再次，语言的另外一个功能是结合特定表述环境，将各种表述单位组合成篇章。这是语言的'篇章（textual）功能'。"（郑贵友，2002）如例（15）、（16）、（17）：

（15）水质问题（T）｜必须送到专业部门检测（R）。（2017 年 3 月 24

---

① "T"代表主位（theme），"R"代表述位（rheme），"｜"竖线用于切分主位和述位，下文同。

日）

（16）我觉得以上这几方面呢（T），│就是保证工程质量的整个步骤（R）。（2017 年 9 月 22 日）

（17）但是这个监管责任（T）│不能止于协议的签订（R）。（2018 年 7 月 6 日）

例（15）中，主位"水质问题"体现的是概念功能；例（16）中主位"我觉得以上这几方面呢"中，"我觉得"体现的是人际功能，"以上这几个方面呢"体现的是概念功能；例（17）中，主位"但是这个监管责任"中，"但是"体现的是语篇功能，"这个监管责任"体现的是概念功能。例（16）、例（17）中的主位分别体现了两种语言元功能，而例（15）主位体现了一种语言元功能，说明主位的构成是有区别的。

再次，"说话人有时为了让一个主位体现多种功能，因此主位可有多种类型，至少分为'简式主位'（simple theme）、'多重主位'（multiple theme）和'句式主位'（clausal theme）"。（胡壮麟，2017）简式主位体现的是语言三种元功能其中的一种；多重主位体现的是语言三种元功能中的至少两种元功能；而句式主位是指以小句作为主位的类型。

最后，根据主位与主语是否重合可将主位分为标记主位与非标记主位。Halliday 对于陈述句、感叹句、疑问句、祈使句的非标记主位和标记主位进行了详细论述，并指出"把主位映射到主语上的情况叫作陈述句的非标记主位。主位在陈述句中也可能不是主语，而是其他成分，我们把这样的主位称为标记主位"①。非标记主位如例（15）中，"水质问题"在句中是主位，同时在句法层面"水质问题"充当的是主语，因而，"水质问题"是非标记主位。标记主位如例（18）：

（18）目前（T）│还有八户没有拆完（R）。（2016 年 6 月 7 日）

例（18）中，"目前"在句中是主位，同时在句法层面"目前"充当的是状语，并非主语，因而，"目前"是标记主位。

---

① 转引自韩礼德. 功能语法导论［M］. 彭宣维，赵秀凤，张征，等译. 北京：外语教学与研究出版社，2010：47 - 48.

（四）主位推进理论

绝大多数情况下存在于语篇①中句子间的主位和述位之间发生着某种关联，这种关联对于语篇的衔接与连贯有着直接的影响。20 世纪 70 年代，布拉格学派语言学家 František Daneš 提出了主位推进理论（thematic progression）。"Daneš 指出所谓主位推进是指话语主位的选择和排序，它们互相之间的平行连接和上下层次，以及它们跟上一级篇章单位（如段落、章节等）的超主位之间的关系，跟整个篇章的关系，跟环境的关系。主位推进可以被看成故事情节的脉络。"② Daneš 总结出了不同主题、风格、体裁以及长短的语篇的主位推进的基本模式，这样的模式可以称为主位推进模式（patterns of thematic progression）。Daneš 在对很多捷克语文章进行分析后，研究出比较常见的主位推进模式为："简单线性主位化推进程序；连贯主位类型；派生主位推进程序；分裂述位的展开；跳跃主位的推进程序。"③ 随后不同的学者运用主位推进理论对语篇进行分析，提出了多种主位推进模式。Van Dijk（1977）提出了链式结构"〈a，b〉，〈b，c〉，〈c，d〉……"和平行结构"〈a，b〉，〈a，c〉，〈a，d〉……"。对于主位推进模式，徐盛桓（1982）提出了四种情况：平行性的发展、延续性的发展、集中性的发展、交叉性的发展。黄衍（1985）研究出了七种模式。黄国文（1997）提出了六种模式：平行型、延续型、集中型、交叉型、并列型、派生型。

对于以问答会话为主的电视媒体问政类话题会话来说，会话参与者对于问政的相关问题通过问答会话的方式来予以解决，问话和答话具有语义相关性，符合语篇的构成特征，问话和答话可以共同构成语篇。因而，对于适用于分析语篇的主位与述位理论以及主位推进理论同样也适用于研究电视媒体问政类话题问答会话。而且，对于此领域会话中问话与答话的主位与述位的构成以及主位推进模式的深入研究，将有助于透过形式揭示此领域会话内在语义的构成机制以及衔接与连贯机制，发掘电视媒体问政类会话在这方面的特征，研究出何种问答会话模式为优质会话模式，进而对主位与述位理论以

---

① Halliday 和 Hasan（1976）在《英语的衔接》（*Cohesion in English*）中把语篇定义为："语篇指任何长度的，在语义上完整的口语和书面语的段落。"转引自胡壮麟. 新编语篇的衔接与连贯 [M]. 上海：华东师范大学出版社，2017：17

② 转引自姜望琪. 语篇语言学研究 [M]. 北京：北京大学出版社，2011：29.

③ 转引自黄国文. 语篇分析概要 [M]. 长沙：湖南教育出版社，1988：80 – 81.

及主位推进理论进行尝试性的有益扩充。

四、研究方法及语料说明

（一）研究方法

第一，本书主要运用由美国社会学家 Harvey Sacks、Emanuel Schegloff & Gail Jefferson 所开创的会话分析在研究中所使用的方法。其主要研究方法可概括为：首先，是对与研究有关的语料进行收集；其次，是对所收集到的语料进行转写；之后，概括语料中与研究对象有关的规律与模式；最后，描述和分析、解释这些概括出来的规律与模式。

本书收集了从 2016 年 6 月开播到 2019 年 1 月吉林省长春市举办的电视问政的视频，一共 12 期，视频时长约为 21 小时。之后，对其进行转写，建立了 30 余万字的语料库。在此基础上，运用会话分析理论、伯明翰学派话语分析模式理论、主位与述位理论、主位推进理论，从整体结构、局部结构、主位构成、主位推进模式、会话打断模式、会话策略这些方面对语料库中电视媒体问政类话题会话的规律、模式进行概括。进而，对所发现的规律、模式进行描述、分析、解释。最后，构建出电视媒体问政类话题会话模式，并搭建电视媒体问政类话题会话研究理论框架。

第二，运用定量与定性相结合的研究方法。首先，本书对于电视媒体问政类话题会话中规律与模式的概括是建立在对自建语料库中电视媒体问政类话题会话的整体结构、局部结构、主位、述位、主位推进模式、会话打断等方面进行穷尽式统计后对所得到的大量真实数据进行定量分析的基础上进行的。通过定量分析使得本文的研究成果有充实、准确的数据作为支撑。其次，本书运用语言学相关理论对电视媒体问政类话题会话中的规律、模式进行归纳，这是对定性研究方法的使用。

第三，运用将描写与解释有机结合的研究方法。通过对于自建语料库中电视媒体问政类话题会话的考察，本书对电视媒体问政类话题会话的全貌进行了描写，如此领域会话整体结构中开端、本体、结尾各部分是如何构成的，局部结构中出现的问答对应类型及所具有的特征等。在描写的基础上，本书对于此领域会话中所描写出来的规律和模式进行深层次的解释，如对检验答话与问话吻合度的途径，优质会话模式与非优质会话模式的出现根源等进行了深入解释。

（二）语料说明

本节分别从语料的收集和语料的转写两个方面对本书所使用的语料进行详细说明。

1. 语料的收集

全国很多省份都有电视问政，各省的电视问政在总体的形式上大致趋同，但各省的电视问政活动在命名、流程、环节、内容等方面仍然存在着一些细节上的差异，对于这些差异产生的影响因素较多。因而，为了能够比较集中地体现以电视问政为媒介的电视媒体问政类话题会话的特征，本书仅以吉林省的电视问政为例来收集语料。在吉林省只有长春市举办了电视问政，所以，本书选取长春市举办的电视问政从 2016 年 6 月开播到 2019 年 1 月的视频，一共 12 期，视频时长约为 21 小时，并对这些视频进行转写。用此种方式收集语料能够通过相对固定的会话流程、会话环节、会话方式等找寻此领域会话的规律、模式、特征，发现存在的问题，提出解决的策略，使研究有深度、有广度、有效度。

2. 语料的转写

本书对语料的转写和标注依靠人工方式来完成，对于标注过的语料的统计可以借助于计算机，应该说，对于语料的处理是人工与现代科技相结合的结果。通过对吉林省长春市的电视问政共 12 期，时长约为 21 小时的视频的转写，本书共得到 30 余万字的语料。在语料里，人的名字用"某某"代替，姓用"某"代替，如"某区长"；地名用"某"代替，如"某区"；政府各部门及所属事业单位名称用"某"代替，如"某局"；企业名称用"某"代替，如"某企业"；等等。为了使语料对人称的标注简明、清晰，本文将对会话参与者的称呼进行简化，将主持人简称为"主"；问政代表简称为"代"；评论员简称为"评"；政府人员简称为"政"；新媒体主播简称为"新主"；企业中的工作人员简称为"企"。此外，当所举的一个例子中的会话涉及一位以上同一会话角色的会话者时，本文用"对会话者的简称 1、对会话者的简称 2⋯⋯"表示，如当一个例子中的会话涉及了三名政府人员时，本文在语料中的标注为"政1、政2、政3"。

本书对语料的标注方法综合借鉴了 Atkinson & Heritage（1984）、刘虹（2004）、廖美珍（2002）、贺小聃（2015）、刘佳音（2016）的标注方法，并结合电视媒体问政类话题会话特征。具体标注如下：

（1） ▲表示话语被打断；

（2） ▼表示打断他人话语；

（3） ﹇表示重叠话语开始的位置；

（4） ﹈表示重叠话语结束的位置；

（5） ……表示省略；

（6） （Ns）表示停顿的秒数；

（7） ---表示拖音；

（8） （（ ））表示非言语行为；

（9） ⊥表示会话修正；

（10） （……）表示听不清楚的话语；

（11） ＞××＜表示语速较快的话语；

（12） ＜××＞表示语速较慢的话语；

（13） ××表示语音加强；

（14） ＝表示等号下面的话轮与等号上面的话轮之间没有停顿；

（15） （×年×月×日）表示语料所来自的每场电视问政举办的时间；

（16） （﹇×﹈）表示会话修正之前与之后词语的发音。

五、研究思路

本书综合运用会话分析理论、伯明翰学派话语分析模式理论、主位与述位理论、主位推进理论，采用由美国社会学家 Harvey Sacks、Emanuel Schegloff & Gail Jefferson 所开创的会话分析在研究中所使用的方法，辅以定量与定性相结合、描写与解释相结合的研究方法，自建 30 余万字的电视媒体问政类话题会话语料库，在对大量的一手数据进行统计分析的基础上，对电视媒体问政类话题会话从整体结构、局部结构、主位推进模式、会话打断模式、会话策略这几个方面进行深入、系统的研究。试图探究电视媒体问政类话题会话模式，搭建电视媒体问政类话题会话研究理论框架，创建以对应为基础的电视媒体问政类话题会话分析模式，考察此领域会话与其他电视媒体领域会话的区别特征，对相关理论的普适性进行验证并尝试性地丰富相关理论。本书具体从以下几个方面展开：

第一，在绪论部分，首先介绍本书的研究缘起、以期能够达到的研究目标，以及本书的研究意义，进而详细介绍本书的研究对象，这些是笔者对电视媒体问政类话题会话进行研究思想的源头。其次，对于本书所运用的理论逐一进行论述，明晰支撑本书研究的理论基础。之后，介绍本书的研究方法，对本书所使用的语料进行说明。最后，梳理了本书的研究思路，呈现出了本书清晰的发展脉络。

第二，本书针对电视媒体领域会话的相关研究进行文献梳理，并将重点落在学者们对电视媒体问政类话题会话的研究上。通过对相关文献的梳理，了解目前学术界对电视媒体问政类话题会话及其他电视媒体领域会话的研究概况，这为本书研究电视媒体问政类话题会话拓展了思路。同时探究其他电视媒体领域会话所具有的一些特征，这为本书研究电视媒体问政类话题会话所具有的特征提供了依据。

第三，本书将电视媒体问政类话题会话整体结构作为研究的切入点，运用伯明翰学派话语分析模式理论与会话分析理论对此领域会话的整体结构进行切分。构建以对应为基础的电视媒体问政类话题会话分析模式，运用此模式将整体结构分为开端、本体、结尾，并对各部分的结构及功能进行研究，进而发现此领域会话在整体结构上区别于其他电视媒体领域会话的特征。从而对电视媒体问政类话题会话的性质进行揭示。

第四，研究从宏观层面过渡到了微观层面，电视媒体问政类话题会话的局部结构主要体现在其核心结构问答对应上。在微观层面，首先对构成问答对应的问话和答话进行研究。明确问话的构成成分，进而对问话进行分类并对此领域会话中的问话进行量化分析，总结出问话的特征，并对各会话参与者各自偏好的问话类型及原因进行了考察。随后对答话的性质、形式进行界定，并分析答话的特征。其次，对语料中电视媒体问政类话题会话中的问答对应进行统计，根据构成问答对应语步的数量以及问答对应所体现的功能，将问答对应进行分类。在概括每一大类问答对应所具有的特征后，对每一大类中所包含的问答对应结构从出现的话语环境、各语步的持有者、各语步的形式与内容等方面进行详细、深入的论述，并对此领域问答对应进行量化分析，从而揭示出电视媒体问政类话题会话的典型结构以及问答对应的典型特征，进而指出此领域会话区别于其他电视媒体领域会话，以及相关机构性会话的典型特征。最后，通过对电视媒体问政类话题会话中问答对应的研究，试图对伯明翰学派话语分析模式理论进行有益的扩充。

第五，对电视媒体问政类话题会话的研究透过形式层面，开始对其内在的语义关联进行研究。将主位与述位理论、主位推进理论与伯明翰学派话语分析模式理论相结合，以主位推进模式为轴心，通过把构成每个问答对应中的话语视为一个单独语篇来考察出此领域会话的主位构成及主位推进模式。不但考察问答对应里同一语步中话语的主位推进模式，更重要的是考察答话与问话跨语步的主位推进模式。首先，对主位进行细致分类，根据所分类别，对此领域问答会话中的主位进行统计、分析，进而发掘此领域问答会话主位构成及特征。其次，探究主位推进模式的类型，随后对电视媒体问政类话题问答会话主位推进模式进行量化分析，揭示此领域问答会话的主位推进模式及特征，并对出现这些特征的原因进行解析。再次，在研究出电视媒体问政类话题会话主位构成及主位推进模式、发掘出在这些方面此领域会话区别于其他电视媒体领域会话的特征之后，以此为基础进一步考察何种问答会话模式在此领域是优质会话模式，何种是非优质会话模式，进而从根本上试图解决此领域会话一个最核心的问题——如何使答话提供的信息与问话索取的信息吻合度提高。这就需要构建一个优质与非优质会话模式的评价体系，从而探寻此领域会话的优质会话模式，并从问答对应结构、反映吻合度的相关主位推进模式、会话参与者对话语的组织、非相关主位推进模式、主位构成这五个方面对其特征进行揭示。最后，考察非优质会话模式中的典型结构，并重点分析非优质会话模式产生的深层次原因。通过对此领域问答会话主位构成及主位推进模式的研究以及对优质会话模式与非优质会话模式的考察，试图为其他电视媒体领域会话以及相关领域会话在验证问答会话的有效性上提供新的思路，并尝试性地对主位与述位理论及主位推进模式理论研究领域进行扩充。

第六，电视媒体问政类话题会话打断现象大量存在，会话打断对于优质会话模式的产生起着推动作用还是阻碍作用？会话打断现象为何在此领域会话中大量存在？带着这些问题，本书运用会话分析理论，从会话打断方式、打断结构、打断者之间的打断关系方面探究此领域会话的打断特征。随后，总结会话打断目的类型，阐释此领域会话参与者进行会话打断的目的，揭示此领域会话打断现象为何大量存在。最后，对优质会话模式与非优质会话模式中会话打断在分布、方式、目的类型方面的特征进行对比分析，探寻会话打断在优质会话模式中究竟起着怎样的作用。进而构建出了电视媒体问政类话题会话打断模式。

第七，在研究出电视媒体问政类话题会话中优质会话模式后，接下来本书要解决的问题是：此领域会话者采用何种会话策略能够促进会话成为优质会话模式？为了解决这一问题，本书从会话者的问话策略、答话策略、会话打断策略三个方面进行深入研究。首先，分析各会话参与者在优质会话模式中对于问话形式的选择，探究各会话参与者有效的首问策略、追问策略、重问策略。其次，考察会话参与者在优质会话模式中对于主位及主位推进模式的选择、会话合作原则的运用、保持话轮的方式这几个方面，揭示会话者有效的答话策略。最后，通过遵循"面子保全论"、采用恰当的会话打断方式、选择恰当的打断时机这三个方面来研究有效的会话打断策略。

第八，对本书的结论进行总结提炼，说明本书的创新之处。同时，剖析本书的不足之处，从而对日后电视媒体问政类话题会话研究的发展趋势进行展望。

第一章
电视媒体领域会话研究概况

对会话进行系统的研究应追溯到 20 世纪 60 年代美国社会学家对于会话的研究。由美国社会学家 Harvey Sacks、Emanuel Schegloff & Gail Jefferson 所开创的会话分析，作为话语分析的一个分支，引领学术界开始对会话进行系统研究。1968 年，Schegloff 发表的文章《会话分析序列》（*Sequencing in Conversational Openings*）成了第一篇会话分析研究领域正式发表的文章。1974 年 Sacks、Schegloff & Jefferson 发表的著名文章《会话中一个最简单的话轮转换机制》（*A Simplest Systematics for the Organization of Turn-taking for Conversation*）提出了会话分析的核心理论之一——话轮转换机制。会话分析最开始其实起源于对于机构性会话的研究，因为 Sacks & Schegloff 最开始进行会话分析所使用的材料主要来自机构里的会话录音。随着研究的开展，Sacks & Schegloff 将会话分析的对象锁定到了日常会话上，因为他们发现对于会话中的话轮转换、整体结构等问题的研究，日常会话所提供的材料更有利于分析。因而，会话分析带动了学术界对于日常会话开始展开深入的研究。

到了 20 世纪 70 年代末，随着会话研究的不断深入，对不同领域的会话研究逐步展开，从不同的会话领域着手进行研究，有助于更深层次地揭示会话在该领域所具有的独特特征，这样能够使研究的成果更具有针对性，对于该领域具有实用价值。目前学者们针对医患领域、法庭领域、课堂领域、电视媒体领域等的会话进行了研究。从语言学角度进行的研究如：在医患领域会话方面，Heritage & Robinson（2006b）、Robinson & Stivers（2001）、Drass（1982）分别对医生询问患者病情时所使用的问句、医患门诊会话各环节之间的过渡、医患会话协商模式等进行了研究。顾曰国（1996、1997）、于国栋（2009）、吕明臣（2018）分别对医患会话中的分析模式与目的、回述会话现象、"我看""我说"的作用等进行了研究。在法庭领域会话方面，Drew（1992）对法庭会话中的交叉询问进行了研究。Woodbury（1984）对法庭中会话者通过问话而实现的交际意图与会话策略之间的关系进行了研究。廖美珍（2002）对法庭互动会话进行了系统、全面、深入的研究。王洁（1999）对疑问句在法庭交叉询问话语中的功能进行了研究。贺小聃（2015）对中国法庭互动修正序列进行了研究。江玲（2012）对法官如何选择话语来构建身份进行了研究。课堂领域会话方面，以英国的语言学家 Sinclair & Coulthard 为代表的伯明翰学派，对课堂会话进行了深入研究，Sinclair 等创建了以"对应"为基础的话语分析模式。（Coulthard，1977/1985）刘佳音（2016）对母语非汉语的学习者在学习汉语的课堂中出现的修正现象进行了研究。王晓艳（2014）对中国英语学习者在课堂上进行的会话协商进行了多方面的研究。田笑（2017）对二语课堂的话语身份、情景身份、可迁移身份构建进行了深入、细致的研究。

  本书所研究的电视媒体问政类话题会话属于电视媒体领域的会话。目前学者们对电视媒体领域会话的研究主要集中在对谈话类会话、生活服务类会话、综艺娱乐类会话等的研究上。通过笔者对相关文献的梳理发现，学术界对电视媒体问政类话题会话研究得不多，成果较少，从语言学角度对其进行的研究更少。因而，其他电视媒体领域会话研究所运用的理论、模式、结论等为本书的研究开拓了思路，为本书找寻电视媒体问政类话题会话区别于其他电视媒体领域会话所具有的特征提供了依据。而目前对电视媒体问政类话题会话的相关研究为本书研究提供了有益的参考。因而本章将对电视媒体领域会话中的谈话类会话、生活服务类会话、综艺娱乐类会话、问政类话题会话的相关研究概况进行文献综述。通过笔者对国外电视媒体领域会话相关研究文献的梳理发现，目前国外学者在语言学领域对电视媒体领域会话的研究主要集中在谈话类会话上，对其他电视媒体领域会话所涉及的研究主要是从新闻传播学角度进行的。因而，本章在对国外学者研究电视媒体领域会话的文献进行综述时，重点对国外学者在语言学领域对于谈话类会话的研究文献进行梳理。

一、电视媒体谈话类会话研究概况

电视媒体谈话类会话指的是依托电视媒体的谈话类节目而进行的会话。电视媒体谈话类节目是指围绕一些话题，主持人与嘉宾以谈话或访谈等形式进行交流的电视节目。在电视媒体领域会话的研究中，电视媒体谈话类会话受关注的程度、研究的成果都是相对比较多的。目前学者们对新闻类、财经类、体育类、情感调节类、时政类、辩论类、心理类、教育类的谈话节目中的会话进行了多角度的研究。

在国外，随着谈话类节目的兴起，慢慢地国外学者们对谈话类节目中的会话逐渐关注起来。国外学者在语言学领域对电视媒体谈话类会话的研究主要是针对会话的性质、会话者的立场、争执性话语、话语权的分配、开端与结尾、会话序列、话轮转换等方面进行的。Clayman、Greatbatch & Heritage 等对此领域会话的研究进行得比较深入，尤其是 Clayman 从多方面对电视媒体谈话类会话进行了研究，具有一定的代表性。Clayman（1992）深入研究了谈话类会话中会话者的中立立场。Clayman（1989）揭示了新闻谈话类会话的结尾由结束前阶段和结束阶段构成。Clayman & Heritage（2002）发现新闻谈话类会话的结尾并没有日常会话在告别时使用的程式化话语。Drew & Heritage（1992）对会话者的话语权在电视谈话节目中是如何分配的进行了研究，同时将电视谈话节目的性质界定为既具有机构话语的特征又具有日常话语的特征。Greatbatch（1992）研究了谈话类会话中的会话者进行争执时使用的话语。Winter（1993）重点研究了政治访谈中会话者之间反映在话语中的性别关系。Tusi（1996）对电视谈话节目中的会话结构进行了研究，揭示了会话结构中的起始语步与应答语步的功能以及主持人使用这两个语步所达到的会话目的。Ilie（2001）总结了电视谈话的一些特征：首先，电视谈话属于半机构性会话，这是由于电视谈话既具有日常会话的一些特征又具有机构会话的一些特征。其次，会话时间有一定的限制。另外，进行谈话的话题是预先准备的，主持人对于会话具有操控和引导的作用，主要表现在对话轮转换上。国外学者们的研究成果使电视媒体谈话类会话研究视角得到扩展，对于电视媒体谈话类会话的半机构性质的界定以及会话的整体结构如谈话的结尾部分，局部结构如话轮转换、分配等的研究，深化了电视媒体谈话类会话的研究。

我国的电视媒体谈话类节目始于 20 世纪 90 年代初。随后，各类谈话节目相继出现，随着谈话类节目的大量涌现，学者们对此领域的关注度也越来越高。起初，对此领域关注度高的学者的学科背景主要集中在新闻传播学，后来，越来越多具有语言学学科背景的学者们对此领域的会话进行了深入的研究。国内学者们对电视媒体谈话类会话的研究在语言学领域主要针对会话结构、话轮转换、会话打断、会话修正、会话策略、会话合作原则与礼貌原则、语篇的衔接与连贯、主位推进模式这些方面进行的。

在对电视媒体谈话类会话结构研究方面，国内学者主要对引发与应答、问话与答话、会话开头、会话结尾、会话整体结构的划分以及会话局部结构构成进行了研究。杨迎春（2012）在其博士论文中，将媒体访谈会话中的对话按其话语功能分为引发与应答。对媒体访谈中引发语与应答语的规律与特点，以及媒体访谈开头与结尾的引发与应答会话序列进行了深入研究。揭示了引发语的使用与访谈者的身份、话语风格有着密切的关系，其中特指疑问句在引发语中所占数量最多，引发语与应答语分布不对称。这些结论对于此领域会话中引发与应答的研究提供了广阔的视角。林琳（2005）将谈话类节目的会话从整体上分为开端、本体、结尾，提出构成谈话类节目的开端的话语为谈话背景的介绍以及互致的问候，本体部分的结构是由大量的对答结构构成的。发现谈话类节目的结尾相对比较灵活，其结束序列、前置结束序列、话题界限序列这些序列的界限在谈话类节目中表现得并不明显，而且并不总是这三个序列同时出现，而且很多谈话类节目的结尾没有正式的结束语。沈芮妃（2017）提出了谈话节目会话开端"召唤—回答"的模式。在会话整体结构的划分上，盛永生（2005）运用伯明翰学派话语分析模式按照话篇、话章、话段、话回、话步、话目将电视媒体谈话类会话分为六个层次。这一划分方式为此领域会话在结构划分上带来了全新的视角。邓琪、郭绪文（2004）按照伯明翰学派话语分析模式，将访谈节目的会话从整体上重点划分出了课段、回合和话步，并指出此领域对话形式为一问一答。吴畅（2010）认为电视谈话节目的整体结构分为五个层次：语篇、语段、话回、话步和话目。在局部会话结构的构成上，盛永生（2005）将话回分为诱发类、陈述类、指示类、首尾类。这几类话回大部分是由两个话步构成，在首尾类话回中出现了由单话步构成的话回。盛永生（2004）对谈话类会话中主持人话语的话目进行了详细分析，将话目分为诱发类、附和类、应答类，并将这三个大类又细分了一些小类。盛永生运用伯明翰学派话语分析模式对电视媒体谈话类会话局部结构构成的分析有利于此领域会话研究模式的构建。石艳华（2010）对谈话节目主持人的跟踪语步进行了详细研究，将跟踪语步分为反馈、重复、评论、帮助等四个主要话目。张娟（2009）重点研究了电视媒体谈话类会话中主持人附和类话目中的重复现象。吴畅（2010）提出了四话步、五话步的结构，这里的多话步结构是由"I-R-F"中"R"话步或"F"话步同时成为下一个"I-R-F"中的起始话步，从而构成了四话步、五话步结构。

在对电视媒体谈话类会话话轮转换的研究方面，学者们主要针对如何操控话轮进行了大量的研究。李丽（2016）以娱乐脱口秀节目《天天向上》为研究对象，阐述了参与节目的会话者们以打断、插入、重复、会话修正等作为夺取话轮的策略；以使用一些连接词以及限制话轮的长度等作为保持话轮的策略；以提问、补充话语等作为出让话轮的策略。郭瑛霞、赵璐（2018）对情感调节类谈话节目中主持人的话轮进行了研究。对于中外主持人在保持话轮、抢夺话轮、转让话轮方面进行了比较，指出中国主持人把持话轮的原因主要是对当事人进行引导，抢夺话轮主要是将话题进行延续，而转让话轮的原因主要是追问。代树兰（2008）在研究电视媒体谈话类会话时指出在会话的主体阶段，话轮转换机制体现在主持人与被访嘉宾的"提问—回答"和主持人与被访嘉宾的合作上。

在会话打断研究方面，学者们主要是从会话打断方式、模式、功能、体现会话者的话语特点这几个角度进行了研究。周静（2010）对访谈节目主持人的言语打断方式、功能、模式以及与主持人的言语风格的关系进行了研究。总结出了话题转换型、发言权转移型、不认同型三种冲突型打断以及认同型、帮助型、澄清型三种合作型打断，提出主持人言语打断的功能体现在向上、向前、向下的功能，以及通过打断方式、打断模式能够研究出主持人的言语特点。刘萍（2015）对电视访谈节目会话打断的原因进行了分析，指出主持人打断的原因有对话题、节目时间、话语权进行控制，以及为了引出新的问题、解释、说明、反对从而进行打断。在此基础上，揭示了当嘉宾话语量过多、偏题、超时、主持人需要平衡话语权时，这些是打断比较好的时机。王欢、马骐（2012）指出主持人进行会话打断对于保证谈话节目的效果具有积极作用，并对打断的原因进行了分析，提出了七种打断原因。

在对电视媒体谈话类会话修正研究方面，李梅（2008）在分析了电视访谈话语作为半机构性话语的性质之后，通过对他人修正的研究，指出了他人修正与汉语电视访谈这种半机构性话语之间的关系。研究出了对于他人修正的引导手段以及在第几个话轮进行修正，引导手段包括对修正源直接修正，通过提问的方式以及语音延长。修正引发最普遍的情况为在修正源出现的话轮之后的话轮内进行。在策略上还提出了为了缓解他人修正对对方面子的损伤可采用修辞手段。该文深化了电视媒体领域会话中对于他人修正的研究。马春燕（2014）对电视访谈节目中多人会话修正及与性别的关系进行了研究。通过研究，提出了除了大家共识的四类修正现象外，还包括自我启动、共同修正以及他人启动、共同修正。同时还发现不同性别在进行会话修正时在修正的优先顺序、使用修正的类型、用何种方式启动修正等方面所具有不同的特征。黄燕（2011）对商务访谈中的会话修正现象进行了研究，发现此领域里表达中的阻碍修正出现的次数最多，主持人和嘉宾修正的重点各不相同，语言形式等是主持人修正的重点，信息内容等是嘉宾修正的重点。

在对电视媒体谈话类会话策略研究方面，代树兰（2007）对电视访谈的会话策略进行了深入的研究。文章中先对电视访谈的性质做了界定，指出电视访谈的话语除了具有职业话语特征以外，还具有日常谈话的话语特征，进而提出了此领域会话者的会话策略。主持人的会话策略从似问非问、环环相扣等发话策略到转让话轮、适当重复等接话、听话策略。指出节目的内容、主持人的话语风格影响着受访嘉宾的策略的选择，提出了受访嘉宾主要运用修辞手段、巧借外力等会话策略。经研究还发现，在电视访谈的职业话语语境中，将访谈开始与结束各总结出两种形式，与之相对应，主持人和嘉宾选择相应的策略，如直接进行交流的访谈开始部分，主持人会选择比较直接的问话方式，随后决定了主持人与嘉宾的访谈基调基本是一问一答式。进而总结出访谈开始的策略选择对于后续话语基调起着促进作用等，结束时采用的策略能够深化主题、画龙点睛等。代树兰关于访谈类节目会话策略的研究无论从角度还是从深度上，对电视媒体领域会话的策略研究都有着借鉴意义。唐斌（2009）指出在谈话类节目结尾部分主持人运用感谢、祝福、总结、评论等会话策略来结束会话。姚俊（2005）对电视辩论语料中反讽这一语用策略进行了深入的研究。揭示了笑是中国人在应答时所采取的能够维护面子的反讽方式，运用尊称和有标记的称谓进行反讽，暗讽是中国人常用的反讽手段，同时进一步指出中国人以沉默的方式来应对不对反讽作出回应的情况。冉永平、杨娜（2017）在对新闻访谈中会话参与者中立场的研究中，提出了提问的设计方式可以采用事实预设、评价预设、情感预设来实现，探讨了新闻访谈中会话者们如何根据自己和对方的立场来选择相应的语言表述形式。杨婕（2007）对财经访谈会话中受访者回避这一语用策略进行了详细、深入的研究，在回避的具体策略、适用性以及作用方面提出了可供参考的见解。

在从会话合作原则与会话礼貌原则角度对电视媒体谈话类会话的研究方面，程元元、王向东（2008）指出在访谈节目中，主持人和被访嘉宾有时在会话中虽是对会话合作原则的违反，但却产生了会话隐含，这些会话隐含对于访谈节目具有意义。崔智英（2011）在对电视访谈语体进行研究时，分别从积极和消极两个角度考察会话者对于礼貌原则的运用。从积极运用礼貌原则角度，揭示了以说话人为中心进行表达时，多数使用"觉得""哦"；以听话人为中心进行表达时，"我们"和"大家"出现的频率较高；以命题为中心进行表达时，可使用"一点儿""一些""可能"。从消极的角度对礼貌原则的运用体现在话语中为冒犯与包容，比如打断、重叠等会话行为的实施。薛璐（2016）指出电视访谈节目中和谐话语与礼貌原则中的层级性、合适性、冲突性的关系，并且研究了冲突性话语、沉默对于面子的威胁与维护。

在从语篇的衔接与连贯角度对电视媒体谈话类会话的研究方面，刘静敏（2018）从话语标记的角度对电话访谈语篇从话题的延续、延伸、转移三个方面对此领域会话话题推进进行了描述，指出了话语标记在话题推进中的作用。同时，揭示了话语标记在语篇组织和人际互动方面所具有的重要功能。黄国文、廖海青（2008）对访谈类语篇的开始、主体、结尾会话互动模式进行了研究，对于访谈主体部分的会话互动从合作型、挑衅型、回避型三个类型进行了揭示。赵雪（2006）提出了电视媒体谈话类会话的语篇组织模式在宏观上为"概括—具体模式""提问—回答模式""问题—解决模式"；在微观上为"提问—回答"等模式，这些微观模式嵌入宏观模式之中。龚琼兰（2005）将电视采访会话中的主体部分分为叙述式和议论式，并总结了十种结构形态。

在对电视媒体谈话类会话主位及主位推进模式研究方面，蔡玮（2004）对新闻报道语篇和新闻口述语篇的主位及主位推进模式进行了全面、深入的探讨。通过新闻报道语篇使用的有标记主位、语篇主位与人际主位的数量研究发现新闻报道语篇突出强调时间、地点等，对于内部逻辑关系表达、采写者的主观性并不是其关注的重点。其平行型主位推进模式最多，这一模式的运用起到了提供相对丰富的信息的作用。在新闻口述语篇中，发现人际主位明显多于新闻报道语篇，这是由于新闻访谈中会话者们的交流一方面更直接，另一方面表达的主观评价更多。在主位推进模式上，以主位同一型和主述位延续型①为主，平行型大量出现证明了这两种新闻语篇的一些共有属性。同时，研究还发现述位同一型②数量的多少对区分新闻报道语篇的结构严密以及新闻口述语篇的结构相对松散起到了一定的作用。通过此篇论文对两种新闻语篇主位及主位推进模式的研究方法，可以为相关领域从主位及主位推进模式角度研究会话提供参考。王正（2009）发现在访谈节目中，主位构成方面以无标记主位为主，跳跃型主位推进模式③最多，延续型与主位同一型所占数量也很多。

二、电视媒体生活服务类会话研究概况

电话媒体生活服务类会话是指依托电视生活服务类节目而进行的会话。电视生活服务类节目指的是"以实用性内容为主，直接为观众日常生活、学习、工作服务的电视节目"。（赵明玉、王福顺，1999）电视生活服务类

---

① 蔡玮（2004）指出的"主位同一型"和"主述位延续型"相当于本书提出的"平行型"和"延续型"主位推进模式。

② 蔡玮（2004）提到的"述位同一型"相当于本书提出的"集中型"主位推进模式。

③ 王正（2009）中的"跳跃型主位推进模式"相当于本书提出的"并列型"主位推进模式。

节目一般包括求职类节目、美食类节目、科教服务类节目、相亲类节目、医疗保健类节目等。学者们对于这一领域会话从语言学角度进行的研究主要集中在对求职类节目和近些年比较流行的相亲类节目中会话的研究上。下面本节将对电视媒体求职类会话与相亲类会话研究概况进行文献梳理。

（一）电视媒体求职类会话研究概况

电视媒体求职类会话是指依托电视媒体求职类节目而进行的会话。国内外的学者们对这一领域的研究主要是从新闻传播学的角度进行的，诸如对节目的策划、定位、发展、不足、形态等方面进行了探讨。从语言学角度对此领域会话进行的研究不是很多，在语言学领域对其会话进行的研究主要是从话轮转换、会话打断、叙事分析、会话策略、面子理论、不礼貌行为、言语行为、话语权势这些角度进行的。

在从话轮转换、言语打断、叙事分析、会话策略角度对电视媒体求职类会话进行的研究中，从话轮转换角度，郑燕芳、路宝君（2014）研究了求职类会话中多人间的话轮转换，其结构形式为"提问—回答"式。指出"提问—回答"经常在多个会话参与者之间进行，是多向的，存在于主持人与嘉宾之间以及嘉宾之间的会话中。方庆华等（2014）对求职者的话轮转换技巧进行了研究，提出了夺取话轮、把持话轮、出让话轮的一些具体策略，并指出在话轮转换中应注意对于会话合作原则和礼貌原则的遵守。伍海英（2013）通过对求职类会话中各会话者所持有的话轮数来分析不同会话环节话轮转换的特点，并指出对于此领域会话的话轮转换，控制权在主持人的手里。从会话打断角度，赵艺（2014）对求职类会话中不同性别的求职者在会话打断与被打断方面的区别进行了研究，揭示了男性求职者打断他人以及被他人打断的次数均超过女性，还发现不同性别的求职者在被打断后的反应是有区别的。从叙事分析角度，金伟娇（2018）论述了内聚焦叙事、外聚焦叙事对话语构建的作用。内聚焦叙事构建了求职者和职场达人之间的话语，有利于对求职者的专业技能的测评；外聚焦叙事构建了主持人和职场分析师的话语，对于求职类会话的过程具有引导作用。邓力（2013）揭示了《非你莫属》求职节目的叙事情节特征，即真实性、丰富性、仪式感，并分析了此类求职节目中选手所具有的戏剧冲突性。从会话策略角度，武建国、颜璐（2013）对电视媒体求职类会话的语用策略进行了探讨，提出在求职类会话中求职者应为了展现自己的想法，主动去争取发言权，即争夺话轮。此外还研究了求职者为了能够提高面试成功率，对于会话原则四项准则从遵守与违反的角度采取相应的语用策略。

在从面子理论、不礼貌行为、言语行为、话语权势角度对电视媒体求职类会话进行研究方面，罗一丽（2014）在运用面子理论研究电视媒体求职类会话时发现，威胁求职者面子的行为有一些，有时主持人会采取一些措施挽回求职者的面子。刘畅、刘泽江（2015）对电视媒体求职类会话中面试者与求职者的不礼貌行为及对其的回应策略进行了研究。揭示了相比于求职者，面试者采用不礼貌行为的可能性更大。此外，对于不礼貌行为的回应方面，面试者倾向于选择攻击性的对抗策略，求职者倾向于选择防卫性对抗策略。林颖遂（2013）对《非你莫属》求职节目中的不礼貌言语现象运用"语言选择—顺应"这一模式进行了研究，从非策略性与策略性不礼貌两大方面对于此领域的冲突性话语进行了分析。揭示了非策略性不礼貌使用的次数相对较少，主持人和求职者在使用不礼貌话语时，如想使深层顺应成功实现，那么这就要靠故意违反表层顺应的一些语境要素。张文烨（2018）对《非你莫属》求职节目的"承诺"类言语行为进行了研究，从情感状态、韵律特征、体貌表现等方面对此类节目的"承诺"类言语行为进行了分析，揭示了承诺中心语的引出方式并不是通过实施动词直接引出的，这里的实施动词的特点是具有显性话语结构。罗开眉（2013）通过对《职来职往》求职节目中会话参与者在此领域会话中所拥有的权利的研究来揭示会话打断现象，指出会话打断现象是这些会话者权利互动所导致的。

（二）电视媒体相亲类会话研究概况

电视媒体相亲类会话是指以电视媒体相亲类节目为平台进行的会话。国内外学者们从不同的视角对这一领域进行了研究，大部分的研究都是在新闻传播学、艺术学、社会学等学科领域进行的，研究成果集中在相亲类节目的发展、理念、策略、创新、成因、现状、不足、价值、传播模式、文化意义、节目所体现的恋爱观、对于女性形象的塑造、主持人角色定位、叙事等方面。在语言学领域对其进行的研究不是很多，通过对相关文献的梳理发现，在语言学领域对相亲类会话关注比较多的主要是从拒绝言语行为、会话合作原则、礼貌现象、语用策略角度进行的研究，还有少部分学者的研究集中在话轮转换、会话结构、主持人的会话打断方面。

在从拒绝言语行为、会话合作原则、礼貌现象、语用策略角度对电视媒体相亲类会话进行的研究方面，谢蕊婷（2014）对相亲类会话中的拒绝言语行为从男、女性别差异角度进行了研究，发现女性比男性在拒绝时更多地使用一些策略。在直接拒绝策略方面，男性比女性使用得多。在拒绝的理由上，含混的理由与具体的理由分别体现出了女性与男性不同的偏好类型。张倩（2016）对国内外的相亲节目中的拒绝言语行为进行了分析，指出了在此领域会话中汉英在拒绝上表现得不同。揭示了相比于英语，汉语使用者在拒绝上更倾向于使用间接策略如道歉、感谢、原因等，他们使用间接策略最多的环节是在《非诚勿扰》最后决定是否牵手、与谁牵手的环节。刘维（2013）对《非诚勿扰》相亲节目中的会话幽默现象从会话合作原则的角度进行了分析，揭示了对于会话合作原则的违反所产生的幽默会话效果。陈芳（2014）对在《非诚勿扰》相亲节目中男女嘉宾话语中过度礼貌现象进行了研究，指出话语中的过度礼貌现象实际是心理状态的一种反映。过度礼貌属于一种语用失误，是对礼貌策略执行得过多而形成的一种现象。胡建华（2013）对电视媒体相亲类会话中的语用策略进行了研究，提出了对于会话合作原则违反而形成的补充话题、答非所问以及模糊策略，遵守礼貌原则而采用的自嘲、委婉、赞扬等策略。朱晓彧、汤云敏（2012）对《非诚勿扰》相亲节目主持人所使用的语言进行了分析，提出了违反合作原则的迂回曲策略以及直白明了的表达方式和运用玩笑原则的会话策略等。

在对电视媒体相亲类会话话轮转换、会话结构、主持人的会话打断研究方面，陈晓婉（2012）对电视媒体相亲类会话中主持人与嘉宾所持有的话轮数、话轮转换机制进行了分析，发现不同相亲节目中会话者们的话轮数与话轮转换机制呈现出了不同的特点。揭示了在《非诚勿扰》中，单次话轮话语量大，话轮转换主要在主持人与嘉宾之间进行，以一问一答式展开；在《我们约会吧》中，单次话轮的话语量少，频繁地出现了在主持人之间进行的话轮转换。梁叶玲（2014）对电视媒体相亲类的会话模式进行了研究，探讨了"提问—回答""陈述—认可""陈述—反驳""提问—拒答"四种会话形式，并对这四种会话形式从合作与对抗角度进行了分析，构建了会话模式。丁小芳（2014）对《非诚勿扰》相亲节目中主持人的会话打断的模式、原因等进行了研究，指出了主持人会话打断的五种模式，揭示了主持人进行会话打断是为了转换话题、使大家有相对均等的发言权、对嘉宾能够明确地将观点表达出来予以帮助、对于会话的时间和话题实施控制等。

三、电视媒体综艺娱乐类会话研究概况

电视媒体综艺娱乐类会话是指依托电视综艺娱乐节目进行的会话。对于电视综艺娱乐节目的界定，胡智锋（2006）指出电视综艺娱乐节目在内容上提供"文艺性节目"和"非文艺性节目"以构建娱乐综艺节目的主体。目前，从电视综艺娱乐节目的内容来看，其包括文化类、选秀类、军旅类、竞技类、益智类等类型。国外学者对电视综艺娱乐节目相对集中的研究大致始于19世纪70年代，主要集中在对节目的效果、作用、模式、功能、发展等方面，如 Hill（2006）对综艺娱乐节目的功能等进行了论述。Reiss & Wiltz（2004）研究了从观众的角度来说此类节目的作用。

国内学者对于电视媒体综艺娱乐类会话的研究的起始阶段在20世纪八九十年代，这一时期的学者对节目的文化、策略、发展等进行了一些研究。之后，随着电视综艺娱乐节目的大量涌现，学者们对此领域的研究从广度到深度上都有了发展，研究主要集中在综艺娱乐节目的传播、创新、特色、叙事、现状、传承、主持人形象塑造、主持人群现象等方面。学者们在语言学领域对电视媒体综艺娱乐类会话的研究相比于其他领域如新闻传播学、艺术学、社会学等要少很多。通过对相关文献的梳理，学者们在语言学领域对此领域会话的研究主要集中在语用策略、会话者的面子、语用身份构建、话语顺应、语用模糊、语境、语用特点这几个方面。此外还有部分学者对电视媒体综艺娱乐类会话的会话打断、重叠、会话结构、话轮转换、幽默话语、话语重复这几个方面进行了一些研究。

在对电视媒体综艺娱乐类会话语用策略、会话者的面子、语用身份构建、话语顺应、语用模糊、语境、语用特点的研究方面，王玥（2017）对综艺娱乐节目主持人的语用策略进行了研究，指出了主持人运用语用策略的重要性、使用语用策略时的原则，提出主持人应在知识、素养、见闻这几个方面来增强运用语用策略的能力。兰金梅（2014）对电视媒体综艺娱乐类

会话中主持人以外的其他会话参与者的语用策略进行了研究，分析了《中国好声音》中的会话角色——导师话语的语用策略，分别从角色原则、道德原则、面子理论、赞扬、审美原则、语用移情这几个方面提出了具体的语用策略。王芳（2013）对电视媒体综艺娱乐类会话参与者的面子进行了研究，发现在《快乐大本营》节目中主持人和嘉宾之间威胁彼此面子的情况是不一样的，从嘉宾和主持人二者之间互相威胁面子的次数来说，嘉宾要多于主持人。在关于维护会话者面子的语用策略方面，提出了直接与间接的面子策略，如在称呼、反馈项目、答非所问、重复、委婉语、幽默、模糊性等方面提出了面子策略。夏玉琼（2016）对电视媒体综艺娱乐类会话参与者身份构建进行了研究，指出在《中国好声音》中，各位导师为了实现自己的交际目的，通过话语构建了专业、幽默、谦虚、亲和四种不同类型的导师身份，并指出通过构建不同的身份，维护了不同会话者的面子。李珂娜（2019）运用顺应理论对于《朗读者》节目中主持人语用身份的构建进行了研究，发现了主持人的倾听者、解说员、主持人三种不同的语用身份，揭示了主持人不同的语用身份对于交际语境的动态顺应。郭韬（2018）通过顺应论研究了《中国诗词大会》的会话中主持人应采用的言语表达形式，指出主持人的言语表达应动态顺应交际对象的话语形式，对于对方话语中的交际与语言这两方面的语境应遵循顺应理论，同时还提出主持人的话语要适应节目的现场语境。杨瑛（2011）对电视媒体综艺娱乐类会话中的语用模糊进行了研究。提出了语用模糊在话语的各个层面都可以被运用，比如在语音、词汇、句法、语篇这些层面，同时还指出语用模糊对于说话人表达语言以及听话人接受语言都有促进作用。于娇艳、姜占好（2015）对《中国好声音》中的模糊限制语运用顺应论进行了研究，发现模糊限制语中程度变动型的使用数量超过了直接缓和型，揭示了在交际语境的三要素：物理、社交、心理这三个世界中模糊限制语所起到的作用。薛亚青（2015）研究了电视媒体综艺娱乐类会话中场景、参与者、目的这些语境变量对于语篇的构成、会话策略、语用原则方面产生的影响。陈燕（2017）对电视媒体综艺娱乐类会话中主持人的语用特点进行了研究，揭示了喜剧类综艺节目跨界主持人话语的语用特点，这些语用特点体现在一方面主持人能够寓"抽象"

于"简单"之中，另一方面主持人与观众之间具有"面对面"的交流感。

对电视媒体综艺娱乐类会话在会话打断、重叠、会话结构、话轮转换、幽默话语、话语重复这几个方面的研究如：张娜（2017）对电视媒体综艺娱乐类会话中的打断现象进行了研究。通过比较《中国好声音》和《美国好声音》中的会话打断现象，指出这种综艺娱乐节目中的竞争性打断出现的次数是最多的，在竞争性打断中，在此领域会话中出现的打断类型为不认同型、忽视型以及利己评价型。李道静（2014）对电视媒体综艺娱乐类会话中主持人群的话语重叠进行了研究，指出在《快乐大本营》中，多个主持人之间的话语经常出现重叠情况。该文重点分析了竞争性重叠，并指出了重叠对于话轮秩序以及主持关系的调控起到了作用。李萌萌（2015）对《爸爸去哪儿》综艺娱乐节目的整体结构与局部结构进行了研究，发现此领域会话的开端为"召唤—回应"序列，会话的结尾具有承上启下的功能。在局部结构上指出当节目中多人进行会话时，话轮分配方式常常是通过会话者自选的方式进行。闫璐（2015）对电视媒体综艺娱乐类会话中的话轮转换进行了研究。以《中国好声音》为例，在抢人环节，发现导师之间的话轮转换大多数都是通过自选的方式进行，会话者主动争取话轮，进行发言。李烨辉、睢姣（2015）对电视媒体综艺娱乐类会话的幽默话语构建进行了研究，指出《喜乐街》中幽默话语的构建与会话者们违反会话原则有关，会话参与者们通过违反会话合作原则的数量、质量、方式、关系准则，构建了幽默话语。王倩倩（2019）对电视媒体综艺娱乐类会话中的重复现象进行了研究。通过对《极限挑战》节目中会话重复现象的分析发现，会话参与者的话语重复现象经常出现，其重复类型可以从重复的对象、内容、话轮分出多种类型。恰当地进行话语重复能够产生幽默效果、对重要信息进行强调、对话语进行衔接、对话题进行转换等。

四、电视媒体问政类话题会话研究概况

电视媒体问政类话题会话是依托电视问政所进行的会话。"电视问政"是中国本土化的概念，指的是通过电视媒体平台，政府人员与公众就公共事务现场面对面地讨论、沟通、协商，利用"问"与"答"的互动方式进行

的问政活动。在国外并没有"电视问政"这一概念，但是"问政"作为政务公开的一种形式，在国外有一些电视节目中涉及了"问政"。这些电视节目在形式、内容上与中国的电视问政有所区别。一方面，国外这类涉及"问政"的电视节目多数是以访谈或召开记者会进行的，在现场很少同时出现政府人员、主持人和问政代表这三方都就相关的问题通过问与答的方式进行问政的现象。另一方面，这些节目讨论的问题大多是比较受关注的国际、国内的有关政治方面的事情等。有的节目邀请的嘉宾都是一些首脑人物或是知名人物，首脑人物分别来自政界、军界等，节目以记者招待会的形式展开，主持人并不加入他们的讨论之中。国外学者对于此类电视节目的相关研究主要是从新闻传播学视角进行的。因此，本书重点对国内学者关于电视问政以及此领域会话的研究概况进行文献梳理。

国内真正具有电视问政雏形的应当为 2005 年兰州市的《"一把手"上电视》，在这之后，全国各地的电视问政逐渐兴起。电视问政的发展大致经历了三个阶段：

第一个阶段是起源期。其实在兰州市的《"一把手"上电视》之前，20世纪 80 年代无锡电视台的《假如我是市长》，以及 2002 年郑州电视台创办的《周末面对面》，这两个节目从形式和内容上为电视问政的出现奠定了一定的基础。2005 年 6 月，兰州市的《"一把手"上电视》首播，节目中多个部门的"一把手"走进演播厅，与公众面对面地进行沟通，解决公众关注的有关民生等一些问题，"民问官答"成了《"一把手"上电视》主要开展形式。由此，一方面电视栏目中出现了官民双向互动的形式，另一方面参与电视问政的政府人员是各部门的"一把手"，这样使得《"一把手"上电视》真正成了电视问政的雏形。这一时期还有 2005 年广州电视台创办的《沟通无界限》等。起源期的电视问政只在本地产生一定的影响，大致建立了以政府人员和公众直接对话这一基本形式。

第二个阶段是发展期。电视问政发展期是指 2006 年—2010 年这一段时期，在兰州市开办了《"一把手"上电视》后，各地分别创办了形式不尽相同的电视问政，如：2006 年武汉电视台将《行风连线》搬到了电视荧屏上，这为日后武汉电视问政的出现拉开序幕；2007 年西宁电视台创办了《夏都面对面》；2008 年安徽电视台播出的《对话江淮》；2009 年武汉电视台推出了《区长百姓面对面》；2009 年南京电视台开播的《向人民汇报》；2010 年杭州开播的《我们圆桌会》；2011 年浙江电视台举办的《民生圆桌会》等。《向人民汇报》采用了全媒体直播的形式。《民生圆桌会》邀请了专家、政府人员、问政代表等来自社会各界的人士围着圆桌就社会公共问题进行沟通，体现了"平和"的风格。在这一时期的节目中，群众问政与媒体问政还有待进一步的结合。问政所采用的形式相对单一。因此这一阶段电视问政的形式还在不断地探索中，还需要不断优化问政环节。

第三个阶段是繁荣期，这一时期的开始是以 2011 年武汉电视台创办的《电视问政》为标志。"电视问政"这一名称正式被确立，并得到了社会的广泛认可，从此电视问政备受公众的关注，同时因为问政的力度得到了公众的认可，使各地的问政热情得到了激发。从 2011 年至今，电视问政在很多省市逐一展开，如洛阳的《百姓问政》、长春的《电视问政》、西安的《问政时刻》、银川的《电视问政》、湖南的《电视问政》、丽水的《问政进行时》等。这一阶段的电视问政采用的基本都是直播的形式，真正实现了官民对话，公众参与度高，问政形式丰富、问政力度大、社会关注度高、解决问题具有时效性。

学术界对电视问政的相关研究最早可以追溯到 2010 年吕值友发表的文章《电视问政下的武汉实践——"行风连线 5 周年电视直播特别节目"的价值评析》，这篇文章并不是从语言学的角度，而是从新闻传播学的角度对电视问政的价值从多方面进行了评析。从 2011 年电视问政进入繁荣期开始，学术界对电视问政也逐渐关注起来。学者们对电视问政的研究主要是从新闻传播学、管理学、政治学等角度进行的，研究的成果集中在电视问政发展、创新、现状、传播策略、舆论监督模式、长效机制、推动政府工作、对公共领域的建构、社会协商功能、官民互动、搭建参政议政平台等方面。学者们对于电视问政中会话进行的研究很少。2014 年，张岚发表的文章《浅析问政类节目中的话语打断现象》标志着学术界开始对电视媒体问政类话题会话展开研究。但是这方面的研究成果很少，而在语言学领域对电视媒体问政类话题会话进行的研究更是少之甚少。下面将从目前学者们对电视媒体问政类话题会话以及其所依托的平台——电视问政两个方面的相关研究进行梳理。通过梳理相应的文献，试图总结对此领域从多角度研究的成果，进而从中获得对于本书研究有益的启示。

（一）对电视问政进行研究的概况

对于以电视媒体问政类话题会话所依托的平台——电视问政为对象展开的研究，主要是从新闻传播学、管理学、政治学等角度进行的。这些研究为电视媒体问政类话题会话提供了较为充实的背景资源，以及更多的研究视角、研究方法和可供参考的研究成果，为本书的研究开拓思路，具有借鉴意义。从以上角度对电视问政进行的研究主要集中在以下几个方面：电视问政的概念内涵、电视问政的特征、电视问政的功能与作用、电视问政的现状与发展、电视问政主持人的能力。

1. 对电视问政概念内涵的研究

学者们关于电视问政概念内涵的观点主要分为两类，一类是将电视问政看作是一种活动；另一类是将电视问政看作是电视节目的一种。葛明驷、何志武（2015）指出电视问政是政治传播活动，是通过咨询、讨论、协商，由执政者和公众在电视媒体这个平台就公共事务进行的活动。聂书江（2015）认为电视问政是政治传播活动，在电视问政中就涉及民生的公共事务执政者在电视媒体平台上接受公民监督、质询、评议。姜洁冰（2013）认为电视问政是直播节目，公众在电视媒体平台就民生问题向政府人员进行监督质询，并指出电视问政的反馈环节有点评、打分等。程永洁（2016）指出电视问政是电视直播专题节目，新闻媒体与民众就大家关心的重要问题通过电视媒体这一平台与政府人员进行互动。

2. 对电视问政特征的研究

对于电视问政特征的研究，学者们主要是对电视问政的内容、话题、方式、舆论监督平台、沟通平台、公共性建构等方面进行了研究。王蕾、刘敏智（2012）从创新性角度指出电视问政的特征为与民众的需求契合，问政采用现场直播形式，政府人员与公众直接对话，公众对政府人员的整改承诺以及后续的整改进程参与评议等。金霞（2016）对电视问政提供的新型舆论监督平台进行了研究，指出电视问政改变了传统媒体舆论监督的模式，在新型舆论监督平台上，在实施舆论监督的每个环节，各主体都能够积极主动地参与进去。新型舆论监督平台体现出了在舆论监督中，政府部门给予公众更多的话语权与参与权。夏涤平（2017）对电视问政在公共性建构方面的特征进行了揭示，如问政主体多元化、以问题为导向、公众通过多种渠道参与问政、加强了监督考核等。

3. 对电视问政的功能与作用的研究

学者们对电视问政的功能与作用的研究主要集中在构建善治政府、服务型政府、构建公共治理、政府服务能力、社会舆论监督、社会协商、践行党的群众路线、舆论监督等方面。程晟（2017）对在善治政府的构建中电视问政所发挥的作用进行了研究，以杭州电视问政为例，指出从主体、目的、方式、结果上实现"善者治理"、"善意治理"、"善于治理"和"善态治理"。杜美琴（2018）研究了电视问政在服务型政府的建设方面所起的作用，指出电视问政在对于公民参与政治权利的保障方面、促进城市治理创新方面所起的作用。顾亦兵（2016）对电视问政构建城市公共治理平台进行了研究，指出电视问政在多元主体参与、关注和改善民生、理性的公共运用等方面来构建城市公共治理平台。黄建伟、陈玲玲（2018）对电视问政的作用进行了研究，指出电视问政在政府政务服务能力、社会舆论监督等方面发挥了作用。陶甚健（2015）指出电视问政起到了对问题的解决、对理解的增进以及对工作的推动的作用。俞春江（2017）对电视问政的社会协商功能进行了研究，通过调查问卷所做的调研发现，对于电视问政的社会协商功能多数受访者是表示认可的，电视问政对公众参与社会协商的能力和意愿能够起到促进作用。廖莉娟（2013）指出通过为群众反映诉求、民主监督等提供新渠道、新途径，电视问政成了践行群众路线的有效途径。汪明香（2013）从内容、形式、效果三个方面研究了电视问政的舆论监督模式，并揭示了电视问政的功能。

4. 对电视问政的现状与发展的研究

学者们从多个角度对电视问政的现状进行了分析，同时对其发展提出了一些策略。陈蕴哲（2014）对电视问政的现状及发展进行了研究，指出了电视问政成功的原因，如真实、新颖、媒体责任的体现等。对于电视问政的发展从内容、形式、体制方面提出了一些策略，如应使公众参与电视问政的热情有所提升，拓宽公众参与电视问政的渠道等。海沫（2018）对电视问政的现状进行了研究。揭示了电视问政的价值以及目前在发展中存在的问题，如电视媒体在专业素养方面还需要进一步提升，对于电视媒体来说，新媒体诸如网络等具有较大的冲击力等。黄书亭（2016）对电视问政发展方面提出了一些策略，如对于问政的主体要明确，民众是问政的主体，电视问政与政府的工作平台要进行对接等。叶兆燮（2017）对丽水电视问政如何发展提出了一些策略，如刚性制度的建立，从多方面、多角度提升群众的参与度等。何志武（2017）揭示了电视问政为了调动全社会投身于社会治理中，应形成社会协商机制，实现这一机制的途径便是电视问政中的协商对话，这将有利于电视问政的持续发展。

5. 对主持人能力的研究

学者们对电视问政主持人能力的研究主要集中在对主持人的技巧、角色定位、对"度"的把握、素养等方面。在主持人的技巧方面，海沫（2014）从电视问政整体环节上，提出电视问政主持人应注重对话语权、节目节奏的掌控，主持人的作用应该是润滑剂、催化剂等。贾晓东（2014）从角色定位方面，提出了主持人角色定位要精准，要敢于说真话、讲实话。毛芝春（2014）从主持人对"度"的把握方面提出主持人要理性，提问时要精准。在主持人素养方面，倪力优（2018）从主持人素养组成的角度指出政治素质、广博的知识结构、优秀的记者素养共同构成了主持人的个人素养。马子惠（2018）从提升主持人素养的角度提出了提升政治素养、丰富文化知识、掌握控制多方位平台的新媒体的技术等策略。张少元（2017）对电视问政主持人的能力进行了研究，提出主持人要准确了解事物的本质，要深刻地思考所问政事，对于问政现场的话语、观点等要善于穿针引线，要善于掌控问政现场等。

（二）对电视媒体问政类话题会话进行研究的概况

笔者通过对相关文献的统计发现，涉及对电视媒体问政类话题会话进行较详细研究的文献很少，有几篇期刊论文和硕士论文。这些文章中对电视媒体问政类话题会话主要从会话打断、话轮转换、话语权势、会话互动、会话策略、会话特点这几方面进行了研究。

学者们在此领域对会话打断的研究主要是针对会话打断的目的、方式、时机、作用进行的。张岚（2014）对电视媒体问政类话题会话中主持人会话打断进行了重点论述，揭示了主持人控制会话环节、避免所答非所问的会话打断目的，补充追问、归纳总结、辩论质疑的打断方式以及选择自然停顿处的打断时机，同时提出了打断要得体。薛瑞环（2017）对电视媒体问政类话题会话打断的作用进行了一些探讨，将话语打断分为"冲突性"的打断与"合作型"的打断，并阐述了这两种打断对于此领域会话的不同作用。指出"冲突性"打断更能够体现会话者对话语权的争夺，通过其作用有助于推进问政相关内容；而"合作型"打断的作用在于如帮助政府人员进行有效的表达等。

在话轮转换方面，学者们对由不同话轮构成的回合进行了初探，同时针对话轮操控进行了研究。张津（2014）提出此领域会话的话轮转换是通过主持人、问政代表向政府人员提问，随后政府人员回答这样的一种由三方构成的话轮转换模式，这一模式是通过三方协商交流来实现的。在此论文中，提到了此领域会话的话轮结构是由问话和答话构成的一个个回合组成，这是对此领域会话结构的一种揭示，体现出了学术界对于此领域会话结构方面的研究在逐渐加深。王倩（2018）对话轮转换的研究主要是针对主持人对话轮操控进行的。文中揭示了电视媒体问政类话题会话中主持人对于话语权的控制方式之一是通过控制话轮转换来实现的，认为话轮转换的基本模式是"A-B-A-B-A-B"。提出了话轮转换的技巧，在夺取话轮方面，可以利用插话或者是接话；在保持话轮方面，可以利用连续性地追问，以此来延长控制话轮的时间；在放弃话轮的时候，重点指出主持人通过放弃话轮，使其他会话参与者能够有更多的话语权来阐释问题，以此揭示主持人对话轮掌控的技巧。

在话语权势方面，目前对电视媒体问政类话题会话研究的学者中，对话语权势研究得很少。王倩（2018）按照罗杰·布朗提出的关于权势关系的理论，通过研究发现主持人在此领域会话中具有最高的话语权势，其次为问政代表的话语权势，政府人员被赋予了答话的话语权，进而揭示了主持人的重要话语角色——话语的赋权者、话语权的平衡者。

在对此领域会话互动研究方面，主要涉及的就是对构成互动的会话角色之间关系的研究。薛瑞环（2017）将电视媒体问政类话题会话互动的角色进行了匹配，与主持人发生互动的会话角色分别为问政代表、政府人员、评论员、场外直播记者与连线市民，与政府人员发生互动的会话角色分别为问政代表以及其他的政府人员，在这些互动关系中，揭示出了主持人与政府人员以及政府人员与问政代表这两组互动关系体现得最为直接。董京（2018）提出了电视问政现场场内会话角色之间具有互动性，同时，场内会话者与场外观众之间也具有互动的特点，场外观众通过热线电话、微信平台等向场内的政府人员就问政的相关问题进行互动。

在会话策略方面，李尧、马东（2019）从此领域会话中问政的话题、会话角色的沟通机制、会话者的思维模式等方面提出了一些会话策略，比如对于问政话题的准备应遵循"以民为本"的会话原则；在政府人员与问政代表之间应建立"积极平等"的沟通机制；在此领域会话中会话者应具有"事有多面"的辩证思维，以有助于会话者之间的有效沟通。贾宏生（2014）对电视媒体问政类话题会话中主持人的问话技巧进行了研究，揭示了主持人在提问时要重视切入点的选择，问题的针对性要强，尖锐性的问题应适当地在所提问题中存在等。

在对此领域会话特点的研究方面，张泷予（2015）对电视问政话语的特点以及参与者话语的特点进行了论述，指出电视问政的话语以口语为主，话语直白。问政代表的话语具有直白、迫切、直接的特点，而政府人员的话语具有亲切、坚定等特点。

五、文献述评

本章针对国内外学者对电视媒体领域会话的相关研究概况进行文献梳理，并将重点落在学者们对电视媒体问政类话题会话的研究上。通过对相关文献的梳理、分析，在了解了目前学术界对于电视媒体问政类话题会话及其他电视媒体领域会话的研究概况的基础上，有了以下几点发现：

第一，国内外学者大部分是从新闻传播学视角、管理学视角、社会学视角、艺术学视角等对电视媒体领域会话所依托的平台——电视节目如谈话类电视节目、生活服务类电视节目、综艺娱乐类电视节目以及电视问政活动进行了大量研究，从语言学视角对电视媒体领域会话进行的研究相对少些。在语言学领域，国外学者对电视媒体领域会话进行研究的成果主要集中在谈话类会话中，国内学者对电视媒体领域会话进行研究的成果主要集中在谈话类会话、生活服务类会话、综艺娱乐类会话等领域中。对于电视媒体问政类话题会话的研究，国外基本没有从语言学视角进行研究的，国内只有零星几篇文章做了较详细的研究。这反映出目前国内外对电视媒体领域会话的研究与其他领域会话相比较如医患领域会话、法庭领域会话、课堂领域会话等相对薄弱一些。在国内，对电视媒体领域会话研究的专著、博士论文很少，大部分都是硕士论文以及一些期刊论文等，一方面，这说明这一领域会话研究还没有得到学者们的足够开发；另一方面，说明国内对于电视媒体领域会话研究还处于起步探索阶段。

第二，通过上文对学者们对于电视媒体问政类话题会话及其依托的平台——电视问政的研究成果的梳理可以看出，大部分的研究集中在从新闻传播学视角、管理学视角、政治学视角等对电视问政的研究，这方面的研究成果比较丰富。但学者们对电视媒体问政类话题会话的研究非常少，从语言学视角进行的研究更少，学者们对电视媒体问政类话题会话的研究从新闻传播学角度进行得比较多。目前关于电视媒体问政类话题会话的研究中，从语言学角度进行的研究主要涉及话轮转换、会话打断、话语权势这几个方面。这说明在语言学领域，电视媒体问政类话题会话基本还没有引起学者的关注。

第三，电视媒体领域会话所采用的研究视角分布不均衡。在语言学领域，对这一领域会话的研究大部分是从会话结构、话轮转换、会话打断、会话修正、言语行为、会话合作原则、会话礼貌原则、面子保全论、话语权势、会话策略等视角进行的，而从语篇的衔接与连贯、主位与述位、主位推进模式、伯明翰学派话语分析模式等视角进行的研究不多。这说明学者们对电视媒体领域会话的研究在宽度上还不够。而且，综合运用多个视角进行研究的成果中，大部分研究停留在描写中，对语言现象进行解释的不多，说明此领域会话的研究还不够深入。在电视媒体领域会话中，谈话类会话的研究在广度和深度上相对来说做得比较好，而对其他电视媒体领域会话的研究，学者们采用的研究视角相对少些，其中学者们对电视媒体问政类话题会话研究所采用的视角是最少的，而且其研究视角还比较单一。

第四，学者们对于电视问政概念内涵的观点主要分为两类，一类是将电视问政看作是一种活动，如葛明驷、何志武（2015）、聂书江（2015）对电视问政的界定；另一类是将电视问政看作是电视节目的一种，如姜洁冰（2013）、程永洁（2016）对电视问政的界定。综合借鉴以上学者的观点，本文认为电视问政是一种问政活动。一方面，电视问政虽然通过电视媒体平台进行，但电视问政并不具有娱乐功能；另一方面，电视问政的宗旨是通过公众与政府就公共事务面对面地讨论、沟通、协商来解决相关问题，通过电视媒体平台，现场的公众与场外的公众借此参政议政。因而，本书认为电视问政是一种问政活动，是通过电视媒体平台，政府人员与公众就公共事务现场面对面地讨论、沟通、协商，利用"问"与"答"的互动方式进行的问政活动。

第五，通过学者们对电视媒体领域会话的研究成果可以看出不同电视媒体领域会话所具有的特征，这为本书研究电视媒体问政类话题会话有别于其他电视媒体领域会话所具有的特征提供了依据。首先，大部分学者将电视媒体谈话类会话、生活服务类会话、综艺娱乐类会话的性质界定为半机构性会话。半机构性会话是指会话既具有机构性会话的特征，同时又具有日常会话的特征，因而称为半机构性会话。如 Ilie（2001）指出电视谈话属于半机构性会话，这是由于电视谈话既具有日常会话的一些特征又具有机构性会话的一些特征。李梅（2008）指出电视访谈话语属于半机构性话语。其次，学者们总结了不同电视媒体领域会话所具有的一些特征。在谈话类会话中，Clayman（1989）揭示了新闻谈话类会话的结尾由结束前阶段和结束阶段构成。代树兰（2007）认为主持人与嘉宾的访谈基调基本是一问一答式。盛永生（2005）认为电视媒体谈话类会话可分为六个层次。同时指出电视谈话节目中的话回大部分是由两个话步构成。蔡玮（2004）认为新闻口述语篇在主位推进模式上，以平行型和主述位延续型为主。在生活服务类会话中，求职类会话中的话语权势关系体现得非常明显，由此引发了此领域会话中出现了大量的会话打断现象，这成了此领域会话的一个主要特征。相亲类会话中，男、女会话者的性别特征赋予了此领域会话所具有的特色，如男、女会话者在实施拒绝言语行为时使用了不同的话语及策略所体现的特征等。在电视媒体综艺娱乐类会话中，由于此领域会话所依托的平台——综艺娱乐节目具有娱乐功能，因而此领域会话中，会话者话语顺应性强成了此领域会话的典型特征。最后，对于电视媒体问政类话题会话具有何种特征，目前的研究成果还没有显现，这有待于对此领域会话进行深入、系统的研究。

综上所述，目前电视媒体问政类话题会话的研究基本还没有引起学术界的关注。因而，对电视媒体问政类话题会话进行系统、深入的剖析，能够揭示电视媒体问政类话题会话特征，构建电视媒体问政类话题会话所特有的模式，对相关理论的普适性在实践中进行验证，对相关理论进行有益的补充与扩展，进而构建电视媒体问政类话题会话研究理论框架，完善电视媒体领域会话的研究体系，为相关会话研究提供具有参考性的分析模式。

第二章
电视媒体问政类话题会话整体结构

"任何一次完整的会话都由开端（opening）、本体（body）和结尾（closing）三个部分构成。"（何兆熊，2004）会话开端指的是表示会话开始的部分；本体是会话的核心部分，会话的主要内容在此部分展开；会话的结尾是表示会话结束的部分。电视媒体问政类话题会话的开端、本体、结尾有其相对固定的形式和规律，同时相对于其他电视媒体领域会话，又有其独特之处。主要体现在首先，其特有的问政式的会话开端，这与电视媒体谈话类会话、生活服务类会话、综艺娱乐类会话等有着不同的程式、构成对应类型以及功能。其次，其本体部分是以围绕问政相关问题展开的互动式的问答会话，构成本体部分的问答对应结构类型使其区别于其他电视媒体领域会话。最后，其相对完整的问政式的程式化结尾有别于其他电视媒体领域会话的非程式化结尾以及简单的程式化结尾。那么如何构建适用于电视媒体问政类话题会话的分析模式？此领域会话整体结构的全貌是怎样的？此领域会话的性质是什么？这是本章要解决的问题。

一、电视媒体问政类话题会话分析模式

电视媒体问政类话题会话是具有结构性组织的会话，对会话组织形式的挖掘需要运用科学、合理的分析模式。

（一）伯明翰学派话语分析模式

1975 年，以英国的语言学家 Sinclair & Coulthard 为代表的伯明翰学派（The Birmingham School），对于课堂上教师与学生的会话进行了研究，其研究模式主要是以 Halliday 早期语法模式为理论基础进行的。伯明翰学派通过系统地研究课堂上教师与学生的互动交流，构建了具有层级性的话语分析模

式，这一话语分析模式是以对应（exchange）为基础的。"Sinclair 等构建出的具有五个层级的课堂话语分析模式为'课（lesson）→交往（transaction）→对应（exchange）→语步（move）→行为（act）'。"① （Coulthard，1977/1985）这一话语分析模式五个层级由大到小，逐层细化。课由交往构成，"交往由围绕一个主题展开的一次或多次对应（exchange）结构组成"。（廖美珍，2002）Sinclair & Coulthard 等对教师与学生在课堂互动交流的研究成果表明，"由对应构成的交往在开端和结束部分有'边界对应'（boundary exchange），'边界对应'成了交往之间开始与结束的界限。语步是对应的基本单位，由两个语步构成的对应是最简单的对应结构。语步有三种类型，分别为启动（initiation）、回应（response）和后续（follow-up）。典型的对应结构为'启动＋回应＋后续'这种由三个语步构成的对应结构"。（Coulthard，1977/1985）Coulthard（1977/1985）"根据对应中启动语步的不同类别，将对应分为诱发对应（eliciting exchange）、告知对应（informing exchange）和指示对应（directing exchange）。指出在构成语步的行为中，其中交往行为可分为十种"。这些交往行为中的九种行为根据所在语步的不同可分为三类，详见表 0–1。

（二）以对应为基础的电视媒体问政类话题会话分析模式

本书借鉴伯明翰学派话语分析模式，将对应作为基础划分单位，对于电视媒体问政类话题会话来说，会话的分析模式为：问政→交往→对应→语步→行为。

1. 语步与话轮、反馈项目

电视媒体问政类话题会话分析模式是以对应为基础进行的，而对应由语步构成，对于语步的界定尤为重要，而在行文中，本书还会涉及会话分析中两个非常重要的概念——话轮和反馈项目。语步与话轮、反馈项目之间有着密切关系。

（1）话轮

刘虹（2004）认为"话轮是指会话过程中，说话者在任意时间内连续

---

① 目前，学术界对于 Sinclair 等构建出的话语分析模式翻译过来的内容不尽相同，本书采用谢群（2013）对 Sinclair 等构建出的话语分析模式的翻译，即将其翻译成"课（lesson）→交往（transaction）→对应（exchange）→语步（move）→行为（act）"，这样翻译之后的术语更适用于本书所研究的电视媒体问政类话题会话结构的划分。

说出的一番话，其结尾以说话者和听话者的角色互换或各方的沉默为标志"。本书赞同刘虹对话轮的定义。刘虹（2004）认为，"除话轮和反馈项目以外，还有半话轮性质的附属话轮、未完成的话轮和听话者完成说话者话轮时的重叠，这些言语形式既不能算作话轮，也不能算作反馈项目"。本书赞同刘虹将附属话轮、听话者完成说话者话轮时的重叠不算作话轮，但本书认为未完成的话轮中有些话轮具有一些呈上或启下的功能，因此本书将部分未完成话轮算作话轮。

刘虹（2004）指出"附属话轮即指那些在会话过程中，有两个人同时开口说话，其中一方马上退出后所形成的残缺的言语形式"。本书认为，即使两个人不是同时开口说话，形成会话重叠后，其中一方马上退出后所形成的残缺的言语形式也是附属话轮。因此，本书对附属话轮的定义为：那些在会话过程中，有两个人在某一时刻同时说话，其中一方马上退出后所形成的残缺的言语形式，附属话轮与另一方的话语的某部分是完全重叠的。如例（19）：

（19）**代**：呃---我还想问一下，就是马上因为⌐应该开始入冬了，马上要开始进入供暖，也希望咱们某区能把这个问题抓紧时间解决一下。

主：嗯，您这不是问题哈，您这［是］期待。

政：［我］（2017年9月22日）

例（19）中，政府人员的话语"我"属于附属话轮，政府人员并没有和主持人同时开口说话，但在主持人说到"您这"的时候，政府人员想进行打断，因而使其话语"我"与"是"重叠，"我"不具备"呈上"的功能，也不具备"启下"的功能，因而不能算作话轮。

刘虹（2004）指出"未完成的话轮是指在会话过程中，有时由于听话者强行打断说话者的话，或者误以为话轮完成，或者为了争取说话权造成话轮重叠，重叠后，一个说话者马上退出，从而形成未完成的话轮"。本书认为，当未完成话轮里已有意思完整的句子时，这个未完成话轮起到了一些承上启下的作用，此时这样的未完成话轮可以算作话轮；当未完成话轮里没有意思完整的句子时，此时的未完成话轮起不到承上启下的作用，这样的未完成话轮不能算作话轮。因此，本书对未完成话轮的定义为：在会话过程中，由于听话者打断说话者的话语，其中一方马上退出，退出方的话语里如没有意思完整的句子，此时退出方的话轮为未完成话轮。如例（20）、（21）：

（20）主：嗯，好，那刚才提到长效机制的一些做法哈，我想今天来到这个现场发现问题的目的是要解决问题。下一步的整改措施是什么？真正的长效机制到底该怎么建立？请回答。

政：呃下一步呢，我觉得呃---我们就应该标本兼治，疏堵制结合。尽管这个工作很难，（1s）那么首先得从源头上去控制。源头呢就是说产生这些（1s）⊥这些基本上是建筑垃圾，这些建筑垃圾呢，这些业主要知法懂法，要按法行事，依法合规地呢去聘请那些有资质的单位来运。那么要运，没有运输的这个队伍也不行。那么我们要尽力地培养和造就一⊥一支支的这样合格的队伍。同时要加强对这些队伍的行业监管，让他们能够依法合规地运。再有呢就是说，我们要呃---力所能及地多辟几处这个垃圾的这个堆放点，方便呢这些业主呢就地就近呃---倒垃圾。呃---再有呢，我们就是说在基础设施建设方面，因为某区这块儿发展很快，有时候征地拆迁的时候，道路基础设施呀跟不上啊，绿化也跟不上，这也给这些违法倾倒行为呃---很大的一个可乘之机。呃---再有呢就是出重拳，从严惩治。我前面说的几条都是疏的这个呃---方式，就是严打、严罚啊，坚决遏制住［这种］

主：［接下］来还有10秒，您可以重点说堵。（2016年6月27日）

（21）主：嗯希望▲

政：▼短时间内把这项任务完成，使工程发挥应有的效应。（2018年7月6日）

例（20）政府人员在会话进行中，被主持人打断，政府人员还没有把话说完，其话轮属于未完成话轮，在政府人员的话轮中，由一些意思完整的句子构成，已对主持人提出的问题"下一步的整改措施是什么？真正的长效机制到底该怎么建立？"做出了一些回答，这一话轮已起到了"承上"的作用，因而，本书认为此类型的未完成话轮应该算作话轮。例（21）中，主持人说到"希望"时被政府人员打断，随即主持人让出话轮。主持人的话语"嗯希望"，没有形成意思完整的句子，也没起到承上启下的作用，因而主持人此类型未完成话轮不能算作话轮。

听话者完成说话者的话轮是指"当说话者说话时，听话者预测并说出说话者将说的话，在时间序列上二者重合，这种重叠的言语形式不应算作话轮"。（刘虹，2004）如例（22）：

（22）政：我⊥我接着说，这个工艺上啊这个处理啊这个要进行这个---

预氧化，呃吸附这种工艺。就是在水中投加高锰酸钾，投加这个---这个活性炭。过去这是不用的，就常规检⊥常规方式是不用的⊥常规工艺是不用的，但是现在呢就需要。而这个成本呢这个每天呢就将近 30 万元⊥＞将近［30 万］元＜

主：［30 万］（2017 年 6 月 23 日）

例（22）中，政府人员在第一次说到成本每天接近 30 万元之后，进行了修正，又一次重复之前的一些话语。此时，主持人预测出了政府人员要说的话，当政府人员说到"将近"时，主持人随即说出了政府人员将要说的话语"30 万"，进而与政府人员话语中的"30 万"形成了话语重叠。本书认为此种情况下主持人的话语"30 万"不能算作话轮。

（2）反馈项目

关于反馈项目，刘虹（2004）指出"反馈项目是由听话者对说话者所说的话的反应形式，一般用来表示'我在听呢''我很感兴趣''你继续说吧''我同意你的看法''你说的跟我想的一样''你说的事我以前不知道''原来这样'等意义"。反馈项目不是话轮，听话者在说出反馈项目时，主观上不以索取话轮为目的，客观上对于说话者的话语并没有打断。如例（23）：

（23）**政：**我们村呢对农村厕所改造也是非常<u>重视</u>。呃---采取了就是污水集中⊥地下管网集中处理，建设有了那个小型的污水处理厂。

主：嗯。

政：呃---使污水集中排放集中---处⊥集中处理。呃---老百姓呢那个---（2s）环境啊得到了改善，老百姓非常的满意。

主：嗯。

政：谢谢。（2019 年 4 月 4 日）

例（23）中，主持人两次说"嗯"是对政府人员说话的一个反馈，分别表示"你继续说吧""我在听呢"，主持人的两次话语"嗯"是反馈项目，不是话轮，例（23）实际是政府人员的一次完整的话轮。本书的语料中，会话者一次话轮的话语量通常是比较大的，因而，一方面为了展现会话者每次完整、连续的话轮，另一方面本书并不对反馈项目进行单独研究，所以，本书在语料标注时对话轮中的反馈项目不进行标明，本书在语料标注时按以下方式标注例（23）的语料，如例（24）：

（24）**政**：我们村呢对农村厕所改造也是非常<u>重</u>视。呃---采取了就是污水集中⊥地下管网集中处理，建设有了那个小型的污水处理厂，呃---使污水集中排放集中---处⊥集中处理。呃---老百姓呢那个---（2s）环境啊得到了改善，老百姓非常的满意。谢谢。（2019 年 4 月 4 日）

例（24）语料标注的方法体现了政府人员话轮的完整性，同时又有助于本书对于会话者完整话轮的研究。

（3）语步

目前学术界对于伯明翰学派话语分析模式中的语步（move）进行界定的学者不多，大部分学者在提到语步时，指出的一般为语步是构成对应的单位，以及语步的分类等。盛永生（2005）指出"话步相当于一个话回中的话轮"。路扬（1996）认为"话步有时相当于我们说的一句话，一个短语，一个字，甚至是沉默、手势、眼神等等"。以上学者所说的"话步"与本书所说的"语步"所指相同；"话回"与本书的"对应"所指相同。盛永生、路扬从形式和内容上对语步进行了界定。语步是伯明翰学派从话语功能角度提出的概念，邓旭东（1988）谈到"Sinclair & Coulthard 的功能概念是：某一特定语段或语段部分在某一特定社会场合以及在话语系列的某一特定位置中相对于整个话语的一种特定的作用"。综合借鉴以上学者的观点，本书对于语步的界定为：语步是话语功能维度的概念，其在形式和内容上相当于一个话轮，但一些非言语行为也可构成语步，语步在不同的对应类型中具有不同的话语功能，如在诱发对应中，启动语步具有引发言语回应的功能，回应语步具有回答的功能，后续语步具有话语接受、评价等功能。由非言语行为构成的语步主要是对上一个语步进行非言语回应，如通过播放视频、音乐等这些非言语行为进行回应。如例（25）、（26）：

（25）**主**：好，旧改这么大体量的一个民生工程，一是质量，二是进度，这二者都是缺一不可哈。接下来，咱们到某区的某小区，去看看那里出现的问题。

（（播放视频：某区里的某小区旧改方面出现的问题。））（2018 年 3 月 20 日）

（26）**主**：嗯，责任人的问题，不知道您刚才所说的这些路线图和时间表是不是都有具体的责任人？

政：啊是的。这个因为今年我们某区在重点工程这块，我们的业务比较重。那么我们区里呢按照我们今年整个市委市政府下达的任务都落实了详细的这个工作任务，我们落⊥包括我们落实到责任部门和责任人。我们通过这些责任的落实加大我们的督查、检查力度，那么确保我们今年全面完成市委市政府的（1s）这个工作任务。

主：嗯，好……（2016 年 9 月 26 日）

例（25）这一对应结构中，由两个语步构成，第一个语步为启动语步，为主持人所持有。主持人语步中的"接下来，咱们到某区的某小区，去看看那里出现的问题"是在要求电视问政现场的相关工作人员播放相关视频。因而，主持人的语步引发了一个非言语回应。在回应语步中，相关工作人员播放了视频，用这个非言语行为构成了语步，回应了主持人的要求。

例（26）这一对应结构由三个语步构成。主持人在启动语步中提出了问题，引发了言语回应。政府人员在回应语步中进行了回答，回应了主持人语步中的问题。随后，主持人在后续语步中用"嗯，好"表示对政府人员话语的接受。

2. 电视媒体问政类话题会话具体分析模式

本书构建出的以对应为基础的电视媒体问政类话题会话分析模式可用下图表示为：

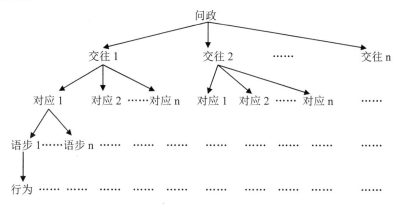

图 2 - 1　电视媒体问政类话题会话分析模式

对于以上本书构建的以对应为基础的电视媒体问政类话题会话分析模式有几点需要说明：第一，交往 n、对应 n、语步 n 中的"n"分别代表由第 1 个交往、第 1 个对应、第 1 个语步顺延到的第 n 个交往、第 n 个对应、第 n 个语步。而第 n 个交往、第 n 个对应、第 n 个语步中的"n"所代表的数字之间并无关系。如某场电视媒体问政类话题会话由 4 个交往构成，交往 n 表示第 4 个交往；交往 1 由 10 个对应构成，交往 1 中的对应 n 表示第 10 个对应；交往 2 由 20 个对应构成，交往 2 中的对应 n 表示第 20 个对应；对应 1 由 3 个语步构成，语步 n 表示第 3 个语步，以此类推。第二，为了使此分析模式清晰呈现，繁简适中，本书只对交往 1 按照"问政→交往→对应→语步→行为"进行列举，交往 2 到交往 n 用"……"符号表示以此类推。

首先，每一场电视问政就是电视媒体问政类话题会话最大的单位。其次，每场电视媒体问政类话题会话都针对几个主题进行，每一个主题就是一个交往。再次，由若干个作为基础单位的对应构成一个交往。最后，一个对应最少由两个语步构成，本书对对应的分析方法主要借鉴 Sinclair & Coulthard 提出的"启动 + 回应 + 后续"三步分析法，以及 Coulthard 提出的"诱发对应（eliciting exchange）、告知对应（informing exchange）和指示对应（directing exchange）"这三种对应类型。（Coulthard，1977/1985）

关于诱发对应，Coulthard（1977/1985）提出"一般所说的问话行为（questioning behavior）构成了诱发对应的启动语步"。鉴于电视媒体问政类话题会话以"问"和"答"的互动会话为主，在本书中，"诱发对应"实际就是"问答对应"，因此，为了凸显电视媒体问政类话题会话的特征，本书用"问答对应"替换"诱发对应"。本书对问答对应的定义为：启动语步由问话构成的对应。问答对应中问话和答话属于语用范畴。对于"问话"和"答话"的定义，本书认为廖美珍（2002）对两者的界定比较全面，适合电视媒体问政类话题会话中"问"与"答"的特征，因此，本书借鉴廖美珍对二者所下的定义。"问话是可以引出回答反应的话语行为。虽然问话一般是寻求信息的，寻求回答的，但是也有不是寻求信息，不是寻求回答的问话。"（廖美珍，2002）在构成问话的话语中，其核心话语的句法形式为疑问句。本书只研究寻求回答并寻求信息的问话，因此，反问问话和设问问话、回声问话不在本书的研究范围之内。"答话是对问话的任何口头反应行为。"（廖美珍，2002）"答话没有明显的语言形式特征，可以是陈述句，也可以是问句，还有可能是沉默等等。"（曾范敬，2011）电视媒体问政类话题会话中答话的语言形式大多是由陈述句构成的。沉默作为答话的情况不在本文对答话的考察范围之内。下面举例说明问答对应，如例（27）：

（27）主：嗯，呃---您说的，一直在说的是要怎么样，但我想现实情况究竟怎么样才是真正能让大家放心的事情。您在这一年多的工作里头了解的现实情况是怎么样呢？

政：现在呢呃---（2s）⊥咱们现在存在的一些这个就是各个环节啊⊥参建各方存在各个环节的一些问题，咱们呢监管部门啊，其实主要做的工作也是在（1s）纠察这些问题。我们呢在旧城改造过程中呢，加大了这种抽查抽测的力度。呃某站呢在整个抽查过程中非常严格地（1s）对呃涉及主体安全的和主要使用功能的一些工程呃---进行了抽查和抽测，并且对发现的（1s）<u>违法问题</u>进行了处罚和追责。

主：嗯，>听得出来，使了很大劲儿哈<。……（2017年9月22日）

例（27）为问答对应，在这一问答对应中，启动语步由问话构成，回应语步由答话构成，后续语步由表示话语接受以及评论等话语构成。在构成主持人的问话的话语中，其核心话语为"您在这一年多的工作里头了解的现实情况是怎么样呢？"，这一句起到了引出回答的主要功能，其句法形式为疑问句。这一问答对应中的回应语步为政府人员持有，政府人员回答了主持人的问话，其答话是由一些陈述句构成。后续语步为主持人持有，在后续语步中，主持人先是表示对政府人员话语的接受，随即进行了评论等。

对于问话与答话的构成成分以及分类将在第四章进行详细论述。

"Coulthard认为，告知对应通常以告知行为（informative）为启动语步，以陈述句的形式来实现提供新信息的功能。"[①] 在电视媒体问政类话题会话中，告知对应主要存在于会话的开端和结尾。谢群（2013）提到"指示对应是由一个'要求非言语回应'的语步启动的，因此它的回应语步多为反应（react），属于一种非言语行为"。通过对本书语料的考察，发现电视媒体问政类话题会话中指示对应中的回应语步不完全是非言语回应，也有言语回应的情况。如例（28）：

（28）**主**：有请某区。

政：城市管理呀，是一个常管常新的过程。所以说今天我们看到涉及野广告的问题，也是一个常管常新的过程，这就需要啊建立一套长效机制。首先呢，我们要建立一个叫做快速处置快速发现的机制。将我们区啊划分成586个网格，然后每个网格长包括执法队员在这个网格内要压实责任，第一

[①] 转引自谢群．商务谈判话语互动研究［D］．武汉：华中师范大学，2013：71.

时间发现，第一时间处置。第二个呢就是一个严管重罚的机制。确实对那些哎就是呃贴野广告的他背后的组织包括企业严厉打击，顶格处罚，甚至要把他登上<u>不诚信</u>名单，哎我说呀让大家对他口诛笔伐哎他不诚信。第三个呢就是要建立呀合力攻坚的这种机制。因为城市管理不仅是城管，也应该是政府七大部门包括公安特别是广大人民群众<u>全力</u>参与的这么一个过程。所以说啊，只要大家共同参与，哎共同建设美好家园，我们的明天会更好。（2018年12月28日）

上例是指示对应，区长的回应语步受到了主持人启动语步的预测和限制，首先主持人进行了言语指示，其意思为"请某区的区长做整改承诺"。随后，该区的区长用言语回应了主持人，做出了整改承诺。因而，这个指示对应是由一个要求言语回应的语步启动的。所以，本文将指示对应界定为：主要由指示行为构成启动语步，其回应多数是由非言语行为构成，但偶尔也可以用言语来回应。

电视媒体问政类话题会话主要由"问话"与"答话"构成，因而此领域会话的主要对应类型为问答对应，这也是本书重点考察的对应类型，对于指示对应和告知对应本书只是进行简要的论述，本书以 Coulthard（1977/1985）对对应的分类为参考依据，不再涉及其他的对应类型。

对于构成电视媒体问政类话题会话中语步的行为，本书参照 Coulthard（1977/1985）对交往行为的分类标准，为了凸显电视媒体问政类话题会话以问答为主的特征，本书把 Coulthard 归纳的交往行为中"诱发"用"问话"替换，"回答"用"答话"替换，其余的交往行为不变。本书认为这样界定更适合电视媒体问政类话题会话分析模式，在这些交往行为中，"问话"和"答话"是本书论述的重点。

电视媒体问政类话题会话的主要环节包括：开端主持人对此次问政的背景介绍、播放在本次问政活动前录制的曝光问题的短片、问政代表进行问政、邀请相关领域的专家进行问政点评、公布公众通过新媒体平台对问政相关问题的反馈、政府人员做出整改承诺等。以对应为基础的电视媒体问政类话题会话的整体结构是如何组织的，这将在下一节进行讨论。

二、电视媒体问政类话题会话的开端

电视媒体问政类话题会话的开端指的是从每场电视问政开始到问政实质

性的互动会话开始这一阶段。此领域会话开端一般的程式为：首先由主持人介绍本场电视媒体问政类话题会话的背景；其次，播放整改落实情况的视频；再次，介绍本次问政的主题、接受问政的政府人员、问政代表、评论员等；然后，由新媒体主播介绍此次问政通过新媒体平台发布的互动话题；最后，播放相关视频短片，本场问政实质性的互动会话开始。如例（29）：

（29）**主**：各位好！这里是由某市电视问政活动领导小组主办的2018年第四期电视问政直播现场，某广播电视台综合频道、新闻综合频率、某交通之声同步直播。电视问政紧紧围绕市委市政府重大决策部署和重点工作的推动落实，<u>问出</u>干部执行力，<u>问出</u>机关好作风，<u>问出</u>发展好环境。那么在上一期的直播当中，我们关注了旧改长效机制和河长制落实，当时来自五个城区以及两家市直部门的负责同志，在这里就曝光的问题做出了郑重的整改承诺，那么今天我们依然要从整改落实开始。

（（播放视频：关于2018年第三期电视问政中曝光的问题整改进展情况。））

主：嗯，在上一期的直播中，我们提到了两个关键词"<u>责任</u>"与"<u>担当</u>"，其实"责任"和"担当"最终就是两个字，那就是"<u>落实</u>"。现实情况纷繁复杂，我们有时候需要摸着石头过河建章立制，但<u>更多的</u>时候<u>就是</u>让已有的制度、<u>已经</u>明确的责任落到实处。但凡把关一方、担当一处者才智都是不凡，而很多时候事情的区别之处往往就在于<u>实</u>。为实者长远，为真者能经住考验，这是<u>所有</u>工作能否让人民满意的关键，也是在电视问政我们<u>最希望</u>跟大家达成的共识。好，那么今天我们要聚焦的是文明城市创建，这是大家都熟悉的事情，也是最近的热词。那大家为此付出了许多，也获得了许多成果。我们都知道，文明城市绝不是做给别人<u>看</u>的，而是要让这座城市里的每一个人在生活点滴中都能够真切地感受。那么<u>点滴</u>的问题也应该引起我们的<u>高度</u>的重视，解决<u>一点</u>就是在给文明加分。好，首先来介绍今天在现场接受问政的是来自某区、某区、某区、某区、某区、某局和某局的负责同志。那么今天的主考（［kǎi］）官⊥主考（［kǎo］）官仍然是由人大代表、政协委员、群众代表以及两位特邀的媒体代表组成。那今天到场的两位评论员大家也都很熟悉了，一位是某大学某学院的某教授，另外一位是某大学某学院的某教授，欢迎大家。好，下面首先有请新媒体主播某某发布今天的互动话题。

新主：好的，某某。全国文明城市是城市名片中最亮丽的一张，是城市竞争中最具价值的金字招牌，更是衡量一座城市文明指数、道德风尚、精神风貌的标杆。一个地方要想获得全国文明城市的殊荣，从数以千计的城市中脱颖而出，要经过规划、测评、申报等复杂严格的程序。而且很多城市往往要数年数十年磨一剑，它凝聚着无数人的心血和期待，它需要生活在这座城市当中的每一个人共同的努力。那么本期的新媒体互动话题呢我们已经通过某市电视问政的官方微信微博进行了发布，请看大屏幕：您认为文明城市创建，以下哪一方面最重要？A 文明素养培育、B 城市精神塑造、C 卫生环境提升、D 先进文化引领。欢迎大家在收看的同时通过新媒体平台来参与互动，具体的参与方式：您可以用手机扫描屏幕上的二维码，或在微信微博搜索某市电视问政加关注，您还可以通过电视问政专线来反映问题。稍后某某会向大家来公布网友的投票情况，接下来把时间交给某某。

主：好的，的确文明创城这是一个全民参与最终也是全民受益的过程。给大家介绍一下，咱们某市哪，多次获得全国文明城市称号，可以说某市的创城一直在路上，也一路收获满满。来，我们一起看个短片。

（（播放视频：某市文明城市创建情况。））

主：嗯文明城市创建得难，参与的部门和同志恐怕是深有体会。这个难哪，不仅体现在评选标准极其严格，也体现在考核的范围非常广阔，环境卫生、公共基础设施建设维护、市民日常的言行举止等等这些都在其中，所以创建十分不易。但要是一点看不住，受影响却很容易。来，看看我们在某区发现的问题。

（（播放视频：某区一学校门前道路破损扬尘。））

主：好，这个情况大家都看到了哈。首先有请群众代表发问。

代：区里知道这里的情况吗？为什么没有修呢？（2018 年 12 月 28 日）

例（29）是电视媒体问政类话题会话的开端，主持人以"各位好"这一招呼语启动了本场电视问政的会话，问政代表以问话"区里知道这里的情况吗？为什么没有修呢？"开始进入问政实质性的互动会话阶段。在会话开端部分涉及一个概念——新媒体，匡文波（2008）指出新媒体是利用数字技术，通过计算机网络、无线通信网、卫星等渠道，以及电脑、手机、数字电视机等终端，向用户提供信息和服务的传播形态。电视媒体问政类话题会话中，利用新媒体平台如微信、微博等发布互动话题，使公众能够参与互动。电视媒体问政类话题会话的开端可以从结构和功能两个角度进行研究。

（一）会话开端的结构

根据以对应为基础的电视媒体问政类话题会话分析模式，电视媒体问政类话题会话的开端就是一个交往，交往所涵盖的主题是对本场问政背景的介绍。"由对应构成的交往在开端和结束部分有'边界对应'（boundary exchange）。"（Coulthard，1977/1985）"边界对应"是交往之间的界限，通过"边界对应"可以划分出会话开端和本体。如例（29）中，由主持人的启动语步"好，这个情况大家都看到了哈，首先有请群众代表发问"以及问政代表的回应语步"区里知道这里的情况吗？为什么没有修呢？"构成的指示对应就是该场会话开端和本体的"边界对应"，这一对应表明实质性问政会话的开始，成了开端和本体的界限，本书把这类边界对应归属于会话开端交往的结尾部分。构成此领域会话开端交往的对应主要是告知对应，指示对应占一小部分，二者均以"启动—回应"二个语步构成的对应结构为主。

1. 会话开端的告知对应

具有不同特征的会话对告知对应的形式做出了相应的选择和限制。在电视媒体领域会话中，大部分会话诸如谈话类会话、生活服务类会话等，一般对于告知对应的回应都是比较简洁的。而在电视媒体问政类话题会话领域，大部分时候告知对应回应方的回应通常话语量是比较大的。正是由于此会话领域告知对应的这一特征，使会话开端的主要会话功能得以实现。如例（30）：

（30）**主：**嗯，看了这些曝光和整改我得说，因为这是文明城市，所以我们能相聚在这个体现城市政治文明的现场。那么大的城市、那么多边边角角，如果是问（［èn］）⊥问（［wèn］）题偶发，这很正常。但如果问题长期存在，而且不是个别，那确实就该反思，我们的工作做得怎么样。文明的水准的确不能脱离社会发展阶段，但社会的发展从来都是由文明的演进所驱动。我们能不能把这座城市的文明推高一度，能不能由此让这座城市的发展跃进一步，我想面对这个问题，没有人会服软认怂。那么我们对文明的维护就要吹毛求疵，因为文明总是在小细节处被不文明所伤害。当然文明不是城里人所独享，咱们村里头啊也应⊥也不能缺。党的十九大报告首次把乡村振兴战略写入党章，这就是广袤乡村的大文明，而＜改善农村人居环境＞是实施乡村振兴战略的第一场硬仗，从省到市都进行了专门的工作部署，那么今天我们的主题就是<u>聚焦农村人居环境整治</u>。好，现在介绍今天在现场接受问政的（1s）是来自某区、某区、某市、某县、某市以及某委、某局的负责同志。那么今天的主考官仍然是由我们的人大代表、政协委员、群众代表以及我们的媒体代表所组成。今天我们特意邀请到了两位评论员，一位是某大学某学院的<u>某教授</u>，还有一位是某大学某学院的某教授，欢迎大家。好，那接下来请新媒体主播某某为大家发布<u>今天的</u>互动话题。

新主：好的，某某。农村人居环境整治是一项面广量大，长期而复杂<u>又意义深远的工作</u>，需要多方面的共同努力。那么欢迎大家通过新媒体平台来参与投票或发表评论。本期的两个投票互动话题我们已经通过某市电视问政的官方微信微博进行了发布，请看大屏幕。第一个投票互动话题：您认为农村人居环境整治工作<u>最</u>需要在哪方面加强？A 加强科学规划、B 全面监督落实、C 效率质量并重、D 建立长效机制。第二个互动话题：您认为农村厕所改造工作该如何更好推进？A 建立污物处理机制、B 完善维护管理制度、C 加强工程质量监管、D 广泛宣传群众参与。欢迎大家通过新媒体平台来参与互动，具体参与方式您可以用手机扫描屏幕上的二维码或在微信微博搜索某市电视问政加关注，<u>您还可以</u>通过电视问政专线来反映问题，稍后某某会向大家来公布网友的投票情况，某某。（2019 年 4 月 4 日）

例（30）是一个告知对应，主持人启动了这一对应，告知了很多的新信息，包括此次问政的主题、问政嘉宾的信息、评论员的信息，以及互动话题的发布方式等。新媒体主播作为主持人告知对象中的一员，进行了回应。先以"好的，某某"，作为对主持人告知的接受与确认，同时，针对启动语步中关于"互动话题的发布"进行了详细说明，运用大量话语构建了回应语步，此会话领域对告知对应的形式做出了选择与限制。通过这一告知对应，电视媒体问政类话题会话开端对于背景信息介绍的会话功能得到了充分发挥。

2. 会话开端的指示对应

在电视媒体问政类话题会话的开端，其结构中存在着一些指示对应。这些指示对应使会话开端内部以及与本体部分衔接紧密，过渡自然。根据 Coulthard（1977/1985）划分出的十种交往行为，指示对应启动语步的主要行为为指示（directive）。在此领域会话中，其回应语步可分为非言语回应即"反应"以及言语回应，因而本书将指示对应划分为两种类型——非言语回应型指示对应和言语回应型指示对应。如例（31）、例（32）：

（31）**主**：好，我们首先来关注地铁一号线，在今年的 6 月 30 日，地铁一号线<u>正式</u>开通试运营。这是全城瞩目的一个<u>大事件</u>，毫无疑问这座城市的宜居品质再次提升，而这是从无到有的突破，也是某市城市<u>发展史</u>上的一个具有里程碑意义的<u>大事件</u>。接下来，让我们一起来回顾一下那个激动人心的时刻。

（（播放视频：地铁一号线试运营。））（2017 年 9 月 22 日）

（32）**主**：好，问题摆在这儿了，首先有请群众代表发问。

代：问某市市长，那个---问题都存在了十年没有彻底解决，到现在你打算---怎么解决这个问题？（2019 年 4 月 4 日）

例（31）属于非言语回应型指示对应，启动语步是主持人通过对某市地铁一号线的介绍进而作出指示行为——让现场的相关工作人员播放关于地铁一号线的相关视频。回应语步是非言语回应类型，现场相关工作人员在主持人说出"接下来，让我们一起回顾一下那个激动人心的时刻"后，直接播放视频，对主持人的话语做出了"反应"，属于非言语回应。这一指示对应使会话开端的话语与非言语行为衔接顺畅。

例（32）属于言语回应型指示对应。主持人在启动语步中做出了指示行为——"请群众代表发问"，之后群众代表通过具体的问话，执行了"发问"这一行为，对主持人启动的语步进行了言语回应。这一指示对应使会话开端与本体部分自然衔接过渡。

通过电视媒体问政类话题会话开端结构的分析，可以看出此领域会话的核心结构问答对应基本没有出现在会话开端，这是由于此类会话在没有进入正式的问政环节之前，主要是主持人通过多种形式对本场问政的一些必要信息做一个简介，为之后的问政做铺垫，使会话者的问政内容更加精准，而这种简介在内容上如何开展就涉及了会话开端的功能，在下节将有所论述。

（二）会话开端的功能

电视媒体问政类话题会话开端的功能主要有问候功能、介绍功能、界定功能。

1. 问候功能

问候功能是指通过会话进行问候的功能。在电视媒体问政类话题会话的一开始，主持人用"各位好""各位晚上好""观众朋友晚上好""观众朋友们，晚上好"等话语开启会话开端的问候功能。主持人问候的对象不光是现场的观众，同时还有场外的观众。此领域会话的问候形式比较固定，并没有话语回应，会话开端的问候功能体现出了此领域会话的正式性。

2. 介绍功能

会话开端的介绍功能主要体现在对于主题进行承上启下的介绍以及对会话参与者进行介绍等。每场电视媒体问政类话题会话都有各自的一些主题，一般主持人在会话开端回顾上一场电视媒体问政类话题会话的主题内容之后，承上启下，进入本场电视媒体问政类话题会话主题内容的介绍。如例（33）：

（33）**主**：说到旧改呀，很多朋友可能还记得上次直播的时候，……旧城蝶变，更应是城市发展理念之变、城市管理能力之变。因为时间总会将新变旧，唯有人能时时自新。所以我们还要重申，一切物的提升，都要靠人的进步来匹配，这是我们对未来更深沉的期待。未来，不能靠起高调，未来如何取决于我们能不能扎实解决当下碰到的问题。而有些问题在一些关键的时间节点上恐怕还会格外凸显。好，进入---今天的主题，我们来聚焦农村水利设施建设和水源地保护。＞那么今天在现场＜接受问政的是来自……好，下面把时间（1s）交给＞新媒体主播某某＜发布今天的互动话题。（2018 年 7月 6 日）

例（33）中，主持人在播放完有关上一场电视问政整改情况的视频之后，先是回顾上一场电视媒体问政类话题会话的主题之一———旧城改造，之后承上启下，转入本场电视媒体问政类话题会话的主题——农村水利设施建设和水源地保护。会话开端主持人的介绍话语使两场会话主题自然过渡，在时间序列上达到了顺畅衔接。

主持人在电视媒体问政类话题会话的开端都会介绍本场会话参与者，这是此领域会话的固定流程之一。如例（34）：

（34）**主**：……向大家做个介绍，今天来到现场，接受问政的负责同志是来自某局、某局、某局的负责同志，以及某区、某区、某区、某管委会的相关负责同志，欢迎你们。今天的主考官有来自省人大和省政协的四位代表委员，以及十位群众代表，另外我们还特别邀请了两位评论嘉宾，他们是某校某学院的某教授，另外一位是某校某学院的某教授，还有来自中央、省市、媒体的代表朋友们，欢迎大家。……好，下面请某某介绍我们的新媒体互动情况。(2016 年 12 月 19 日)

例（34）中主持人对接受问政的政府人员、问政代表、评论嘉宾分别做了介绍。

3. 界定功能

界定功能体现在电视媒体问政类话题会话的开端对本场电视问政活动的界定上。如例（35）：

（35）**主：**观众朋友晚上好，这里是由某市电视问政活动领导小组主办的，＜第二期某市电视问政＞直播现场。(1s) 电视问政紧紧围绕市委市政府重大决策部署和重点工作的推动落实，＜问出机关好作风、问出干部执行力、问出发展好环境＞。在 6 月 24 日首场电视问政关注的主题市容（……），当时（1s）在座的五个主城区区政府和四个开发区管委会的负责同志，分别就曝光的问题做出了郑重的整改承诺。（……）三个月的时间已经过去了，那么首先我们通过一个短片来看看他们是如何用行动来兑现承诺的。(2016 年 9 月 26 日)

例（35）中，主持人分别对本次电视问政的问政方式、目的、规则等进行界定，以使会话参与者之间的会话遵循此领域的会话语境。

三、电视媒体问政类话题会话的结尾

Schegloff & Sacks（1973）指出会话的结尾由三个部分组成：结束系列（closing sequence）、前置结束系列（preclosing sequence）和话题界限系列（topic bounding sequence）。话题界限系列是会话参与者们表示出关于某一话题的会话已经结束而进行的会话。前置结束系列是由会话参与者们对于结束会话表示一致认可而进行的会话。结束系列是由表示一次会话全部结束的话语构成。刘虹（2004）"根据会话结尾的不同特点，将会话分为程式化会话结尾和非程式化会话结尾两种。程式化会话已形成比较固定的结构程式。这类会话大多发生在陌生人之间，人们在会话开始时就可以预见整个会话的大致过程。所以程式化会话的结尾相对比较简单，可能有的是告别前序列和告别的程序"。Schegloff & Sacks 和刘虹分别对会话结尾的组成部分以及会话结尾的特点进行了阐释。那么综合以上观点，本书认为电视媒体问政类话题会话的结尾是指通过问答会话进行实质性问政这一阶段的结束到整个电视媒体问政类话题会话全部结束之间的部分。在电视媒体领域会话中，有一些会话的结尾没有比较固定的程序，有一些会话的结尾即使有比较固定的程序，也是比较简单的。与之不同的是，电视媒体问政类话题会话有比较固定的流程，每场会话的结尾形式也是比较固定的，此领域会话与刘虹所指的程式化会话结尾的结构是否一致，其结尾由哪几个部分组成，有何功能，这是本节要解决的问题。

（一）会话结尾的结构

根据伯明翰学派话语分析模式理论，结合 Schegloff & Sacks（1973）、刘虹（2004）对会话结尾构成、特点的分析，本书认为电视媒体问政类话题会话结尾部分的主题为对整场电视媒体问政类话题会话的一个总结，因而属于一个交往。Schegloff & Sacks（1973）提出的会话结尾的话题界限系列、前置结束系列、结束系列中的"系列"相当于伯明翰学派话语分析模式中比交往小一级、比对应大一级的单位，本书称之为结尾对应系列。结尾对应系列由一个到多个对应构成。那么话题界限系列、前置结束系列、结束系列在本书称之为结尾边界对应系列、前置结束对应系列和结束对应系列。电视媒体问政类话题会话有比较固定的流程，其结尾形式也比较固定，因而此领域会话的结尾属于程式化会话结尾，由结尾边界对应系列、前置结束对应系列和结束对应系列组成。

1. 结尾边界对应系列

在电视媒体问政类话题会话中，结尾边界对应系列起到了分隔会话本体与结尾的作用，这一系列是表示实质性问政类话题会话的结束。如例（36）：

（36）主：好，谢谢。那咱们的直播活动已经接近尾声，有请新媒体主播某某发布相关情况。

新主：好的。刚刚我们新媒体区域的工作人员已经统计出了截至目前，关于今天的两个互动话题网友的投票结果，来看大屏幕：您认为目前农村水利建设管理中还有哪些方面需加强？＞我们看到＜排在第一位的仍然是34％投票率的"主体责任应更明确"；紧随其后的是32％投票率的"验收管理<u>应更</u>到位"；而排在第三位的是"规划建设需更合理"；"村民<u>使用</u>应更规范"与上一轮<u>一样</u>排在第四位。来看下一个话题：落实河长制应加大哪方面工作力度？目前排在第一位的是29％投票率的"完善考核机制"，与上一轮没有改变；排在第二位的是26％投票率的"强化监督力度"；而排在第三位的是"加大⊥加快治理进度"；"加大信息公开"排在第四位。再次感谢广大网友和观众的参与以及你们的建议，时间交给某某。（2018 年 7 月 6 日）

例（36）是结束边界对应系列，这一边界对应系列由一个边界对应构成。主持人在启动语步中指出"直播活动已经接近尾声"，这代表着会话参与者们关于本场电视问政的实质性问答互动会话的结束，但还不是整场会话的结束，因为主持人说"接近尾声"，会话由本体进入到结尾部分。这部分也基本是电视媒体问政类话题会话的固定流程，在会话的结尾，由主持人告知电视问政活动已接近尾声，会话环节转入由新媒体主播公布本场互动话题网友的投票结果。主持人在启动语步中使用的有标记的话语通常为"那本期的直播活动已经接近尾声""最后我们再来听一听网友的心声""好，下面时间交给某某，来看看新媒体区的互动情况""那既然现在的直播活动也接近尾声""下面有请新媒体主播某某发布新媒体区市民的踊跃发言和评论""请新媒体主播某某发布咱们最后的调查话题情况"等，会话结尾出现这些话语的语步即为结束边界对应系列的第一个起始语步。

边界对应系列中对应的类型基本为由两个语步构成的告知对应构成。如例（36），主持人告知直播活动接近尾声，请新媒体主播发布网友的投票结果，随后，新媒体主播某某以"好的"作为对"告知"的确认，随之发布网友投票结果。

2. 前置结束对应系列

在电视媒体问政类话题会话中，会话参与者认同会话结束所进行的会话称为前置结束对应系列。如例（37）：

（37）**主**：嗯，因为是直播、因为时间有限，我相信今天无论是---在场的朋友还是电视机前的观众朋友，可能到现在，到<u>尾声</u>的时候都还有些意犹未尽。因为有些问题的答案似乎还没有那么清晰，比如"那些<没有配套、没有办法供水>的抗（[kāng]）旱⊥抗（[kàng]）旱井怎么能够通过验收？"等等这样一些问题。这也正常，我们的发问在现场，但是寻找问题的答案，解决问题一定是在现场之外。那么最后请我们在座的六位负责同志就今天所曝光的问题向全市人民作出郑重的整改承诺（……）。

政1：对今天哪这个---问政啊，呃---查找出来我们某区的问题，我们哪区里将高度重视，立行立改，举一反三。确保反映出来的问题，>全部整改到位<，确保不再发生类似现象。

主：有请（……）。

政2：抗旱井---作为---重大的惠民工程，必须引起我们的高度重视。针对片中所反映出来的问题，我们要举一反三。……同时我们对片中所反映出来的问题所形成的原因要启动问责机制，确保今后此类事情避免发生。

主：有请，某市。

政3：针对呀片子中出现的问题，作为---我们政府啊，还有工作不到位的地方，可以说工作还有盲区。……请群众和人大代表和政协委员监督我们政府完成的情况。谢谢。

主：有请，某县。

政4：针对某县某村呃二十机电眼⊥二十眼机电井电力设施不配套问题，……使我们的工程早日发挥效益……在来年的抗旱当中发挥作用。

主：有请，某市。

政5：水利设施工程是最大的民生工程，是政府的最大的责任。百姓的意见就是我们的镜子，百姓的期盼就是我们努力的方向。……接受各位代表、群众的监督。回答完毕。

主：有请，某局。

政6：短片中反映的呃---农村安全饮水问题、机电井的问题，我认为呢都是属实的。……我们一定尽全力保护好、管理好、建设好水源地，让市民喝上放心水、安全水，谢谢大家。（2018年7月6日）

例（37）是电视媒体问政类话题会话全部结束前的最后一个环节——整改承诺。此领域会话有其相对比较固定的会话流程，政府人员和主持人都知道这一环节是会话正式结束前的最后一部分，因而这属于双方认同会话结束所进行的会话。主持人启动语步中在提到"到尾声的时候"以及"最后请我们在座的六位负责同志就今天所曝光的问题向全市人民作出郑重的整改承诺"之后，六位负责同志分别做出了整改承诺，由六个对应构成了前置结束对应系列。在此类结构中主持人在启动语步中使用的有标记的话语为："那接下来要回答咱们今天这场考试的最后一道大题，请各位负责同志就刚才短片所曝光的问题，向大家作出整改承诺""那最后请在座的各位负责同志在这里向全市人民作出郑重承诺""那接下来请在座的各位负责同志向全市人民作出郑重的整改承诺"等，会话结尾出现包含这些话的语步即为前置结束对应系列的第一个起始语步。

电视媒体问政类话题会话中前置结束对应系列主要是由两个语步构成的指示对应组成。如例（37）中，第一个指示对应中，主持人在启动语步中通过话语"那么最后请我们在座的六位负责同志就今天所曝光的问题向全市人民作出郑重的整改承诺，有请"做出了指示行为，随后政1做出了言语回应，在回应语步中做出了整改承诺。这一前置结束对应系列由6个指示对应构成。

3. 结束对应系列

电视媒体问政类话题会话的结束对应系列是指此会话领域一次整场会话的正式结束部分。如例（38）：

（38）**主：**好，我们<u>期待</u>。在刚才那个介绍---旱情的片子里，大家看到无人机航拍的画面：<u>大片</u>灰暗的旱地，还有那个在地里非常吃力浇水的孩子。看到这些场景相信大家都和我是一样的感受，都会觉得沉重。<u>天时不济</u>，但人有可为。在很多地方水利抗旱设施发挥了<u>重要</u>作用，但就是那几口平日不备旱时<u>无用</u>的"<u>旱井</u>"，把许多我们之前的努力都装进了坑里。有句老话叫作<u>有备无患</u>，反过来不备<u>必有患</u>。对问题的视而不见就是最<u>大</u>的问题，很多人也注意到我们这些问题会<u>反复</u>关注，问题如<u>草</u>，难在除根。我们<u>既要</u>提醒回答者一时一地的改进当然也好，但以人民为中心<u>更要</u>体现在<u>建章立制、确保长效</u>的持续努力。我们也希望跟在场的<u>发问</u>的朋友们<u>达成共识</u>，现实的复杂性往往难以言表，我们期待问题解决，越<u>迫切</u>越需要保持足够的耐心和理性。而在<u>这个</u>现场，我们有质量地发问和提问，<u>就是</u>在为<u>推动问题</u>的解决而<u>共同</u>努力。好，那么后续的整改将在每周一期的《问政进行时》

第一时间向全市人民报告，期待有<u>更多的人</u>跟我们<u>一起问政发声</u>，共建<u>更美</u><u>某市</u>！再会！

（（播放结束音乐。））（2018年7月6日）

例（38）属于结束对应系列，主持人对整场会话做出了总结，提出了希望，最后与观众进行了告别，标志着整场电视媒体问政类话题会话的结束。此领域会话的结束对应系列一般由一个对应构成。启动语步属于主持人，回应语步是非言语回应即现场相关工作人员播放结束音乐，这样共同宣告了此场电视媒体问政类话题会话的正式结束。在结束对应系列中，主持人在启动语步里使用的标记性话语一般为"再会""期待有更多的人跟我们一起问政发声，共建更美某市""那么今天的电视问政直播到这里就结束了""让我们一起问政发声，共建更美某市"等。这些标记性话语的出现，意味着整场电视媒体问政类话题会话的结束。

电视媒体问政类话题会话结束对应系列主要是由两个语步组成的告知对应构成。如例（38）中，主持人通过对整场会话的主题的总结、对问题解决的期待以及对会话结束的宣告这些信息的提供，做出了告知行为，现场相关工作人员对主持人会话结束的告知做出了非言语回应——播放结束音乐，共同宣告会话正式结束。

通过以上对电视媒体问政类话题会话结尾的分析可以看出，此类会话结尾的结构虽属于程式化会话结尾，但同刘虹认为的程式化会话结尾的结构略有不同。刘虹（2004）认为"程式化会话的结尾相对比较简单，可能有的是告别前序列和告别的程式"。电视媒体问政类话题会话的结尾由三部分组成：结尾边界对应系列、前置结束对应系列和结束对应系列。此类会话的结尾结构并不简单，这也体现出该领域会话的正式性以及流程的相对固定性，会话结构紧凑，主持人通过对会话的调控，逐渐将会话推向了结束阶段，这也体现出了主持人对于会话的操控力。同时，此领域会话由三部分构成的程式化会话结尾与其他电视媒体领域会话的结尾形成了比较鲜明的区别特征。其他电视媒体领域会话的结尾有的是非程式化会话结尾，有的属于程式化会话结尾，但多数相对比较简单，其构成大多是由结尾边界对应系列、前置结束对应系列和结束对应系列其中的一个或两个对应系列构成。

（二）会话结尾的功能

电视媒体问政类话题会话结尾的功能主要体现在总结功能、告别功能、承诺功能上。

1. 总结功能

总结功能主要是指会话结尾针对每场会话的主题、问政的效度、存在的问题等进行总结。如例（39）、例（40）：

（39）**主：**好，我相信各位的承诺，大家不光已经听清，而且都已经记住哈。今天我们电视问政的主题是聚焦地铁交通和旧城改造，其实要我说今天还有一个主题，应该是如何把好事办好，或者说必须要把好事办好。影响这点的也许确实有现实当中存在的一些客观难题，但责任心和精细化管理的能力恐怕才是真正的关键所在。所以还要提醒各位谨记，必须把好事办好，不光是出发点、是过程，更应该是结果。好事办好关键在于细节，在于将心比心。其实无论是地铁开通，还是我们这样大规模，这样广度、深度的旧城改造，在这座城市都是第一次。第一次的背后是这座城市突破现实瓶颈、对接于未来发展的超局限规划和魄力担当，是让发展成果惠及于民、全心全意解决好群众最关心最现实的利益问题的认真实践。这是现象背后的本质，更是我们不该忘的初心。时间总会将新变旧，我们也深知唯有以不变的初心，为这座城市的发展尽心尽力。好，今天的电视问政直播到这里就结束了，关于后期的整改将在电视问政《问政进行时》第一时间向全市人民报告。期待有更多的人跟我们一起问政发声，共建更美某市！再会！

（（播放结束音乐。））（2017年9月22日）

（40）**新主：**好的某某。刚刚我们新媒体区域的工作人员已经统计出了本期的两个投票互动话题网友的最终投票情况，请看大屏幕。（1s）第一个投票互动话题：您认为农村人居环境整治工作最需在哪方面加强？我们看到和上一轮的票数有些许的改变，目前排在第一位的是"全面监督落实"，票数是29%；而排在第二位的是紧随其后27%投票率的"建立长效机制"；"效率质量并重"以25%的投票率目前排在第三位；而"加强科学规划"排在第四位。我们再来看第二个投票互动话题：您认为农村厕所改造工作该如何更好推进？目前排在第一位的是"建立污物处理机制"，29%的投票率；紧随其后的是28%投票率的"加强工程质量监管"；第三位的是26%

投票率的"完善维护管理制度";而"广泛宣传群众参与"目前排在第四位。这就是两个互呃⊥互动话题网友的最终投票结果,感谢大家的积极参与,某某。(2019年4月4日)

例(39)主要体现出的功能是总结,在电视媒体问政类话题会话的最后,主持人对本场会话进行了总结,首先是对政府人员整改承诺的总结,其次是把会话主题"聚焦地铁交通和旧城改造"升级到如何把好事办好的主题层次,进而提出目前存在的问题和困难,最后提出解决问题的途径——唯有以不变的初心,为这座城市的发展尽心尽力。例(40)中,新媒体主播发布了网友通过新媒体平台——官方的微信、微博最终对于这场电视媒体问政类话题会话两个互动话题的投票结果,这是对本场会话的主题——农村人居环境整治相关问题的网友反馈总结。

2. 告别功能

一般在电视媒体问政类话题会话结尾的最后出现告别话语,其功能为表示会话的正式结束,进行告别。此领域会话由主持人使用告别话语,通常为"再会"。

3. 承诺功能

承诺功能是通过政府人员的话语所实现的,在电视媒体问政类话题会话的结尾部分,政府人员会就本场问政的相关内容做出整改承诺。如例(41):

(41)**主:**好,谢谢。……好,接下来有请各位就今天所曝光的这些问题向全市人民做出郑重的整改承诺,首先有请某区负责人。

政1:呃明天就开始加班儿,我要召开相关工作人员的负责呃---大会。然后呢把那个给农民(1s)宣传册啊印发到位,给相关的政策解释到位,相关的交呃这个⊥监管责任落实到位。然后呢我们开展新的一批大整改活动,争取我们在半个月内要整改完毕。

主:有请某区。

政2:低保制度啊应该是---国家对弱势群体的一个政策扶持,也是涉及千家万户的民生工程。更是啊这个---(1s)促进社会和谐稳定的稳压器吧。那么这个违法占地呢也是一种呃非常严重的违法行为,那么下一步呢我们将坚持问题导向,加大队伍建设,真正地让权力能够啊在阳光下运行,真正地能够使我们国家的惠民政策公开、公正、公平地惠及于民。对一些违法行为呢（……）我们按照我们（1s）时间的要求对低保的现实问题在本周内提出初步意见，对全区域内的总体低保在一个月内完成呃---自查，对违建呃---违法占地的行为我们也在本月⊥在一个月之内吧完成呃拆迁工作。

主：有请。

政3：某市刚才片子上提到的低保这一方面存在的问题，我想呢问题虽然存在（……）基层，但是呢我们的呢各级政府的责任，这是呢理所当然的。我想呢，利用一个半月的时间到四月十五号，就是我们这件事情是从三月一号开始的，一个半月的时间把我们全市28个乡镇街（1s）整个的低保人员和户我们要呢排查好。另外呢对一些骗保，还有一些呢这个---人情保、关系保一定要呢（……），然后呢，清退。该追责的<u>追责</u>，该追缴的<u>追缴</u>，给群众一个满意的答复。

主：有请。

政4：水是最基本的民生需求，没有让这些群众吃上干净的水，这个作为县政府首先要向<u>这些群众道歉</u>。呃---对于暴露的问题，这个我们首先要查清原因，是管理不⊥管理（1s）没⊥没管理好的，要处理相关责任人。如果是设施的问题，抓紧改进设施。如果说因为水的问题比较复杂，如果说机井打得不好或者是配套设施没建好，这个就得化冻之后，我们再来抓紧建设。但总之，就现在今天电视问政出现的这几个村的问题，在五一前后一定解决掉。第二个，因为某地刚才我讲存在一些这个缺陷不足，>水的问题上<，但这不是⊥不是可以推脱的理由。所以对于全县各乡村、各村屯的饮水安全问题我们要进行一次再摸底。对隐患、对存在的问题，呃---（1s）六一之前我们整改到位。（1s）然后第三个就是要加大信息公开、监管力度，形成长效机制，切实让群众有困难可以反映，有困难政府能尽快解决，<u>政府谁解决不好就追谁的责</u>。

主：有请某市。

政5：今天虽然哪呃---曝光的是某地的道路的问题，但是今天其他的问题不同程度地在某地也存在。今天也是很受呃---震撼吧。我们某地也有一些其他像今天这个---呃（……）上出现的一些问题。那我们呢会举一反三，同时呢也体现了我们这个问需于民不够的这样一个问题。主要的责任就是以<u>我</u>为首的政府的相关人员，呃关心群众不够，和群众的感情不够。关于道路交通问题呢，我们下一步呢在原来的基础上我们再梳理一次，看看还有没有达到像今天这样路况或者还不如它的，我们把它加进来。然后呢我们统一地规划，统一设计，争取十一之前呢完成我们今年应急的工程。某公路呢按照规划和设计，那个是省级的高速公路，由三级提标到二级，两年之内两年的工程完成年度的计划就可以了。（2017 年 3 月 24 日）

例（41）是在会话结尾部分五位政府人员对于本次电视媒体问政类话题会话中一些相关问题做出的整改承诺。通过上例可看出五位政府人员对于在会话过程中问政代表提出的问题以及电视短片暴露的问题认真对待，郑重承诺，立行立改。

四、电视媒体问政类话题会话的本体

电视媒体问政类话题会话的本体是指会话参与者们就与公众密切相关的公共事务进行"问"与"答"的实质性互动会话。本体部分主要以问答会话为主，本体是此领域会话最为重要的部分，问政的实质性内容都在这里体现，会话的核心结构在这里组织呈现，问政的效能在这里实现，这是此领域会话区别于其他电视媒体领域会话的核心特征聚集地。电视媒体问政类话题会话本体部分的流程一般为：首先，主持人、问政代表、政府人员就本场会话的其中之一主题进行问政，通过问题曝光短片所反映的问题进行"问"与"答"的互动会话。其次，主持人邀请评论员对这一主题涉及的相关问题进行评论。再次，主持人与新媒体主播关于网友对本场会话发布的互动话题的投票情况进行会话。另外，新媒体主播有时会根据网友提出的问题等与政府人员进行问答会话。随后，主持人启动话轮，开始进行关于本场会话另一主题的问政，问政形式依然是主持人、问政代表、政府人员通过问题曝光短片所反映的问题进行"问"与"答"的互动会话。最后，评论员对刚才讨论的主题的相关问题进行点评。如此场会话还有主题，那么将重复以上流程。因而，此领域会话本体的功能主要是问政。

在结构方面，首先，根据电视媒体问政类话题会话分析模式，在本体中根据每场会话的主题数量划分交往的数量，围绕一个主题展开的若干个对应构成一个交往。如例（42）：

（42）**代 1：** 咱们某市的地铁呃---刚刚开通，呃刚开通呢不久呢就（1s）发生一次呃降雨，在这降雨之后呢就发生漏雨现象。我想问一下市某委的负责人，就是这个---事故发生的原因，是因为咱们设计方面的原因，还是咱们保障方面的原因?

主: 嗯, 原因大家都关心, 有请您回应。

政1: 这次漏水啊大致的原因是三个方面: 一个呢应该说是这预留的穿墙管没有封口严实啊。这个呢应该说啊不论是建设单位还是监理单位, 包括施工单位, 都有一定的责任啊, 这是一个方面。第二个方面呢是由于那天哪下雨啊确实很大……我们组织专家呢进行了两次论证, 应该说呢, 呃预留管、穿墙管这个漏水是造成这次漏水的重要原因之一。

……

主: 好, 其实啊这个地铁对于我们的生活, 当然是可以提供更多的便捷和舒适。但是人们对它的期待很多, 不光是便捷和舒适。对于未来城市的发展, 它到底会产生哪些意义? 包括地铁来了之后, 我们还要做好哪些事才能够真正做到物尽其用? 那这个问题我要请教一下某大学某学院的某教授。

评1: 这我们都知道啊, 这个1863年哪世界上 (1s) 这个第一辆地铁 (……) 在英国的伦敦建成。……我们现在看到地铁正在改变我们的生活, 地铁正在提高我们生活的品质。

主: 嗯, 这是我们未来都期待的事情哈。另一方面地铁时代的到来, 地铁文明的到来, 这种物质的进步反过来对人会提出哪些新的要求? 来, 请某教授。

评2: 呃每一个城市它地铁的使用, 实际上都是对整个城市管理者他的这种系统的规划设计能力以及综合的动态地来处理信息能力的一个呃---考验。……我们每个人就不仅仅是公共服务的使用者和享受者, 而最终能够成为公共服务的创造者, 为自己为他人创造更好的公共空间。

主: 嗯, 好的, 谢谢。地铁是大家这座城市里头期待已久的第一次, 对于第一次的期待, 大家都会格外高。所以也需要尽快地用实际行动来满足大家的期待, 好吗? 好, 谢谢两位的精彩点评, 接下来请新媒体主播某某介绍新媒体区的互动情况。

新主: 好的, 电视问政, 全民参与。那今天呢我们投票互动话题一共有两个, 分别呢是关于地铁和旧改, 我们来看看截止到目前网友们的投票结果。……稍后呢, 我将继续为大家来公布网友的投票结果。时间关系, 交给某某。

主: 好, 说完地铁, 接下来咱们要来关注另外一项重大的民生工程, 那就是从去年<u>六月</u>开始启动的旧城改造提升工程。这次旧改之所以如此值得关注，因为无论是从规模还是从广度和深度，它都是前所未有。这<u>不仅</u>是城市<u>物理空间</u>的深入改造，更是城市发展理念的迭代升级。<u>目的</u>就是要着力解决群众反映强烈的基础设施和居住环境的问题，提升群众的幸福感和获得感，增加城市的<u>资源承载力</u>，让这座城市在面向未来的<u>东北亚</u>区域性中心城市竞争中<u>抢占先机</u>。好，接下来我们来聚焦旧城改造提升。

（（播放视频：旧城改造情况。））（2017年9月22日）

例（42）中涉及的这场电视媒体问政类话题会话的主题有两个，分别为地铁交通和旧城改造。从最开始问政代表的语步一直到新媒体主播对主持人回应语步话语的结束为界限，是这场会话的第一个主题——地铁交通，关于这一主题所展开的若干个对应构成了一个交往。在这一交往中，主持人、问政代表、政府人员就地铁交通的相关问题进行了以"问"与"答"为核心的互动会话，同时还有评论员的点评以及新媒体主播公布网友对于互动话题的投票情况。这一交往与下一个交往——围绕旧城改造这一主题进行的会话之间的边界对应为主持人的启动语步"好，说完地铁，接下来咱们要来关注另外一项重大的民生工程……好，接下来我们来聚焦旧城改造提升"与之后的非言语回应构成的对应。本书将这一边界对应归属于围绕旧城改造这一主题进行会话所构成的交往中。在这一边界对应中，主持人的话语"好，说完地铁，接下来咱们要来关注另外一项重大的民生工程，那就是从去年六月开始启动的旧城改造提升工程"，这一句话承上启下，连接了本场电视媒体问政类话题会话的两个主题，由主题"地铁交通"过渡到"旧城改造"，使会话本体的两个交往紧密连接，自然过渡。

其次，在本体部分，构成交往的对应结构有问答对应、指示对应以及告知对应。由于此领域会话中，进行问政的实质性问答互动在本体展开，因而，构成电视媒体问政类话题会话本体部分的交往以问答对应为主，这体现出了"问政"的特色语言，通过"问"来达到会话目的与效果。如例（43）：

（43）**代：** 问一下某区区长，想问一下那个视频里所反映的问题，咱们某区政府知道吗？

政： 这个片子啊反映得非常客观，也非常真实。前一段呢我到社区去调研，应该说群众反映比较集中的问题就是啊<u>房屋漏水</u>，一个呢是去年的旧城改造，更多的可能是前几年的"暖房子"（1s）工程。应该说呀造成房屋漏水的<u>原因</u>很多，但是啊我们感觉<u>大部分</u>还是因为工程质量不过关，也是<u>因为</u>啊我们在工程质量上相关部门哪（1s）这个把关不严造成的。所以说也<u>反映了</u>我们在这个方面管理上的缺失，那么在今后啊<u>我们一定要</u>加以改进。

代：我想问一下，这个问题反映了这么长时间，为什么迟迟得不到解决？

政：因为针对这个问题啊我们区政府也拿出了<u>具体</u>的解决办法包括整改措施。那么如果这个房屋啊是在工程的质保期内，我们责令施工队伍必须<u>马上</u>进行维修。如果这个施工队伍在<u>一周</u>之内没有维修的，我们就要扣掉他的<u>质保金</u>，那么雇佣<u>社会</u>上有资质的专业队伍进行维修。如果是这个房屋啊已经过了这个质保期，我们要实地踏查把它纳入<u>今年</u>的旧城改造工程，那么一并解决。应该说呀这个整改措施已经拿出来了，从<u>年初</u>就已经拿出来了。<u>为什么</u>迟迟没有解决？这就说明在<u>执行环节</u>出现了问题。所以说在这个节目以后啊，我们回去要认真地核查具体问题出在了哪里，出在了哪个环节。如果出现（……）施工队伍，我们要对他<u>严管重罚</u>；如果是出现（……）我们工作人员身上，无论是街道社区包括我们的相关部门，我们要<u>严肃地问责</u>。（2017 年 9 月 22 日）

例（43）是由问答对应构成。问政代表和政府人员通过前两个语步，解决了关于视频里反映的情况政府是否知情的问题。在后两个语步中，政府人员针对问政代表关于"为什么迟迟得不到解决"的问题，详细地解释了原因，同时又提出了策略。问答对应充分体现出了电视媒体问政类话题会话通过"问"与"答"的互动来实现会话目的，完成会话任务，使会话具有时效性。

构成此领域会话本体部分交往的核心结构是问答对应，因此本书只详细论述对应类型中的问答对应，对于告知对应和指示对应只在研究电视媒体问政类话题会话的开端与结尾部分时进行简要论述。

例（43）中的四个语步应划分为一个问答对应还是两个问答对应，问答对应的内部结构是怎样的，"问话"与"答话"的构成要素有哪些，构成问答对应的语步之间有何联系，问答对应有哪些<u>类型</u>，相比于其他电视媒体领域会话，电视媒体问政类话题会话中问答对应有哪些特征等，关于问答对应的这些内容属于会话局部结构，本书将在第三章对其进行详细论述。

五、电视媒体问政类话题会话的性质

电视媒体问政类话题会话之所以有别于其他电视媒体领域会话如谈话类会话、生活服务类会话、综艺娱乐类会话等，其会话性质成了区别特征之一。电视媒体问政类话题会话由本质、内容、形式所决定的其性质具体如下：

（一）会话的机构性

电视媒体问政类话题会话的本质决定了此领域会话具有机构性，是机构性会话。Drew & Heritage（1992）认为"会话的机构性并不取决于会话发生在什么场合里，而是取决于会话的内容是否关涉到了会话者的机构身份，如果会话的内容关涉到了会话者的机构身份，那么不管这一会话发生在怎样的场合里，这一会话都是机构性会话"。Drew & Heritage（1992）揭示了机构性会话所具有的特点："首先，机构性会话以任务、目标为导向。其次，在机构性会话中，会话参与者们至少有一方的身份代表着其所属的某个社会机构。最后，机构性会话在其机构性的会话语境下有其特有的会话结构与程式。"鉴于以上观点，对于电视媒体问政类话题会话来说，虽然会话发生的场合是在演播厅而不是在政府相关部门，但实际上是在演播厅设置了"办公室"，政府人员"现场办公"，会话参与者在此领域会话中，有各自的机构身份，此领域会话有其特定的任务，会话参与者为了实现问政的任务而进行"问"与"答"的互动会话，会话有其特有的结构与程式。而且，此领域会话是较为正式的，并不是随意的，同时，此领域会话虽然以电视媒体为平台，但是并不具有娱乐性。因此，电视媒体问政类话题会话是机构性会话，具体体现在以下几个方面。

1. 会话有明确的任务

电视媒体问政类话题会话的任务是通过电视媒体平台，会话参与者们围绕着与百姓生活密切相关的社会民生等问题进行问政，通过问政于民、问需于民、问效于民来实现问出干部执行力、问出机关好作风、问出发展好环境。问政代表主要的会话任务是通过提问来问作风、问执法、问服务、问管理、问效能、问环境；政府人员主要的会话任务是进行回答，接受问政，阐释问政的相关问题，提出策略，做出整改承诺；主持人的会话任务是组织、调控整场会话；评论员的会话任务是对问政的相关问题进行分析、评论，提出建议。新媒体主播的会话任务是通过新媒体平台组织公众关于问政相关问题进行互动。会话参与者们的会话以明确的会话任务为驱动使电视媒体问政类话题会话具有机构性。

2. 会话参与者拥有机构身份

杨锐（2012）认为"在即席会话中，话语的交换可以让人洞察会话参与者的现实生活或社会角色。这些角色包括他们的社会文化身份、地位、信念等。而机构话语却有一个更加固定的机构角色框架。在机构话语中，话语参与者根据机构所赋予他们的机构角色而做出在整个话语中的贡献"。本书认为机构身份就是机构所赋予会话参与者的身份，如医生出诊时，和患者就相关病情进行会话，医生的机构身份是代表医院的工作人员。电视媒体问政类话题会话的主要参与者为政府人员、问政代表、主持人、新媒体主播、评论员。他们的机构身份分别为：政府人员代表政府相关机构接受问政，其机构身份为政府的工作人员；问政代表分别来自人大、政协、媒体机构以及来自群众，通过电视媒体平台，以问政代表的机构身份与政府人员面对面地进行问政；主持人这一机构身份是由其所属的媒体机构所赋予的，电视问政的主持人是整场问政会话的组织者、协调者，组织此领域会话按照一定的程序进行；新媒体主播这一机构身份同样由其所属的媒体机构所赋予，新媒体主播主要负责新媒体区公众关于问政相关问题的互动；评论员以相关领域专家的机构身份对会话相关内容进行点评。会话参与者们在会话中所具有的机构身份体现了此领域会话的机构性。

3. 会话具有组织性

电视媒体问政类话题会话的组织性是为完成会话的任务而形成的。会话的机构性决定了会话参与者在会话过程中，利用其机构身份，根据机构赋予自己的会话任务，通过有组织的会话来完成问政的会话任务。此领域会话的组织性体现在：首先，会话结构是以问答对应为基础展开的，整体结构与局部结构框架清晰。其次，会话的开端、本体、结尾具有较为固定的程式。最后，参与者的会话内容、方式等按照电视媒体问政类话题机构性会话的一些原则进行会话。如问政代表主要是提问方，政府人员主要是回答方，主持人主要是组织、调控会话等。这样的组织性体现了会话的机构性特征。

（二）会话的问政性

电视媒体问政类话题会话内容决定了此领域会话是以问政为任务而进行的，因而其会话性质具有问政性。首先，会话的主体是政府人员、问政代表以及主持人。问政代表通过"问"的方式进行问政；政府人员通过"答"的方式接受问政；主持人在会话现场通过分配话轮、提问、打断等会话方式组织、协调问政，按照会话的流程推动会话有序进行，这样的会话形式是由会话的"问政性"所决定的。其次，会话的主要目的是通过电视媒体问政类话题会话使政府人员与问政代表进行充分的沟通、讨论、协商，目的不是停留在发现问题，而是在发现问题之后对问题及时、有效地解决，整改承诺固然重要，但更重要的是对承诺的落实。因而，这种有目的的问政性会话在结构中产生了不同类型的问答对应，在语义关联上出现了多种主位推进模式，同时会话打断现象大量存在等，这些是会话问政性在此领域会话结构与内容上的一种映射。最后，问政性会话不具有随意性，这种会话要遵循一定的流程，如前文所述，其开端、本体、结尾都有各自的程式，会话是有组织地在进行，这种正式性是会话问政性的一种体现。

（三）会话的互动性

电视媒体问政类话题会话搭建了政府和公众直接沟通的桥梁，通过沟通能够了解彼此的想法与难处，进而一起讨论解决问题的办法，会话的形式决定了其性质具有互动性。本文认为电视媒体问政类话题会话的互动性是指由问政方、被问政方、评论方、主持人、新媒体主播组成的会话互动体，就与公众密切相关的一些公共事务进行以"问"与"答"为核心的互动。本书所指的互动是会话现场场内的互动，可以称为会话现场内互动，其实在会话过程中，通过新媒体平台，网友们参与每场会话互动话题的投票等，这也是一种互动，属于会话现场外互动，这种互动形式由于不是面对面的会话互动，因此不在本书考察的范围之内。

互动性成了电视媒体问政类话题会话的主旋律。互动具有组织性，此领域会话的互动性构成了一个互动网络，如下图：

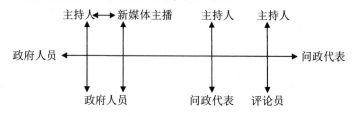

图 2-2　电视媒体问政类话题会话互动网络

这个互动网络是由主持人来主导的，各会话参与者的话轮主要由主持人来分配，会话的流程由主持人在推进。在这个互动网络中，问政代表与政府人员的"问"与"答"是会话互动的主线：作为问政方主体的问政代表就公共事务向政府人员发问，通过提问来问作风、问执法、问服务、问管理、问效能、问环境。作为被问政方主体的政府人员通过回答来剖析问题的本质、阐释相关的原因、提出相应的对策、做出相应的整改承诺等。与这条主线相交织的是四条辅线。第一条辅线是主持人与政府人员的互动：主持人就相关问政问题提出疑问，有时对政府人员的答话进行追问或重问，政府人员进行回答。第二条辅线是新媒体主播与政府人员的互动：新媒体主播根据广大网友提出的问题等与政府人员进行问答会话，新媒体主播与政府人员之间的互动不多。主持人与新媒体主播之间也有互动，但是很少，主要是主持人与新媒体主播之间关于新媒体区互动情况的会话。第三条辅线是主持人与问政代表的互动：主持人就问政相关问题与问政代表进行讨论、把握问政代表问题的方向与精准度。第四条辅线是主持人与评论员的互动：针对问政的相关问题评论员进行点评并给出建议，主持人与评论员进行简要的讨论。

六、小结

本章运用伯明翰学派话语分析模式理论以及会话分析理论，从宏观的角度揭示了电视媒体问政类话题会话整体结构的全貌，得到的具体结论如下：

第一，在伯明翰学派话语分析模式理论的指导下，构建了以对应为基础的电视媒体问政类话题会话分析模式——"问政→交往→对应→语步→行为"。依托于每一期电视问政的每场电视媒体问政类话题会话就是最大的单位。每场电视媒体问政类话题会话在整体结构上，会话开端和结尾分别为一个交往，会话本体部分的交往数量视其主题数量而定，围绕每个主题展开的若干个对应构成本体部分的一个交往。电视媒体问政类话题会话的核心对应结构是问答对应，这是此领域会话"问政性"在会话结构上的映射。问答对应主要出现在构成此领域会话本体部分的交往中，是其主要的问答对应类型。这说明本体是此领域会话最为重要的部分，问政的实质性内容都在这里体现，这一部分充分体现出了这一领域会话的互动性，本体部分的主要功能为问政。本书构建的以对应为基础的电视媒体问政类话题会话分析模式验证了伯明翰学派话语分析模式理论的普适性，说明伯明翰学派话语分析模式理论适用于电视媒体问政类话题会话领域的研究，同时也是对伯明翰学派话语分析模式理论研究领域的拓展。

第二，电视媒体问政类话题会话开端的交往主要由告知对应构成，指示对应占一小部分。有学者认为指示对应的回应语步要求是非言语回应，但是本文发现在此领域会话中，指示对应的回应语步中，除了有非言语回应以外，还有言语回应。在会话开端基本没有出现问答对应，说明此领域会话开端主要是主持人通过多种形式对本场问政的一些必要信息一个做简介，为之后的会话做一个铺垫，使会话各环节衔接紧密。会话开端主要具有问候、介绍、界定功能。

第三，电视媒体问政类话题会话的结尾由结尾边界对应系列、前置结束对应系列和结束对应系列构成。此领域会话结尾作为程式化会话结尾，与刘虹（2004）认为程式化会话的结尾相对比较简单的结论并不一样，电视媒体问政类话题会话的结尾结构相对比较完整，由主持人把会话按照步骤一步步推向尾声。因而，本书认为根据会话领域的不同，程式化会话结尾的构成并不都是比较简单，有些会话领域如电视媒体问政类话题会话领域的程式化会话结尾所体现的特征是结尾结构相对完整，尤其是有结尾边界对应系列。此领域会话中结尾边界对应系列主要由告知对应构成；前置结束对应系列主要由指示对应构成；结束对应系列主要由告知对应构成，结尾部分出现的对应类型说明会话参与者之间并无问政实质性的信息交流。结尾这三个对应系列分别有各自的话语标记。会话结尾主要具有总结、告别、承诺功能。

第四，电视媒体问政类话题会话的性质体现在其机构性、问政性以及互动性上。此领域会话具有明确的会话任务、会话参与者拥有机构身份、会话具有组织性、有特定的程式，因而此领域会话是机构性会话。此领域会话以问政为任务，其问政性通过会话主体、会话形式、会话结构与内容以及会话流程等方面体现出来。另外，此领域会话形成了以政府人员与问政代表会话互动为主线，主持人分别与政府人员、问政代表、评论员的互动以及新媒体主播与政府人员的互动为辅线的会话互动网络，充分体现出了此领域会话的互动性。

第五，通过对电视媒体问政类话题会话整体结构的研究，发现此领域会话呈现出了与其他电视媒体领域会话如谈话类会话、生活服务类会话、综艺娱乐类会话等明显的区别特征：首先，本书认为电视媒体问政类话题会话是机构性会话，而其他电视媒体领域会话虽与日常会话有明显区别，但这些领域的会话为半机构性会话。① 其次，此领域的整体会话流程围绕"问政"展开，有其特有的程式化。再次，构成电视媒体问政类话题会话开端与结尾的对应类型中基本没有问答对应，而在其他电视媒体领域会话中有时会出现问答对应，如一些谈话类会话的开端具有互动性，因而会有问答对应的出现。此领域会话结尾属于比较完整的程式化会话结尾，而其他电视媒体领域会话中的结尾有的是非程式化会话结尾如一些综艺娱乐类会话的结尾；有的是比较简单的程式化会话结尾，如一些电视媒体生活服务类会话、谈话类会话的结尾。而且，此领域会话结尾具有承诺功能，而其他电视媒体领域会话结尾一般不具有这项功能。最后，电视媒体问政类话题会话本体部分以问答对应为主，问答对应类型、主位构成、主位推进模式等所体现的特征是此领域会话区别于其他电视媒体领域会话的核心特征，这将在下文进行详述。

---

① 本书在第一章的"文献述评"这一小节中已对大部分学者将其他电视媒体领域会话如谈话类会话、生活服务类会话、综艺娱乐类会话等界定为半机构性会话这方面有所论述，这里不再赘述。

第三章
电视媒体问政类话题会话局部结构

　　电视媒体问政类话题会话的局部结构主要是由其核心结构问答对应构成的，本章将重点研究问答对应。公众与政府人员通过"问"与"答"的互动会话来实现问政的会话目的，会话过程较为复杂，但其中也有规律可循。会话参与者们通过一次次的问答会话，在同一时空中使政府人员与公众零距离面对面地沟通。不同的会话领域由于会话流程、性质、任务、目的等的不同，在问答会话中形成了不同的结构，这也构成了各会话领域的重要区别特征。比如在电视媒体谈话类会话领域，崔智英（2011）指出"'提问—回答'的结构是访谈节目的主体构架"。在其他问答会话占很大比例的机构性会话领域里，比如法庭会话领域，廖美珍（2002）指出"Q-R（Qn-Rn）①是法庭问答会话的最多的现象"。而电视媒体问政类话题会话有其独特的局部会话结构，本章将对电视媒体问政类话题会话中的问话、答话以及问答对应结构进行深入研究，同时考量伯明翰学派话语分析模式理论的普适性，分析此领域会话与其他电视媒体领域会话、相关机构性会话中问答对应结构的差异性，进而揭示此领域会话局部结构全貌，并试图对伯明翰学派话语分析模式理论进行有益补充。

一、问话与答话

　　在电视媒体问政类话题会话领域，构成问答对应的问话与答话呈现出多种形式，说明此领域会话结构的复杂性与丰富性，会话者通过多种形式的问

―――――――――――

　　① "Q-R（Qn-Rn）"结构表示由"问—答—问—答……"这样多个"一问一答"构成的结构。

答来进行问政以期会话目的的有效实现。

（一）问话

在第二章，本书对问话的定义已有所论述，指出"问话是可以引出回答反应的话语行为"。（廖美珍，2002）在电视媒体问政类话题会话中，问话的形式较为复杂，这也是此领域会话的特征之一，那么对于构成问话话语的界定尤为重要。

1. 问话的话语构成成分

问话的句法形式有时只由疑问句构成，有时除了疑问句还有其他话语。如例（44）、例（45）：

（44）**代**：某地今春新建多少口抗旱井？片子里这种有井没水的情况还有多少？

政：某地---<u>新建的</u>你说是从<u>10 年</u>到 18 年，今春我们启动抗旱井的时候进行了一次初步的调查模拟，我们这个从<u>农业、水利</u>，包括我们的国土乃至⊥还有相关的部门，一共打了一千<u>七百</u>多眼井，那么能够使用的<u>井</u>我们了解到应该在一千<u>五百</u>多眼，<u>使用率在</u>90%。（1s）情况是这样。（2018 年 7 月6 日）

（45）**主**：呃---我想问问咱们这一年哪对于这些野广告啊其实以前节目也采访过，说想了很多招，这一年到底处罚过多少？有数吗？

政：有，我们仅 18 年从年初到现在啊我们已经处罚了 35 个人。（2018年 12 月 28 日）

例（44）是问答对应，启动语步由问话"某地今春新建多少口抗旱井？片子里这种有井没水的情况还有多少？"构成，问话的句法形式为疑问句。例（45）也是问答对应，启动语步从句法形式来看，由疑问句"这一年到底处罚过多少？有数吗？"和陈述句"呃我想问问咱们这一年对于这些野广告啊其实以前节目也采访过，说想了很多招"构成。对于问话的构成，廖美珍（2002）将问话作为一个"大"问话行为分为核心行为、前导行为和后续行为，指出"实际的现场问话不一定具有所有这些要件，有的甚至就只有一个核心行为。前导行为和后续行为是辅助成分，核心行为是主要成分，相当于严格意义上的问句行为本身"。例（44）属于廖美珍所说的核心行为。例（45）中的"这一年到底处罚过多少？有数吗？"就是廖美珍所说的核心行为，而"呃我想问问咱们这一年哪对于这些野广告啊其实以前节目也采访过，说想了很多招"相当于廖美珍所说的前导行为。

由于研究的重点各不相同，本书在借鉴廖美珍（2002）对问话行为构成成分研究的基础上，结合电视媒体问政类话题会话的特征，对构成问话的话语成分做如下划分：首先，问答对应中一个问话构成一个语步。其次，本书将问话的话语构成成分分为核心语与辅助语。问话的核心语是问话的话语中相当于句法形式的疑问句部分，这是问话的核心部分，问答对应中问话所在的语步对答话所在语步的限定性预测的功能主要由核心语来实现的。辅助语是指问话中除了核心语以外的其他话语，这部分话语是为核心语服务的，辅助核心语功能的实现。如例（45）中，主持人问话中的核心语"这一年到底处罚过多少？有数吗？"引发了回应语步中的回答，回应语步中"处罚了 35 个人"是针对核心语的回答，而辅助语"呃我想问问咱们这一年哪对于这些野广告啊其实以前节目也采访过，说想了很多招"是核心语的一个铺垫，提供了一个背景，即这一年关于野广告想了很多招，那么在这个背景的基础上，到底处罚了多少？在问话中，核心语是重点考察对象，本书对于辅助语只做以上简要论述。

2. 问话的类型

在本书中，问答对应中问话的核心语是作为划分问话类型的主要依据，对问话的分类实际上反映在句法层面，就是对核心语即疑问句的分类。吕叔湘（2002）认为"问句有四种格式：甲、特指问，乙、是非问，丙、正反问，丁、选择问"。邵敬敏（1996）"提出了疑问句单分选择系统，他认为汉语的疑问句类是根据选择关系构成的，将汉语疑问句分为'是非选择问句'和'特指选择问句'，'是非选择问'又被分为'是非问句'和'正反问句'；特指选择问又分为'选择问句'和'特指问句'"。邵敬敏（2013）指出"疑问句有两大类型：第一，结构类型，一般认为有三大类：是非问、特指问以及选择问（含正反问）；第二，功能类型，主要有：反诘问、附加问、回声问和假设问等"。廖美珍（2002）"总结了中国的语文学者传统上对问话的分类：A 特指（殊）问话、B 选择问话、C 正反问话、D 是非问话、E 附加问话、F 反问问话、G 设问问话"。黄伯荣、廖序东（1997）指出"疑问句根据表示疑问的结构形式上的特点和语义情况，可以分为四类：是非问、特指问、选择问、正反问"。

本书用"问话"而不用"疑问句"的目的是突出"问话"是从语用学

视角对其界定的。以上各位学者分别从选择关系、结构、功能等方面对疑问句进行了分类，综合借鉴以上观点，结合电视媒体问政类话题会话中问话核心语在句法层面的特征，本书对问话的分类为：首先从形式上将问话分为单式问话和复式问话。单式问话是指问话核心语在句法层面由一个疑问句构成的问话。复式问话是指问话核心语在句法层面至少由两个疑问句构成的问话。其中单式问话按问话核心语的结构和语义情况分为特指问话、是非问话、选择问话、正反问话；按问话核心语的功能分为反问问话、附加问话、回声问话以及设问问话。本书只研究寻求回答的问话，反问问话、回声问话以及设问问话不在本书的研究范围之内。因此，本书所说的问话不包括反问问话、回声问话以及设问问话。

（1）单式问话

本书所研究的单式问话类型共有以下五种。

第一，特指问话。

特指问话的句法特征为：特指问话的核心语"用疑问代词（如'谁、什么、怎样'等）和由它组成的短语（如'为什么、什么事、做什么'等）来表明疑问点，说话者希望对方就疑问点做出答复"。（黄伯荣、廖序东，1997）特指问话在信息需求方面，要求答话人提供的信息是具体的、相对详尽的。如例（46）：

（46）**代**：请问某区某区长，旧城改造如此大的工程量，我们究竟怎么做才能确保我们工程的质量？（2017年9月22日）

例（46）是特指问话，该问话的核心语为"我们究竟怎么做才能确保我们工程的质量？"。其核心语用"怎么做"来表明疑问点，问话人希望答话人能够提供关于确保工程质量的具体做法。

第二，是非问话。

是非问话的句法特征为：它的核心语"要用疑问语调或兼用语气词'吗''吧'等（不能用'呢'）。一般是对整个命题的疑问。可以用'是、对、嗯'或'不、没有'等作答复"。（黄伯荣、廖序东，1997）如例（47）：

（47）**主**：［刚才］我看片子里头那个采访也是您哈，那个领导让卸的，那个领导是说的您吗？（2018年12月28日）

例（47）的核心语"那个领导是说的您吗？"对整个命题进行了提问。

第三，选择问话。

选择问话的句法特征为：其核心语"用复句的结构提出不止一种看法供对方选择，用'是、还是'连接分句。供选择部分会有相同的成分，在分句里可能重复出现，也可能不重复。常用语气词'呢、啊'"。（黄伯荣、廖序东，1997）如例（48）：

（48）**代**：我想请问一下市某委，呃---您肯定也总下去调研，我们刚才在片里看的情况是<u>个案</u>还是您发现到的<u>普遍现象</u>？（2019年4月4日）

例（48）中，其核心语"我们刚才在片里看的情况是个案还是您发现到的普遍现象？"用"还是"连接分句，提出两种看法供对方选择。

第四，正反问话。

正反问话的句法特征：其核心语"是由谓语的肯定形式和否定形式并列构成的，常用语气词'呢、啊'等"（黄伯荣、廖序东，1997）。如例（49）：

（49）**主**：好，呃把群众的利益放在心上，这个话其实很重，我站在这儿已经能感受到压力了，不知道这个压力有没有传导到某县长？（2017年3月24日）

上例中，其核心语"不知道这个压力有没有传导到某县长？"用"有没有"通过肯定与否定并列的形式提出疑问。

第五，附加问话。

附加问话是从问话核心语的功能角度进行分类所出现的一种问话形式，它的核心语在句法层面是附加问句，实际上相当于是非问句或正反问句。"附加问句由两部分组成，前面一部分是对一件事情做肯定或否定的陈述，第二部分就这个陈述的真伪等向答话人提问。"（廖美珍，2002）如例（50）：

（50）**主**：嗯，这个成本其实都是公共财政的资金，是吗？（2017年6月23日）

上例核心语"这个成本其实都是公共财政的资金，是吗？"前一部分是关于"成本"做肯定性的陈述，后一部分用"是吗"向答话人提问，以确定前部分陈述是否正确。

（2）复式问话

复式问话是电视媒体问政类话题会话所特有的问话类型，其句法特征为：核心语由特指问句、正反问句、选择问句、是非问句、附加问句中的至少两个疑问句组成。本书根据构成复式问话核心语中疑问句的类型与顺序，对复式问话进行分类，在分类时将构成复式问话核心语中的特指问句简称"特"、正反问句简称"正"、选择问句简称"选"、是非问句简称"是"、附加问句简称"附"，如一个复式问话由特指问句与正反问句构成了其核心语，特指问句出现在前，正反问句出现在后，那么这一复式问话的类型为特正式问话。由于构成复式问话核心语中的疑问句类型与顺序复杂多变，因而，复式问话的类型很多，如特特式问话、特选式问话、特正特式问话等。电视媒体问政类话题会话中，为了更好地实现问政的任务，会话参与者们在有限的得到话轮的机会里，经常用由至少两个疑问句构成问话核心语的复式问话来进行提问，以期将问题问清楚、问明白、问彻底。如例（51）：

（51）**代**：类似的事情以后能不能管得住？其二呢，在管理方面还有哪些需要进一步的加强？（2018 年 12 月 28 日）

上例中，问政代表问话的核心语"类似的事情以后能不能管得住？"和"在管理方面还有哪些需要进一步的加强？"分别为正反问句和特指问句，因而，问政代表的问话是复式问话，其类型为正特式问话。

在划分出问话的两大类型单式问话和复式问话的基础上，本书将对电视媒体问政类话题会话中的各类型问话进行量性分析，以此来考察区别于其他电视媒体领域会话的此领域会话中问话的特征，并分析其原因，进而为后文研究问答对应及提出有效的会话策略奠定基础。

3. 与会话者选择问话类型有关的因素

对于进行问话的会话者来说，选择何种单式问话进行提问，本书发现这与问话者掌握的信息量以及问话对答话的支配力、问话的疑问度有关。根据邵敬敏（1996）对于疑问句的疑问程度①与问话者所掌握的信息量以及与疑问句类型之间的关系的观点，可总结为：当信为 1 时，疑为 0；信为 3/4 时，疑为 1/4；信为 1/2 时，疑为 1/2；信为 1/4 时，疑为 3/4；信为 0 时，疑为 1。正反问为信、疑各为 1/2；特指问为信 0 而疑 1；"吗"字是非疑问句为信 1/4 而疑 3/4，"吧"字是非疑问句为信 3/4 而疑 1/4。通过以上分出

---

① 邵敬敏（1996）指出"疑问程度涉及多种因素：疑问句的内部类型、语气词与语气副词、句调以及上下文和语境等。其中疑问句的类型是最基本的"。

的等级，可以看出问话者所掌握的信息量与疑惑程度、不同疑问句之间的关系。对于以上对疑问句等级的分类，廖美珍（2002）指出"这个等级体只是一个脱离语境的参照系，我们后面的一些例子表明，在一定的语境里，疑问度并不一定遵守这个等级标准"。本书认为，虽然这个等级体的准确率有待于商榷，但是通过这一等级体的划分，对于疑问句的疑惑程度与问话者所掌握的信息量之间的关系具有重要的借鉴意义。廖美珍（2002）指出"问话的支配力问题，就是语言形式的作用力的问题。问话的支配力和控制力与问话要索取的信息密切相关。根据支配力的大小可以形成这么一个（从弱到强）连续体：宽式特指问话—严式特指问话—选择问话—正反问话——般肯定是非问话——般否定是非问话—陈述式是非问话—附加问话"。Sacks（1995）指出"发问的人好像对答话具有支配的优先权。会话中的斗争可以用这种权利来解释，因而成为发问者是会话者们力争要做的事之一。谁成了发问者，谁就具有了对会话进行控制的权利"。廖美珍、邵敬敏、Sacks 分别从问话者掌握的信息量与疑问句的疑问程度、类型之间的关系，问话对答话的支配力等方面进行了论述。综合借鉴以上廖美珍、邵敬敏、Sacks 的观点，本书认为一般来说根据问话人掌握的信息量、问话的疑问度、问话的支配力可以使不同类型的单式问话形成一个信息量由少到多、疑问度由高到低、支配力由小到大的连续体，如下图所示：

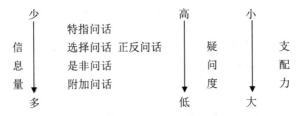

图 3 - 1　由信息量、疑问度、支配力构成的连续体

　　图 3 - 1 中本书提出的连续体实际上也是构成不同类型单式问话核心语的一个连续体，这些核心语体现在句法层面为特指问句、选择问句、正反问句、是非问句、附加问句。一般来说，问话者掌握的信息量、问话的疑问度、问话对答话的支配力是由构成问话核心语的这些疑问句来体现的。这些疑问句作为问话的核心语使单式问话形成了一个信息量由少到多、疑问度由高到低、支配力由小到大的连续体。图 3 - 1 反映出了会话者在进行提问时，与如何选择问话类型有关的一些因素。一般问话人掌握的信息量越多，越容

易选择疑问度低的单式问话，从而使问话对答话的支配力大。在这五种单式问话中，特指问话反映出了会话者掌握的信息量最少，此类型问话疑问度最高，对答话的支配力最小；选择问话和正反问话在这一连续体中地位是相等的；当会话者选择附加问话时，反映出其掌握的信息量最多，此类型问话疑问度最低，对答话的支配力最大。

4. 电视媒体问政类话题会话中的单式问话特征

本节通过对电视媒体问政类话题会话中的各类型单式问话进行量化分析，进而揭示此领域会话中所体现的单式问话总体特征以及各会话参与者使用单式问话体现的具体特征。

（1）单式问话总体特征

通过对电视媒体问政类话题会话中各类型单式问话的统计，得到各类型单式问话的数量及使用率①为：

表 3 - 1　各类型单式问话的数量及使用率

单式问话类型	数量	使用率
特指问话	175	42%
选择问话	19	5%
正反问话	77	19%
是非问话	136	33%
附加问话	5	1%
合计	412	100%

表 3 - 1 显示，电视媒体问政类话题会话中单式问话的总体特征为以特指问话为主，是非问话也大量使用，附加问话不太适合此领域会话。特指问话的数量是最多的，达到了 175 个，使用率为 42%，这符合此领域会话的"问政性"。问话者信息量掌握得少才需要问政，对于民生等问题通过电视媒体平台，在有限的时间里，有限的话轮机会里，用能够得到尽可能多信息量的问话来进行提问。特指问话与其他问话相比，因为在句法层面构成其核心语的特指问句用疑问词语如"为什么""怎样""怎么样""什么""如何""谁""哪方面""哪个""多少"等来表明疑问点，疑问度高，要求答

---

① 这里的使用率是指每种单式问话类型的数量在单式问话总数中所占的百分比。

话者的话语量大，提供的信息丰富，对答话的支配力小，因而答话者的自由度高。是非问话使用得也比较多，达到了 136 个，使用率为 33%，使用是非问话时，疑问度低，其实问话者所掌握的信息量比较多，对答话的支配力比较大，答话者的自由度不高，这一问话使用率高究其原因是该问话的主要使用者是主持人，问政代表使用得不多。主持人主要是在追问、确认以及控制话轮时间的时候等经常使用这一问话类型。附加问话的数量是最少的，只有 5 个，使用率为 1%，当问话者所掌握的信息非常多时，一般会选择附加问话。但是在此领域会话中，作为问话的主体的问政代表和主持人对相关问政问题多少还是有一些了解的，而且问政的目的是通过"问"来解决问题，自然要选择能够得到更多话语量的问话。附加问话要求答话者根据附加问话的第一部分做出回答，因而它给答话者的自由度非常低，这一类型的问话不是很适合此领域会话的使用。

（2）各会话参与者使用单式问话的特征

通过对电视媒体问政类话题会话中，各会话参与者使用各类型单式问话的数量来考察其使用单式问话的具体特征，得出如下数据：

表 3-2　会话参与者使用各类型单式问话的数量

会话参与者	单式问话					合计
	特指问话	选择问话	正反问话	是非问话	附加问话	
主	98	16	57	121	5	297
代	66	3	19	11	0	99
政	0	0	0	1	0	1
评	0	0	0	0	0	0
新主	11	0	1	3	0	15
总计	175	19	77	136	5	412

在表 3-2 中，主持人的问话是最多的，这与主持人是整场会话的组织者有着密切关系。作为组织者，其会话任务不光是问政，同时肩负着控制会话时间、推动会话按流程发展、调控会话话题的走向等任务，因而主持人使用的问话是最多的。主持人使用单式问话的特征为以是非问话为主，特指问话也大量使用。在其他电视媒体领域会话中如谈话类会话里，崔智英（2011）通过统计发现主持人对"积极地要求信息的'特指问句'使用频率

最高"。造成这种区别特征的原因是在电视媒体问政类话题会话中，主持人作为整场会话的组织者，经常需要通过是非问话来进行确认，确认问政代表对政府人员的回答是否满意，确认关于问政的一些问题的答话与主持人事先所掌握的信息是否一致，进而使整场会话不偏题、不跑题等等，这样就需要把问话的范围缩小，对答话要有一定的支配力。同时由于会话时间有限，话语还要精炼，是非问话能够缩短答话的时间，提高问答效率，因此，对于此领域会话中的主持人来说是非问话最为有效。特指问话主持人使用得也比较多，主持人一般用特指问话来帮助问政代表进行相关问题的一些补充提问，同时也对相关问题直接进行提问，从而能够有效地把握会话的节奏及方向，给答话者较大的自由度，以便获得较为丰富的信息，使问题能够得到深度讨论，促进相关问题解决的效率。

问政代表使用单式问话表现出的特征为以特指问话为主，同时也较多使用正反问话。作为问政的主体，在掌握有限的不多的信息量的情况下，想通过问政请政府人员切实地解决一些关乎民生的问题，当被主持人分配到话轮时，在有限的机会里，自然用疑问度高、能够得到更多信息量的特指问话。问政代表通过问话，使政府人员有充分的自由度来回答，进而使问题能够得到详细的论述进而促进问题及时、有效、彻底的解决。正反问话也是问政代表使用率较高的问话，在问政代表已掌握一些信息的情况下，正反问话支配力相对大些，从而可以缩小问话的范围，同时也可将问话的方向和内容聚焦到了理想答案的范围里。

政府人员基本不进行提问，这体现出了"问政性"会话的特征，有问政方，同时也有接受问政方，政府人员主要接受问政，在本文所掌握的语料中，政府人员只有一次使用了单式问话中的是非问话。这次问话是在政府人员没有听清楚主持人的提问时进行的，以此确认问话的内容，进而进行认真答话。

评论员的会话任务是对问政进行点评及提供一些建议，在本书的语料中，没有发现评论员的问话，说明此领域会话的机构性、问政性使各会话参与者的会话任务明确，语言形式符合会话内容，形式和内容有机结合。

新媒体主播的问话机会很少，因为其主要负责新媒体区公布互动话题及网友对互动话题的评论及投票，仅有的互动主要是针对网友提出的问题，向政府人员进行问政。新媒体主播采用的单式问话特征为以特指问话为主。这一方面体现出了新媒体主播在针对网友提出的问题进行发问时所掌握的信息量不多，进而选用疑问度高的问话；另一方面体现出其在仅有的提问机会里，给政府人员很大的自由度来进行回答，以期网友关心的问题能够得到满意的答话。

5. 电视媒体问政类话题会话中复式问话特征

通过对本书语料的分析统计，电视媒体问政类话题会话参与者中，除了新媒体主播有一次复式问话以外，其余的复式问话均出现在问政代表和主持人的话轮中，这是具有问政性质的会话在形式上的又一特征，即会话中问政方的主体明确，问政代表、主持人作为会话的组织者，同时兼具着问政的会话任务。复式问话体现着问话的复杂性以及问话的技巧性，下面重点分析问政代表与主持人使用复式问话的特征。在探究特征过程中，涉及分析与会话者选择复式问话相关的因素时，图 3-1 中根据问话者掌握的信息量、问话对答话的支配力、问话的疑问度使单式问话形成的连续体可以作为一个参考。因为这一连续体实际上也是构成不同类型单式问话核心语的各类型疑问句的一个连续体。而复式问话对答话的支配力、复式问话的疑问度、问话者掌握的信息量一般都是通过构成复式问话核心语的疑问句来体现的，因而，此连续体可以作为一个参考。首先本节对问政代表所使用的复式问话类型进行了统计，结果如下：

表 3-3 问政代表复式问话的数量及使用率

复式问话类型	数量	使用率
正是式问话	1	1%
是特式问话	1	1%
正正正式问话	1	1%
正正特特特特式问话	1	1%
正特特正特特特特式问话	1	1%
选选式问话	1	1%
特正正式问话	1	1%
特是正式问话	1	1%
特特正式问话	1	1%

（续表）

复式问话类型	数量	使用率
正特特正式问话	1	1%
附是式问话	1	1%
选特特式问话	1	1%
特正是特式问话	1	1%
附是特特式问话	1	1%
特是式问话	1	2%
是特式问话	1	
特是特式问话	1	2%
是特特式问话	1	
特特正特式问话	1	2%
特特特正式问话	1	
正选式问话	1	2%
选正式问话	1	
特特特特式问话	2	2%
特正特式问话	3	3%
是是式问话	3	3%
特选式问话	5	5%
特特特式问话	5	5%
正正式问话	9	8.9%
特正式问话	9	17.8%
正特式问话	9	
特特式问话	34	33.7%

　　表3-3显示，问政代表所使用的复式问话特征为形式复杂，偏好使用特特式问话，特正式问话也被大量使用。问政代表使用的最复杂的复式问话类型为由正反问句和特指问句组成的九个疑问句构成问话核心语的复式问话，这充分体现了此领域会话的"问政性""互动性"以及会话策略。问政代表在问话时，利用问话核心语中不同疑问句的特点，有张、有弛、有松、有紧，对相关的问政问题进行全方位提问。通过一次复式问话，尽可能包含更多的疑问点，对答话从多角度进行支配，从而有利于得到满意的答话，进

而提升问政的效率。问政代表使用最多的是以两个特指问句构成核心语的特特式问话。通过图 3 - 1 这个连续体可以分析出，一般来说使用句法层面的特指问句反映出了问话人所掌握的信息量比较少，但能够给答话人以较大的自由度，对答话的支配力很小。那么问政代表用由两个特指问句构成核心语的问话进行发问，可以看出其旨在给答话人以更大的自由度来获得尽可能多的信息，以此保证问话全面性、挖掘答话详尽性、实现问题解决时效性。问政代表的复式问话里，由特指问句和正反问句构成问话核心语的复式问话使用率相对较高，达到了 18% ，这两个问句无论哪个问句位置在前，其构成的复式问话的数量是一样的。问政代表运用此种复式问话一方面通过特指问句索取相对具体、详细的答话，另一方面通过正反问句控制答话的方向，直指问政相关问题的中心，这些中心很多都是解决起来比较困难或者是民众非常关心的部分，这样的问话既有利于得到丰富的信息，同时又控制了对于重点问题的回答，这也是问话策略的一种体现。问政代表使用最多的特特式问话如例（52）：

（52）**代**：这些抗旱井到底归谁管？这五六年来这些井---不能使用，这个责任到底由谁来担负呢？

政：根据这个井的当时验收移交的协议来说，井的管理者应该是村委会。由村委会指定呃井的井位呃所有人进行管理和使用呃---配套的相关设备。但是从这个问题之中也看出了我们在（1s）机井的配套设施的管理中还存在着制度不全、呃督导检查不到位、干部⊥村干部不负责任的问题。我们回去以后要认真调查、严肃处理。（2018 年 7 月 6 日）

例（52）中，问政代表的问话是特特式问话，问话核心语由两个特指问句"这些抗旱井到底归谁管？""这个责任到底由谁来担负呢？"构成。问政代表通过特特式问话，先问了抗旱井管理者是谁，随后又进一步具体到谁来担负这些井不能使用的责任，这样的问话对答话支配力小，给答话者较高的自由度，以便于获得相对充足的信息。在答话中，政府人员就问政代表的问话对"抗旱井管理者"以及"这些井不能使用的责任由谁来担"进行了回答，可以看出问政代表使用特特式问话有助于其得到所需的信息。

其次，通过对本书语料的考察，得出主持人的复式问话类型及使用率统计情况如下：

表 3 – 4　主持人复式问话的数量及使用率

复式问话类型	数量	使用率
特是特式问话	1	2.5%
特正是特式问话	1	2.5%
特特正正式问话	1	2.5%
特附式问话	1	2.5%
是是式问话	1	2.5%
正特是问话	1	5%
是特正问话	1	
正特特式问话	2	7.5%
特特正式问话	1	
正正式问话	4	10%
特是式问话	3	12.5%
是特式问话	2	
特正式问话	5	17.5%
正特式问话	2	
特特式问话	14	35%

　　通过上表可以看出，主持人使用复式问话的特征为：形式相对简洁，以特特式问话为主，特正式问话使用得相对较多。构成主持人复式问话核心语的疑问句最多只有 4 个，主持人的复式问话没有问政代表的问话复杂，这从一个侧面反映出了主持人问话的特征——语言精练、直击重点、有效调控。主持人使用最多的是特特式问话，使用率达到了了 35%，与问政代表不同的是，主持人使用特特式问话除了要得到相对全面的答话外，有时主持人还要控制会话的方向，对问政代表通过问政获得的答话内容通过此类问话进行信息补充等，这种问话多数出现在问政代表的问话没有得到比较满意的答话时，或者政府人员的答话不符合问话的重点时，主持人运用此种复式问话促进会话任务的顺利完成，使会话有组织地展开，保证问政的成效。由特指问句与正反问句构成核心语的复式问话的使用率相对较高，这类复式问话的核心语都是由特指问句与正反问句组成，只是两个疑问句的顺序不同，主持人偏好特正式问话。这体现出了主持人对会话的一种控制，先宽后窄，主持人

通过特指问句索取大量信息，同时，又对想要索取的信息的重点进行限制，这种限制其实也是一种控制会话方向的反应。主持人通过正反问句，使答话者在自由度较高的范围内有重点地回答，答话不偏离问话的重心，以此提高问话效率，同时有助于控制会话时间。这种问话很多时候出现在主持人针对某些问政问题进行追问的情况下。主持人使用最多的特特式问话如例（53）：

（53）**主：**嗯，好，您的这个我听明白了，主要是有个后续的集中处理哈有个体系。来我还想问一下咱们某区的负责同志哈。实事求是讲，这个某村是个典型，我们知道关注<u>多</u>投入<u>也大</u>。但是同一个街道两个村<u>差别那么大</u>，这中间的<u>根本原因</u>到底是什么？怎么解？您给说一说。

政：这个---问题的根本原因哪，因为我们某村呢它是属于先期试点村，所以呢它这个粪污啊，呃---集中处理做得比较好。那么呢现在开展（1s）的面比较大以来，这个资金的<u>投入</u>啊是有压力的。那我们也考虑到这个粪污集中处理的呃<u>方式方法</u>，那么要采取呢集中采购一部分呃<u>吸污车</u>来方便群众呢<u>使用</u>。最后呢咱们村里面统一<u>建好</u>呃<u>沤粪池</u>，把吸出来的呃<u>粪便</u>统一呢沤肥还田。（2019 年 4 月 4 日）

例（53）中，主持人的复式问话属于特特式问话，其问话核心语由两个疑问度高的特指问句"这中间的根本原因到底是什么？""怎么解？"构成。在主持人对政府人员进一步进行提问时，通过使用特特式问话从原因到措施进行了相对全面的提问，在给政府人员很大的自由度进行回答的情况下，获得了相对丰富的所需信息。进而控制了会话方向，促进会话任务的顺利完成。

6. 电视媒体问政类话题会话中各会话参与者使用问话的总体特征

在以上对电视媒体问政类话题会话中单式问话与复式问话特征考察的基础上，可进一步总结出各会话参与者使用问话的总体特征。主持人倾向于使用单式问话，是非问话是主持人偏好的问话类型。问政代表倾向于更多地选择复式问话进行提问，首选复式问话类型为特特式问话。新媒体主播倾向于使用单式问话，偏好的问话类型为特指问话。政府人员与评论员基本不进行提问。

（二）答话

"答话是对问话的任何口头反应行为。"（廖美珍，2002）由于答话是由问话所引发的，那么答话的形式、内容与问话密不可分，因而，答话的判定标准也应从与问话的联系角度进行界定。那么，答话的判断标准为："多以陈述的形式表达；一般与问话有词语上的连续性。判断答话的最主要的是看是否紧随问话之后。"（廖美珍，2002）如例（54）、例（55）：

（54）主：嗯，（2s）您知道的是什么情况？

政：呃---这块儿地方呢，距这个某地的河岸大约是150米开外，我在巡河过程中啊，我没有到这个地方。前一段时间呢，这个---镇和村的河长向我汇报这个情况，我们---及时到现场进行调查。呃---发现呢这个情况是附近动车所儿在---施工过程中形成这么一个水坑。呃---所说的这个这个排⊥排这些（1s）呃脏水啊，是这个附近的---村民后院儿原先有个小坑儿，从这个吐口儿（1s）吐出来的。呃附近---呃主要是这个雨水和生活用水的聚合，呃经过---时间稍稍一长，形成一种异味和颜色变化。（2018年10月12日）

（55）代：问一下，安好的路灯为什么成了摆设？那个现在出现的问题⊥究竟问题出在哪里？

政：这个---首先向这个某社区这个老百姓表示歉意。因为灯安上了，没有享受到这个这个灯带来的安全感，因为这件---⊥这个事件吧我比较了解，也通过社区工作日啊，都了解整个这个灯的情况。他这个情况是啥呢？说这个原先这个小区就有四十盏灯，通过旧城改造之后又增加一百盏灯，现在达到这个一百四十盏灯，呃这个---由于这个这个数量的增加，整个这个路灯的费用增加，经过这个物业测算，现在一年得达⊥达到四万多块钱，另外现在他这个原先这个---物业是四毛五，旧改之后达到七毛钱。现在整个这个这个收缴率不到百分之三十。呃就在这种情况下我们这个有关部门吧跟这个---呃街道社区一起来研究决定，经过几次沟通，现在这个问题已经解决了，现在可能这灯都亮了，（2s）就现在此时此刻这小区灯已经亮了。（2018年10月12日）

例（54）问答对应中，问话是单式问话中的特指问话，答话是以陈述的形式表达，在句法上是由一系列陈述句构成，答话紧随问话之后，针对问话，答话者叙述了自己所知道的情况，指出了脏水形成的原因，在语义上，答话与问话具有相关性。例（55）中，问话是复式问话中的特特式问话，答话在句法上主要由陈述句构成，其中还有一个设问句，答话者通过叙述路灯费用增加、物业费用增加、收缴率不高等情况，指出了路灯成为摆设的原因以及问题出在哪儿，问答语义具有相关性。

吕叔湘（1992）指出"回答问话，一般不用全句，只要针对疑问点，用一个词或短语就够了。可以是一个名词，一个动词，或一个形容"。吕叔湘的话是有道理的，但是不同领域会话的特点各不相同，在电视媒体问政类话题会话中，部分答话符合以上吕叔湘的观点，但是大部分答话的特点为话语量大、内容丰富，这与此领域会话的"问政性"相符，作为被问政方的主体——政府人员，面对问政的相关问题，用大量的话语作答，对问话中的疑问点做相应的解释、找出出现问题的原因、提出整改措施等。如表3-1、表3-2、表3-3、表3-4所示，会话参与者使用较多的单式问话为特指问话，复式问话为特特式问话，这两种问话都以索取大量的信息为目的，因而，答话的话语量必然会较大，如例（54）、例（55）。相对于问话，答话是比较复杂的，在电视媒体问政类话题会话中，问政相关问题的解决靠的是会话参与者们的问答互动，"问得精准""答得到位"是关键，那么此领域会话中，答话是否能满足问话人的信息需求？如没满足，是什么原因造成的？什么样的答话是优质答话？什么样的答话是非优质的答话？相应的答话在形式上和内容上有何特征？本书试图用主位与述位理论、主位推进理论等来解决上述问题，对于答话本书将在第四章进行详细论述。

二、电视媒体问政类话题会话问答对应

问答对应是电视媒体问政类话题会话的核心结构，其体现的特征是此领域会话的重要特征之一。此领域会话参与者主要就是通过大量的问答对应充分进行沟通讨论，完成会话任务，实现会话目的，以促进问政相关问题的解决。问答对应有哪些类型？会话参与者选择不同类型问答对应的原因是什么？问答对应的不同结构对于问政起到了什么作用？与其他电视媒体领域会话相比，此领域会话问答对应的特征是什么？对此领域问答对应的研究能否验证伯明翰学派话语分析模式理论的普适性？研究成果能否对伯明翰学派话语分析模式理论进行有益的扩充？本节将通过对问答对应的研究，重点考察以上问题，探究此领域会话的互动结构，揭示互动典型特征。如前所述，本书根据伯明翰学派话语分析模式理论，运用"三步分析法"对问答对应进行详细分析。Coulthard（1977/1985）提到的"启动＋回应＋后续"典型结构中，后续语步有时有一些变体。Drew & Heritage（1992）认为，"在很多

机构性的话语中，由三个话轮构成的序列中第三个话轮的很多变体（varia-tions in the third turns of three-part sequence）是对于机构性会话中的互动结构进行研究的一个恰当的切入点"。电视媒体问政类话题会话是机构性会话，通过对本文语料的考察，其对应结构中的"后续语步"确实是有很多变体，这也是此领域会话互动性的特征之一。关于对应结构的研究，在问答会话占很大比例的相关机构性会话领域，廖美珍（2002）"在研究法庭问答会话中，对会话中的对应结构进行了总结，其中问话行为用'Q'表示，答话用'R'表示，非问话行为用'Nq'表示，对非问话行为的回应行为用'Nr'表示，具体如下：Q-R（Qn-Rn）、（Qi + Qii）-R、Q-（Ri + Rii）、Q-R-F、Q-R-Fi + r-Fii、Q-R-Fi + r-Fii-Fiii-Fiv、Q-R-Fi + r-Fii-Fii + r-Fiii、递进式（A）Q-R→Qi-Ri、递进式（B）（Nq-Nr）-Qi-Ri→Q-R、包孕式（A）Q-Qi-Ri-R、包孕式（B）Nq-（Q-R）-Nr、重复模式 Q-R-Qr-Rn、话轮省略结构 Q-R-（Qi）-（Ri）"①。谢群（2013）"对商务谈判会话中的诱发对应结构进行了总结，这里的诱发对应相当于本书的问答对应，其中'I'是启动语步，'R'是回应语步，'F'是后续语步，具体大致如下：I-R、I-F、（I-R）n、（Ii + Iii）-R、I-（Ri + Rii）、I-R-F、I-R-Fi + r-Fii、I-Ii-Ri-R、I-R-Fi + r-Fii-Fiii、I-R-Fi + r-Fii-Fiii + r-Fiv、I-R-Fi + r-Fii + r-FiiiFiv-Fv + r-Fvi、瘸腿结构"②。

　　综合借鉴廖美珍（2002）、谢群（2013）对对应结构的分类，结合电视媒体问政类话题会话的特征，本节将对电视媒体问政类话题会话中问答对应进行深入研究，同时考量伯明翰学派话语分析模式理论对此领域会话的有效

---

　　①　廖美珍（2002）的这些问答对应结构中，Q-R（Qn-Rn）是一问一答构成的一连串问答结构，（Qi + Qii）-R、Q-（Ri + Rii）是 Q-R（Qn-Rn）的变体。Q-R-F 是问话和答话之后加一个后续语步。Q-R-Fi + r-Fii 中，"Fi + r"以问话的形式对答话"R"进行重复，"Fii"是对"Fi + r"的回应。Q-R-Fi + r-Fii-Fiii-Fiv 中，"Fiii"是为了再证实一次而进行的问话，"Fiv"是对"Fiii"的回应。Q-R-Fi + r-Fii-Fii + r-Fiii 中，"Fii + r"是对"Fii"中的增补信息以及变换的说法进行的提问，"Fiii"是对"Fii + r"的回应。递进式（A）Q-R→Qi-Ri 是指第一个"Q-R"是辅助或引导，第二个"Qi-Ri"是目的。递进式（B）（Nq-Nr）-Qi-Ri →Q-R 中，"Nq-Nr"是条件，"Qi-Ri"是辅助，"Q-R"是目的。包孕式（A）Q-Qi-Ri-R 中，外围"Q-R"问答为主，里面的"Qi-Ri"问答为辅。包孕式（B）Nq-（Q-R）-Nr 中，里面的问答结构"Q-R"嵌入到了非问答结构"Nq-Nr"里。重复模式 Q-R-Qr-Rn 中，"Qr"是对"Q"的重问。话轮省略结构 Q-R-（Qi）-（Ri）中，省略了"Qi-Ri"结构。

　　②　谢群（2013）提出的这些对应结构中，（I-R）n 是指多个一问一答构成的组合。I-R-Fi + r-Fii-Fiii 中，"Fiii"相当于在四个语步之后又加上了一个后续语步。瘸腿结构是指启动语步没有收到回应。

性及解释力，以及此领域会话与其他电视媒体领域会话、此领域会话与其他相关机构性会话如法庭会话、商务谈判会话中问答对应结构的差异性，进而探究此领域问答对应全貌，揭示其典型特征，并试图丰富伯明翰学派话语分析模式理论。在问答对应中，本书将由问话构成的语步称为问话语步，由答话构成的语步称为答话语步。在每个问答对应中，首个问话语步用"Q"表示，首个答话语步用"A"表示，后续语步用"F"表示。经过对本书语料的统计，下文只对电视媒体问政类话题会话中问答对应结构的数量在此领域会话中占五个以上的进行分析，因为这样的问答对应具有代表性，能够体现问答对应的规律性，从而反映出问答对应的特征。

根据构成问答对应语步的数量以及问答对应所体现的功能，本书将电视媒体问政类话题会话中的问答对应分为三大类：简短型问答对应、追问型问答对应、重问型问答对应。每一大类问答对应类型中分别包含着由不同语步构成的问答对应，这些问答对应既体现出了所属问答对应类型的共性特征，同时又具有各自的特征。

（一）简短型问答对应

简短型问答对应是指由两个语步或三个语步或四个语步构成的问答对应，其特点为构成其结构的语步少，结构相对简短。在此领域会话中，简短型问答对应的构成语步较少，说明很多时候答话所提供的信息基本能够满足问话所需信息，因而就相关问题不需要运用更多的语步进行探讨。此领域会话中，简短型问答对应有："Q-A"简短型问答对应、"Q-A-F"简短型问答对应、"Q-A/Q-A"简短型问答对应、"Q-A/Q-A-F"简短型问答对应。

1."Q-A"简短型问答对应

"Q-A"是电视媒体问政类话题会话中由两个语步构成的简短型问答对应。这一简短型问答对应由一个问话语步和一个答话语步构成，结构简单，问答成效显著，在此领域会话中大量存在。这一问答对应的特征为：

首先，此类对应一般在需要简短回答，同时答话提供的信息量能够满足问话的需求时出现。如例（56）：

（56）**代**：我想问一下，咱们季节有问题，到五一能给解决吗？

政：我们五一之前整改到位，没问题。（2019年4月4日）

例（56）是问政代表和政府人员之间的简短型问答对应，此例的问话属于是非问话，对答话索取的信息量不大，答话精准地提供了"能解决"

的相关信息。此类问答对应出现得越多，说明问政相关问题解决得越顺畅，双方沟通得越到位，问政的效率越高。

其次，"Q-A"简短型问答对应的特征通过"Q"语步和"A"语步的持有者有所体现。通过对"Q-A"简短型问答对应中各语步持有者的考察，得出如下结果：

表3－5　"Q-A"简短型问答对应各语步持有者情况①

各语步持有者	代—政	主—代	代—主	主—政	新—政	主—评	合计
"Q-A"数量	16	24	1	11	1	5	58

通过上表可以看出，主持人与问政代表使用"Q-A"简短型问答对应最多，其次是问政代表与政府人员。在此领域会话中，这类简短型问答对应主要用于当问政代表与政府人员关于一些问题进行问政后，主持人经常会询问问政代表如"您是否还有问题""您对以上回答是否满意"等，主持人通过此类问话使问政代表充分发表意见，使"问"得彻底。如例（57）：

（57）主：嗯，您是否还有问题？

代：＝是，我还有一个问题。呃我们也接到了一些市民的反映，说有的地方存在这种跑马占荒的问题，早早就把地圈起来了，围挡也立起来了，但是呢，迟迟没有人进场施工，反而给周围的群众生活带来了很多的影响。那这到底是什么原因？（2017年9月22日）

例（57）是主持人和问政代表之间的简短型问答对应，主持人在"Q"语步向问政代表询问"是否还有问题"，随后问政代表在"A"语步进行了回答，表明还有一个问题，随后提出了问题。

再次，在"Q-A"简短型问答对应中，"A"语步有时是有双重功能的，它既是"Q"语步的回应语步，构成"Q-A"简短型问答对应，同时又是接下来新的对应中的启动语步。如例（57）中，问政代表回答了主持人的问话后，又提出了新的问题，问政代表的"A"语步既是主持人"Q"语步的回应语步，也是下一个新的对应中的启动语步。

2. "Q-A-F"简短型问答对应

鉴于Coulthard（1977/1985）提到的典型的"启动—回应—后续"结

---

① 在表3－5中，"代—政"是指"Q"语步由问政代表把持、"A"语步由政府人员把持的"Q-A"简短型问答对应，其他以此类推。

构，在由三个语步构成的问答对应中，启动语步由问话构成，为问话语步，回应语步由答话构成，为答话语步。因而，本书由问话语步、答话语步、后续语步这三个语步构成的问答对应为"Q-A-F"简短型问答对应。Duncan & Niederehe（1974）指出"后续语步包括的话语现象有由听话人来完成说话人的句子、需要简洁地澄清或重复等"。谢群（2013）提到"后续语步多由表示接受、评价或评论性的话语构成"。综合借鉴以上观点，通过对本书各种类型的问答对应研究发现，构成后续语步的话语包括表示接受、评价、评论、希望、确认等的话语。在后续语步中，对之前语步中的内容表示接受、评价、评论、希望、确认等的话语称之为后续语。构成后续语步的话语中，除了后续语外，有时还包括引发之后语步的话语等，但后续语步的功能主要由后续语来实现。这些在后文对各种类型的问答对应研究中将进行深入探讨。

通过对本书语料的统计分析发现，"Q-A-F"简短型问答对应在电视媒体问政类话题会话中所占数量是最多的。"Q-A-F"简短型问答对应的特征为：

首先，此结构多数出现在会话进行得比较顺利的时候，问和答的信息量能够匹配，问话人对答话人提供的信息比较满意，一般不进行追问，三个语步基本能够解决相应的一些问题，会话参与者的合作度比较高。

其次，此类型问答对应的特征还可通过各语步持有者的情况来有所反映。具体如下：

表 3 - 6 "Q-A-F"简短型问答对应各语步持有者情况①

各语步持有者	代一政—主	主一政—主	新一政—新	主一评—主	主一代—主	代一主—代	代一政—代	主一评—评	政1一政2—主	合计
"Q-A-F"数量	62	51	5	24	8	2	1	1	1	155

通过表 3 - 6 可以看出"Q-A-F"简短型问答对应中，由问政代表、政府人员和主持人三者之间的会话形成的此结构最多，这与伯明翰学派提出的在课堂上的"启动—回应—后续"典型结构中各语步的持有者略有不同。

---

① 表 3 - 6 中"代一政—主"是指问话语步"Q"由问政代表把持，答话语步"A"由政府人员把持，后续语步"F"由主持人把持的"Q-A-F"简短型问答对应，其余的以此类推。

课堂上这一典型结构一般发生在教师和学生两者之间的对话中。这也体现出了此领域会话中"Q-A-F"简短型问答对应的特征之一。由问政代表、主持人和政府人员三者之间的对话形成的"Q-A-F"简短型问答对应是主持人作为会话协调者、组织者的充分体现。问政代表和政府人员沟通完，主持人对政府人员的话语表示接受、评论等，推动整场会话继续发展。

最后，"Q-A-F"简短型问答对应的特征还表现在其后续语步"F"上。此结构后续语步"F"有一特征，即大部分"F"语步具有承上启下的功能，既是"Q-A-F"这一简短型问答对应结构中的后续语步，又是其后另一对应的启动语步。"F"既具有后续语步的功能——主要是由表示接受、评价、评论、希望的后续语来实现此功能，同时又通过其他话语对之后的会话具有"启动"的功能。究其原因，是由于后续语步"F"主要出现在主持人的话语中，主持人在组织整场会话的时候，对于问政代表、政府人员、评论员所持的话轮结束后，在后续语步一般先用接受性话语表示对对方话语的接收，之后有时进行一些评论等，随后用一些话语来推动会话的继续开展，使后续语步又成为之后另一对应的启动语步，同时这也体现出了主持人在组织会话时注重会话的连贯与顺畅。如例（58）、例（59）、例（60）：

（58）**主**：嗯，我也想请教区长一下，呃---您刚才回答的这个说的这些事，确实是区长层面回答的问题，但是对于这样的一个现象出现，您觉得是可以避免，还是不可避免？

政：如果是啊加强监管，我想在很大程度上，能够解决这个问题。

主：嗯，也就是说，本不该出现的问题出现了。（2s）那接下来请人大代表继续发问。（2017年9月22日）

（59）**代**：呃---我还有一个问题我想请问您，呃---花了不少钱（1s）也费了不少事儿，为的是让农民更加方便。那么在未来的整个的厕所的使用和长效的维护方面，我们想从哪些方面入手来让大家享受到真正的方便？

政：实际上这是说呢小厕所大革命啊，真是一个应该说⊥是一场农村哪如厕的一场革命。那么说农村由于多年使用厕所的这个习惯，那么说不习惯于这种啊蹲便还有坐便这种方式的转变。那么说我们呢在将来的日常维护当中，应该说我们考虑这么几种模式：一说呢，是农民呢自行应该通过他这个泵啊应该（……）抽水来维护。二一个呢是政府通过购买服务建立专业化的维修机制。那么说不单要考虑他日常维护的抽水啊，甚至包括他那个的粪便的一些这个这个科技化的合理利用，还考虑到他的如厕的一些问题及时地反馈给我们当地的政府和某部门，来让我们解决他的问题。必须呢应该说把这些农民的实⊥这项实事啊应该说做到老百姓放心的一个实事。

主：嗯，听起来像是一个最后总结的问题哈，呃---刚才说（1s）这些问题，呃---已经逐步解决了，但我们以实为实地，我得说这些问题呀还是存在啊。来我们接着看，到某区某村我们去看看哈，那里有些水厕呀，呃---装好两年了，但是却一直不能用啊，来看看是为什么。（2019年4月4日）

（60）**代：**问某区区长，出现问题后群众反映为什么迟迟不解决，工作方式上是否有问题？

政：这个群众反映这些问题呀，这个我们第一时间呢（1s）呃---进行了调查，并且呢我们（1s）这个和相关的这个施工单位进行了沟通。呃因为整个我们旧改量比较大，那么呢（1s）安的防盗门，我们这次这个两年呢加一块儿总量大约达到了5600多。那么呢有的这个施工单位呀，呃---这个因为这个（1s）这个这个供应的这个货的这个来得不及时，所以影响了安装的这个这个这个呃---⊥时间的效率。所以我们呢，也这个责成我们有关单位，督促这个这个施工单位尽快地把锁安上。那么我们在这里边也存在着我们这种工作上的效率不高的问题，这个我负有责任。在这呢，我们下一步强化这个（1s）督办，尽快地督促这个把锁安上。

主：嗯，希望下次我们针对问题的这种调查（1s）呃和这种反思在曝光之前哈。好，请政协委员发言。（2018年3月30日）

例（58）是由主持人与政府人员之间的会话构成的"Q-A-F"简短型问答对应，政府人员的答话符合问话信息量的需求，双方合作度高，主持人的话语是后续语步。主持人先用"嗯"表示对政府人员话语的接受，之后对政府人员的话语进行评论——"也就是说，本不该出现的问题出现了"，这部分是后续语，其决定了此语步是后续语步，具有了"承上"的功能。在这一语步中，除了后续语以外的话语——"那接下来请人大代表继续发问"具有"启下"的功能，这部分决定了这一语步又是接下来对应的启动语步，后续语步使前后话语自然衔接。例（59）是由问政代表、政府人员和主持人之间的会话构成的"Q-A-F"简短型问答对应，问政代表和政府人员进行一问一答后，主持人进行了评论等，因而有了问答对应的后续语步，这是主持人调控会话的结果。主持人先用"嗯"表示对政府人员话语的接受，之后用"听起来像是一个最后总结的问题哈，呃刚才说这些问题，呃已经逐步解决了，但我们以实为实地，我得说这些问题呀还是存在啊"对政府人员的答话做了一个评论，随后用话语"来我们接着看，到某区某村我们去看看哈，那里有些水厕呀，呃装好两年了，但是却一直不能用啊，来看看是为什么"启动了下一语步。主持人这一语步具有后续语步和启动语步的双重功能，推动会话继续进行。例（60）是问政代表、政府人员、主持人之间的问答会话，政府人员答话提供的信息与问政代表问话想索取的信息量相匹配，主持人的语步是后续语步。主持人用"嗯"表示对之前语步中话语的接受，随后的"希望下次我们针对问题的这种调查呃和这种反思在曝光之前哈"这是对政府人员寄予的希望。"好，请政协委员发问"引发了之后的对应结构。主持人这一语步使前后语步衔接顺畅，会话参与者之间的合作度较高，通过这一简短型问答对应有效地促进了问题的解决。

通过上面三个例子可以看出，在电视媒体问政类话题会话中，后续语步"F"的特征是一般并不简短，这与它兼具"Q-A-F"问答对应中的后续语步以及之后另一对应的启动语步有直接关系。在"Q-A-F"这一简短型问答对应结构中，后续语步"F"中的后续语主要包括接受、评价、评论、希望这几种话语现象，至于后续语中的其他话语现象，在其他类型的问答对应中有所体现。

3. "Q-A/Q-A"简短型问答对应

这一简短型问答对应是电视媒体问政类话题会话的特色结构。在这一结构中，"A/Q"语步既不是问话，也不是答话，但它受到了"Q"语步的限制，同时对"A"语步又有预测。因此，这种语步叫作"挑战语步（challenge move）"。（Burton，1980）"A/Q"语步是电视媒体问政类话题会话的特色语步，因而带有这一语步的问答对应也成了此领域的特色问答对应。在"Q-A/Q-A"简短型问答对应中，"Q"语步是问话语步，"A"语步虽没有直接在"Q"语步之后出现，但构成"A"语步的话语是对"Q"语步中问话的回答，因而，"A"语步是答话语步。在此简短型问答对应中，"A/Q"语步主要包括表示衔接、分配话轮、提醒的话语现象。如例（61）：

（61）**代：**某区那个桥栏杆上挂着"加强河道管护"的标语，我想知道到底是怎么加强的？还有某河城区段就在你们区政府的眼皮底下，为什么这么脏？是看不见吗？还是不想管？

主：请回应。

政：好，我看完了很⊥非常震惊啊。这个对水源地的保护啊---是呃政府的责任，看了我很痛心。所以说咧过去啊建议棚户区啊（……），我们确实是没保呃---⊥没到位，在这里也向大家说声对不起。我们从一个月前开始对全区的城区、这个农村所有的卫生进行了呃---整治⊥进行了整治。刚才说了尤其是城区这块委托某局，现在咧包括农村和城区我们某局这一个月拉的这个垃圾量就相当于过去一年的垃圾量。所以这个非常⊥呃我们这种情况呃高度重视了，我们现在。（2017年6月23日）

上例中，主持人的语步是挑战语步即"A/Q"语步，问政代表提出问题，继而主持人进行话轮分配，才有了"A/Q"语步。主持人的话语"请回应"受到了问政代表问话的限制，没有问话，就不会有这一分配话轮的话语，同时，政府人员在被分配到话轮后，开始回答，"请回应"又预测了政府人员的话语——根据问政代表的问话进行回应。"A/Q"语步使问话与答话很好地衔接起来。

"Q-A/Q-A"简短型问答对应的特征为：通过对语料的考察，发现这一结构共有11个，全部出现在问政代表、主持人、政府人员三方构成的会话中。"Q"语步中的问话由问政代表发起，"A/Q"语步由主持人把持，主持人进行分配话轮、提醒等，"A"语步中的答话由政府人员进行，此结构体现出了此领域会话的机构性特征。Drew & Heritage（1992）归纳的机构性会话特征中有一点就是"在机构性会话中对于参与会话的一方或者双方有特定的制约"。这种制约其中一方面就是对会话参与者话轮的限制。在电视媒体问政类话题会话中，会话参与者的话轮很多时候不是通过自选的方式得到的，一般是由主持人选择一位会话参与者进行会话，当这位会话参与者完成话轮后，主持人再次分配话轮。正是此领域这种机构性特征，才出现了"Q-A/Q-A"这样的简短型问答对应。主持人的"A/Q"语步除了例（61）由分配话轮的话语构成外，还包含表示衔接、提醒的话语。如例（62）、例（63）：

（62）**代：**问某市市长，那个---问题都存在了十年没有彻底解决，到现在你打算---怎么解决这个问题？

主：好，请回应，回答的时间老规矩，是90秒，好。

政：呃---<非常惭愧啊>，呃---由于今年我是1月份到某市，1月初选举为某市市长。坦率地说，刚才电视曝光（……），涉及这个村，我都<u>未曾</u>涉足过。但是这个<u>问</u>题在某地一定是存在，而且我相信<u>也不止这一处</u>。……那么我想在19年，我们又（1s）创新了一种方式，就是用坑塘的方式，用<u>堆沤发酵</u>的方式来解决污物……（2019年4月4日）

（63）**代**：呃---我接下来我要⊥我想问一下某局局长，这个我们到处看见是这个呃⊥又是呃农药瓶又是呃---死禽畜，又是畜的粪便，又是垃圾。我们---⊥我想问问某局局长，这个挖坑（［kěn］）⊥挖坑（［kēng］）存储粪便（1s）这个合规吗？再一个是否就能解决污染的问题？出现以上这些情况，某局有什么责任？今后如何整治？

主：四个问题。

政：这个畜禽粪便呢这个处置，实际上在管理上是有划分标准的。就是规模化养殖以上的……据我了解，现在某区规模化以上的养殖没有……。
（2017年6月23日）

例（62）"A/Q"语步中，主持人首先用"好"对问政代表的话语表示接受，起到了衔接作用，随后用"请回应"作为话轮分配的信号，再之后用"回答的时间老规矩，是90秒"作为对回答者在此领域所遵守的会话规则的一种提醒，这也体现出了主持人对会话各环节的操控力。例（63）中，主持人在"A/Q"语步中用"四个问题"提醒回答者要针对这四个问题全部作答，不要遗漏了某个问题，这一提醒能够使问答衔接得更加顺畅，使答话提供的信息与问话索取的信息相关度更高。

4. "Q-A/Q-A-F"简短型问答对应①

在电视媒体问政类话题会话中，出现了由四个语步构成的简短型问答对应"Q-A/Q-A-F"。这一结构实际上是"Q-A-F"简短型问答对应的变体。"Q-A/Q-A-F"简短型问答对应的特征为：

首先，通过对语料的统计发现"Q-A/Q-A-F"简短型问答对应各语步的会话持有者固定，"Q"为问政代表的语步，"A/Q"为主持人的语步，"A"

---

① "Q-A/Q-A-F"简短型问答对应中，"Q"表示问话语步，"A/Q"表示挑战语步，"A"表示答话语步，"F"表示后续语步。

为政府人员的语步，"F"为主持人的语步。问政代表发问，主持人分配话轮、提醒等，政府人员回答，随后主持人表示话语接受、进行评论等。这种结构一般出现在主持人有效地发挥会话调控的能力、问政代表对政府人员的答话比较满意的时候，这一结构在语料中的数量比较多。

其次，与"Q-A-F"简短型问答对应相比较，此类型问答对应多出了一个挑战语步"A/Q"，如前所述，这是此领域会话机构性特征的体现。在此种结构中，"A/Q"语步的特征为：除了包括表示衔接、分配话轮、提醒的话语现象外，还包括修正、评论话语现象。如例（64）、例（65）：

（64）**代：** 想问一下市某局的负责人，公交车既是城市的脸面，更关系群众的安危。嗯这样的问题呀（2s）已经很久了，我们是没发现还是发现了不想管，还是发现了想管管不了？是作风问题还是觉得自身的本领有些（……），还是说干脆眼不见心不烦呢？

主： 嗯，话说得轻，落得重啊，请回应。

政： 这个---（1s）刚才看到这种不文明的行为，脏乱差和这种违规的停车行为啊出问题的这个原因哪，无非有这么三种：一个呢就是个别司机这个文明素养的问题。但是更重要的是企业的管理责任没有尽到，我们的有些出租企这个---⊥公交企业啊，只注重了盈利，没有进行对驾驶员的文明的教育管理和培训。第三个就是作为管理者，在管理在执法上，还有不到位的问题，还有缺失，甚至是失职。作为这个---某行业的这个主要负责人，我看了这个情况既气愤，同时心里也不安，同时这一段时间也在研究如何来<u>解决</u>这些问题。这个呢一个是对这个城市文明的<u>重视、认识</u>，对城市的形象的影响，认识程度不够。第二呢也存在着不作为的问题。

主： 嗯，好，请继续发问。（2018年12月28日）

（65）**代：** 我追问一下啊，您刚才讲了很多客观的情况，但是咱们做了两年了，事先有没有这种科学规划呢？然后现在你要是想改变这个事情得需要什么样的时间表来解决呢？

主： =包括成本。其实我刚才也想问这事儿。

政： 现在呢我跟大家说⊥说一下，<u>过去啊</u>肯定是刚才说咧主要是采取<u>招投标制</u>而造成的这种结果。……发展到位，让农民的<u>事</u>农民自己把它<u>干好</u>。

主： 嗯，呃---您是个很实在的领导哈。……（2019年4月4日）

例（64）中，主持人的"A/Q"语步是由衔接话语"嗯"，评论话语"话说得轻，落得重啊"和分配话轮的话语"请回应"构成的。主持人通过评论问政代表的问话，既诠释了问话的分量，又向政府人员传递了"要认真对待这一问题"的信息。

例（65）中主持人的"A/Q"语步中出现了会话修正现象。社会学家Harvey Sacks、Emanuel Schegloff & Gail Jefferson（1977）"提出了会话修正的概念，指出会话修正由三个部分构成：问题源（trouble source）、修正的启动（repair initiation）和修正的进行（repair）。同时依据会话双方对于修正的启动和进行是由自我还是他人来完成的，提出了四种会话修正类型：自我启动自我修正、自我启动他人修正、他人启动自我修正、他人启动他人修正"。"A/Q"语步中的会话修正多数都属于他人启动他人修正。他人启动他人修正是指发话人表述后，由他人发现发话人话语中的问题源后发起修正，并对问题源进行了修正。例（65）中，主持人"A/Q"语步中的会话修正属于他人启动他人修正。问题源出现在问政代表的"Q"语步的问话中，问题源为"然后现在你要是想改变这个事情得需要什么样的时间表来解决呢"。随后，主持人在"A/Q"语步中启动了修正，并进行了修正，对问政代表的问题进行了补充，提出了"包括成本"，这实际上是将问政代表原来的问题扩充为"然后现在你要是想改变这个事情得需要什么样的时间表包括成本来解决呢"。主持人通过他人启动他人修正，使问政代表的问题更加全面，有助于在答话中得到更详尽的信息。

（二）追问型问答对应

追问型问答对应是指由一次或多次追问构成的问答对应。在电视媒体问政类话题会话中，此结构主要在对问政的相关问题进行追问，从而确认一些情况时出现。追问型问答对应体现出了此领域会话"追问"的典型特征。"追问"是指"追根究底地问"。（中国社会科学院语言研究所词典编辑室，2016）因此，在电视媒体问政类话题会话中的追问是指对问政的相关问题进行追根究底的问。在此领域出现的主要追问型问答对应有："Q-A-Fi + a-Fii-Fiii"追问型问答对应、"Q-A/Q-A-Fi + a-Fii-Fiii"追问型问答对应、"Q-A-Fi + a-Fii-Fii + a-Fiii"追问型问答对应、"Q-A-Fi + a-Fii-Fii + a-Fiii-Fiiii"追问型问答对应、"Q-A-Fi + a-Fii-Fii + a-Fiii-Fiii + a-Fiiii-Fiiiii"追问型问答对应。在这些追问型问答对应中，"Fi + a""Fii + a""Fiii + a"语步的会话功能是进行追问，因而这几个语步本书称之为追问语步。

1. "Q-A-Fi + a-Fii-Fiii" 追问型问答对应

通过对语料的考察，发现 "Q-A-Fi + a-Fii-Fiii" 追问型问答对应在此领域会话问答对应中所占数量很多，这一问答对应是追问型问答对应的一个基础性结构。"Q-A-Fi + a-Fii-Fiii" 追问型问答对应是 "Q-A-F" 简短型问答对应的变体。其中 "Fi + a-Fii-Fiii" 是 "Q-A-F" 简短型问答对应中 "F" 的变体。在这一问答对应中，"Fi + a-Fii-Fiii" 是后续结构，其构成话语为 "Q-A-Fi + a-Fii-Fiii" 追问型问答对应的后续语。如 Drew & Heritage（1992）所认为的，"F" 的诸多变体是机构性话语中很值得研究的。这些变体反映出了此领域会话结构的复杂性、会话的互动性、会话的策略性。追问是这一问答对应的典型特征。在此领域会话中，"Fi + a" 语步是对 "A" 语步的进一步追问。"Fi + a" 语步就 "A" 语步某方面继续提出疑问，因此，本书将 "Fi + a" 语步称为追问语步。"Fi + a" 语步中的 "a" 表示追问语步的追问对象为其上一个语步。如 "Q-A-Fi + a-Fii-Fiii" 追问型问答对应中，追问语步 "Fi + a" 的追问对象为其上一个语步，即 "A" 语步。在此问答对应中 "Fii" 语步是对 "Fi + a" 语步的回应，是答话语步。"Fiii" 是 "Fi + a-Fii-Fiii" 后续结构中的后续语步。"Q-A-Fi + a-Fii-Fiii" 追问型问答对应充分体现出了此领域会话特征，问政的目的是要通过问答来解决问题，当 "Q" 语步的问话索取的信息量与 "A" 语步答话提供的信息量基本匹配时，为了使 "Q" 语步的问话得到更为全面、精准的信息，需要对 "A" 语步的答话进一步确认，就会出现追问的话语现象。因此，"Fi + a-Fii-Fiii" 后续结构中有通过追问达到确认的话语现象。这与前文提到的 Duncan & Niederehe（1974）认为后续语有需要简洁地澄清的话语现象相类似，但又有所不同。通过追问可以澄清一些事情，但通过追问更重要的是要确认一些问题的深层次的东西，确认事实、确认原因、确认责任、确认解决问题的措施等。追问型问答对应的其他类型，实际上都是在 "Q-A-Fi + a-Fii-Fiii" 追问型问答对应的基础上发展而来的。

"Q-A-Fi + a-Fii-Fiii" 追问型问答对应的特征可以从各语步持有者、"Fi + a" 语步的特征、"Fii" 语步的特征、"Fiii" 语步的特征这几个面来体现。

（1）各语步持有者特征

"Q-A-Fi + a-Fii-Fiii" 追问型问答对应的特征之一通过各语步的持有者

有所体现，具体如下：

表 3 - 7　"Q-A-Fi + a-Fii-Fiii"追问型问答对应各语步持有者情况①

各语步持有者	Q-A-Fi + a-Fii-Fiii 追问型问答对应数量
主—政—主—政—主	26
代—政—主—政—主	12
代—政—代—政—主	2
主—代—主—政—主	1
新—政—新—政—新	1
主—评—主—评—主	3
合计	45

通过表 3 - 7 可以看出"Q-A-Fi + a-Fii-Fiii"追问型问答对应各语步持有者特征为："Fi + a"语步主要为主持人所有，"Fii"语步主要是政府人员的语步，"Fiii"主要是主持人的语步。在这一结构中，一般由于政府人员在"A"语步的答话与"Q"语步的问话具有相关性，但仍需通过进一步确认"A"语步答话中的某些信息，从而获得更为全面、精准的信息，因而，主持人在"Fi + a"语步针对答话相关方面进行追问，追问促进政府人员在"Fii"语步的答话能够对"A"语步的信息进行相应的补充、提升、凝练，从而有助于"Q"语步获得更为精准、全面的信息。政府人员在"Fii"语步回答完后，主持人在"Fiii"语步表示话语接受、评论等。追问基本由主持人来进行而不是由问政代表进行，这一方面说明问政代表的话轮大部分不是由自选的方式得到的，另一方面说明主持人通过此种方式对问政的问题的方向、所获信息程度等进行把舵，从而使问题的回答方向明确、内容清晰到位。如例（66）：

（66）主：好，在群众代表发问之前，我插一下队哈，我先明确一个问题，问问某区长，这个事到底是（1s）该归咱区里筑建呢，还是该归街道？

政：应该说都有义务管理。

主：嗯，您说说这都有义务到底是怎么个义务？

---

① 表 3 - 7 中"主—政—主—政—主"指的是"Q"语步由主持人持有、"A"语步由政府人员持有、"Fi + a"语步由主持人持有、"Fii"语步由政府人员持有、"Fiii"语步由主持人持有的"Q-A-Fi + a-Fii-Fiii"追问型问答对应，其余的以此类推。

政：因为我们某区在旧城改造的领导体制上面咱们分两步在走，第一步，区成立了总指挥部，第二个，各个街道有分指挥部。区指挥部负责总体统筹和协调，街道指挥部负责具体的自己分管辖区的旧城改造的工作。

主：现在来看这个都有责任管理，结果变成了好像<u>都</u>不太管，这问题回去咱们得研究一下。（2018 年 3 月 30 日）

例（66）是由主持人和政府人员之间的会话构成的"Q-A-Fi + a-Fii-Fiii"追问型问答对应。政府人员在"A"语步中的答话"应该说都有义务管理"虽然回答了主持人在"Q"语步中的问题，但不是很具体，主持人认为需要对"都有义务"进行进一步确认。因而主持人进一步追问，通过追问，使政府人员对于区里和街道的具体义务回答得明晰化，从而使"Q"语步的问题究竟归哪管得到了更加精准、具体的信息，随后主持人在"Fiii"语步进行了评论，为政府人员解决相关的问题提供了参考。

（2）"Fi + a"语步特征

对"Fi + a"语步特征的考察可以从功能和构成两方面着手。

第一，"Fi + a"语步功能特征。

如前所述，在电视媒体问政类话题会话中，"Q-A-Fi + a-Fii-Fiii"追问型问答对应主要出现在对问政的相关问题进行追问的时候，"Fi + a"语步由于承担了追问的会话任务，因而其语步功能特征为追问。谢群（2013）将追问分为追问方式、追问内容、追问原因、追问时间等。借鉴谢群（2013）对追问的分类，本书根据"Fi + a"语步对"A"语步进一步追问的不同角度，可以将追问归纳为以下类型：

表 3 - 8 "Fi + a"语步追问类型

追问类型	追问事实	追问时间	追问方式	追问内容	追问人	追问原因	合计
数量	30	3	2	5	2	3	45

表 3 - 8 中，"Fi + a"语步追问类型共有六种，其中追问事实所占数量最多，这也反映出了问政时对于事实探究的重要性。"Fi + a"语步追问事实是指该语步对"A"语步的某些事实进行追问，"Fi + a"语步核心语相当于在问"……是……吗？""V 不 V……？"等。如例（67）：

（67）主：那请教⊥请教一下咱们的某局某处的负责同志哈，作为行管部门，我想问您两个问题。第一对刚才咱们物业公司同志的这种说法您是否认可? 他们是不是已经把应该要做能做的都做到了? 第二, 呃咱们来探讨一下, 物业公司在这个事儿里头, 有没有可能发挥更大的作用?

政: 呃---是这样啊, 呃---根据物业管理相关法规政策的规定啊, 呃物业服务公司呢它作为一个企业, 在小区里如果发生一些违规行为, 比如说呃---有违建行为或者是私自破坏绿地行为, 那么作为一个企业, 它没有执法权。呃按照法律规定呢, 它应该第一时间进行 (1s) 劝⊥劝止。劝止如果无效的话, 它应该及时地向相关主管部门报告, 由主管部门进行处理。

主: 也就是说您认为某物业的这个做法是已经尽到 [责任了]?

政: [对对], 跟法律规定是不相违背的, 嗯。

主: 嗯, 好…… (2016 年 6 月 27 日)

上例中, 在政府人员 "A" 语步中, 进行了关于物业公司做法是否合规的表述, 随后主持人针对 "A" 语步中关于物业公司是否合规这一事实进行进一步追问, 对物业公司的做法是否已经尽到责任进行确认。

"Fi + a" 语步追问时间是指对 "A" 语步的某些方面的时间进行追问, 相当于 "……多久?" "……什么时间?"。如例 (68):

(68) **代:** 呃, 方才看了一下电视短片, 感觉水源地的污染还是触目惊心的。但是看了一下某区政府那还是采取了一些措施, 那么但是从源头上呢, 还没有得到彻底的根治。我想问一下区委区政府下一步要采取哪些措施从源头上抓治理?

政: 这个可能话长一点啊。我们处于全某区 (……) 有一级保护区大约是 1900 公顷, 二级保护区是 6180 公顷, 整个某区 1667 平方公里都是准水源保护区。所以说我们某区对水源保护非常重视, 所以说这个这个任务任重而道远。我们开发区现在已经建了四个污水处理厂, 现在从一级 B 到一级 A, 现在正在升级改造⊥升级改造。另外呢我们对农村测土施肥, 按照农村这个农药治理这一块我们正在进行, 包括畜牧和各方面的我们都在进行。另外一个咧, 主要是我们对城区这一片我们正在进行规划⊥呃进行规划, 现在咧规划基本上是完毕的。另外一个今年咧我们对某河的上游一级保护区在 15 年五家采沙场全部进行了关闭, 今天我们又关闭了 19 家采沙场, 这都是水源地的保护呃行为。下一步的工作, 我们考虑呀就是 (……) 现在我们做了垃圾集体的清理。那么对农村下一步呢, 我们所有的农村我们先在 (……) 所有的乡镇我们建立了垃圾转运点, 就是说将来农村的垃圾都要做到村<u>收</u>集、镇<u>转</u>运、呃<u>区</u><u>处</u>理。这一块我们所有的镇包括过去的老的镇,我们都已经做了垃圾转运站。下一步我们彻⊥呃采取社会化服务的措施,然后嘞,由公司承包的行为,对我们全区的农村垃圾进行这个这个这个建立长效化的管理机制。(……)大约的资金呢,每年我们需要花一千万块钱对我们全区的农村垃圾进行整体的收治,这也包括了水源保护区,一级保护区,二级保护区,准保护区,都已经包括了,谢谢。

主: 村屯建立垃圾收集点哈,这是个非常关键的事,也是大家都在期待的。您说将来(1s)呃---问一句,这个将来是多久?

政: 这个我们这个---呃---⊥机制啊,刚才说农村的垃圾整体的清运机制,我们在三个月之内全部完毕,全部能完成。但是咧就是呢某河的治理这一块咧,我们想呢(……)包括整体的某河河道之内我们想呢就不让老百姓种庄稼了,全部种上芦苇、湿地荷花等等的一些普⊥普草。这样的话呢,(……)甚至包([bào])⊥包([bāo])括每一个小河流的支口,都让呢截取⊥截一半,然后咧形成一种湿地。这个污水经过这呢之后形成二次净化,这个我们考虑这个这个需要▲

主: ▼<u>好</u>▲

政: ▼上级政策的支持来完成。

主: 好,我们也期待能早一点看到一个跟刚才这个画面完全不一样的焕然一新的某区,好吗?那(1s)垃圾清理起来⊥面上垃圾清理起来相对比较容易哈,但是要根治包括您刚才说的村屯的垃圾处理的配套设施和机制这个是一个重中之重。……(2017年6月23日)

上例中,问政代表在"Q"语步问"区委区政府下一步要采取哪些措施",政府人员在"A"语步提出了一些措施,其中一个关键的措施是"将来农村的垃圾都要做到村收集、镇转运、呃区处理"。为了使措施能落到实处,主持人在"Fi + a"语步对"A"语步的这一关键措施的时间进行了追问。通过运用特指问话,索取了详细的信息,政府人员在"Fii"语步关于"村屯建立垃圾收集点"的具体时间进行了详细表述。主持人通过追问,使问政代表想问的"措施"不但内容得到细化,而且措施生效的时间得到了明确,从而使"Q"语步的问话获得了更为精准的信息。

"Fi + a"语步追问方式主要是指该语步对"A"语步某些内容实现的方式进行追问,"Fi + a"语步核心语相当于"怎么……?"。例如(69):

（69）**主**：好的，谢谢某某，我突然想起刚才这个片子结尾还有一个问题应该问一下在座的呃负责同志哈，某局的负责同志。刚才的那个厂子大家看到了，从厂区里排出来的水啊（1s）会染上颜色，按理说这种排放的情况是不是咱们要监管的范围？我问可能比那时候咱们群众代表问咱更主动一些。

政：所有的工业企业的排污，都是污染治理的重点。那么我们在审批这个项目的（1s）过程当中，都会规定这个企业它的排放标准是哪个标准，它的排放去向是哪些个去向。那么我估计啊，应该说根据现场画面的情况来看，我估计这个企业没有按照当时审批规定的排放去向去（2s）排放污水，也有可能存在。呃这些污水因为没有经过呃---正常的排污口排污，那么它的监测数据没有⊥就是说现场的在线监测数据没有反映它真实的排污的情况。那么这块的水我⊥我认为也会是超标排放，而且是属于非常严重的违法排污情况。

主：＝怎么办呢？

政：我们一定认真地啊调查取证，然后进行严肃的处理。

主：希望您这多主动一些，咱们大家伙就都不那么被动了，好，期待。……（2016 年 9 月 26 日）

上例中，主持人在"Q"语步中问"按理说这种排放的情况是不是咱们要监管的范围？"目的是想索取关于监管情况的信息。在"A"语步中，政府人员重点回答了企业出现的问题，涉及监管情况的很少，因而主持人在"Fi＋a"语步针对"A"语步中关于企业出现问题政府监管方式方面进行追问，提出"怎么办呢？"。主持人通过追问，使政府人员在"Fii"语步作出承诺，要实施及时有效的监管手段，促使了这一问题解决的进度。

"Fi＋a"语步追问内容是指对"A"语步的某些具体内容进一步追问，相当于"……多少？""什么……？"等。如例（70）：

（70）**代**：请问一下某县长，咱们某地目前还有多少个村屯和农户没有喝到这种健康的深井自来水？下一步呢，刚才这个短片反映出这么多问题，下一步咱们县里、县政府采取何种措施？能够在什么时间彻底解决？

政：嗯先回答你第一个问题。这个---实际上国家饮水安全战略工程呢是从（……）开始，大概我们现在⊥我们现在做到百分之九十三四吧，这个村屯全部是用上这种机井水，还有一部分没用上。这一部分没用上的是当时，因为这个实施这个工程的时候是需要全体村民签字认可。所以"十三五"规划国家这个政策就改了，就是改成主要帮助扶贫村⊥贫困村。但是对这部分群众，我们是做了，原来国家的政策是国家拿百分之九十的经费，地方配套百分之十，现在"十三五"之后，是国家只拿百分之十，我们拿百分之九十。对这些村我们正在逐一制订计划，逐一打机井。而且这个东西跟⊥为什么刚才我说它有些问题，就是按照现在新的政策，要进行水资源论证，水线在哪儿，水资源有多少，水质合不合格，所以这个我们要进行科学论证、安排计划、逐一解决。

主： 嗯，看来您这是有整个一盘棋的哈。刚才提到这个工程已经覆盖了百分之九十三四，但是像刚才这种情况，在这百分之九十三四里头大概会占到多少？您---了解的情况是。

政： 这里头呢一个就是有一部分设备老化，刚才我讲，2008 年之前我们有 260 处设备已经开始老化，这一部分需要县里来筹集资金解决。这个第二个就是有一部分呃---（1s）这个水质它是这样，机井打完之后，因为某地打的机井（……）之后，到一定时候由于各种原因它水⊥水量就没有那么大了，它会形成客水，客水的水质很难保证。所以这里呢，既有我们监管的问题，也有说实话面源污染的问题。

主： 嗯，看来这更加不是一个工程建完就能解决的问题哈。……（2017 年 3 月 24 日）

上例中，在问政代表的"Q"语步里问"咱们某地目前还有多少个村屯和农户没有喝到这种健康的深井自来水？"，在"A"语步中，关于这方面回答的内容只涉及了"还有一部分没用上"，但没具体说。因而，主持人在"Fi＋a"语步中对"A"语步"还有一部分没用上"这一内容进行追问，追问视频的情况"在百分之九十三四里头大概会占到多少？"。主持人通过追问，使视频的情况在政府人员提到的百分之九十三四里头又得到具体化，问政内容得到深究，使"Q"语步问话所需信息更加全面、具体。所谓"对症下药"，问题剖析得越清楚，相应的策略越有效。

"Fi＋a"语步追问人主要是指该语步对"A"语步某些方面涉及的人进行追问，"Fi＋a"语步核心语相当于"谁……?"。如例（71）：

（71）**主：** 也就说刚才那个养殖场是不在您的掌握之内的，（1s）但理论上它是应该在您的掌握之内的？

政：＝对，这个也⊥我们某系统的人今天也在观看我们这个节目，我也希望我们的监管员明天立即到现场踏查，核实情况。如果是 2000 头以上，那我们要立即下整改通知书，然后根据情况，呃再进行处理。

主：嗯，其实我还有个好奇的哈，呃 500 头以上咱们就可以管了，那 500 头以下怎么办呢？谁来管？

政：由属地政府和相关部门来管理。这是我们 12 年省政府办公厅发的畜禽养殖的指导意见规定的。

主：啊，那这个担子又压到了您身上了，不怕把区长给压垮了哈。……（2017 年 6 月 23 日）

上例中，主持人在"Fi＋a"语步对"A"语步中，关于畜禽养殖的数量决定由谁来管的部分进行追问，提出"500 头以下谁来管"，通过追问，问出了畜禽养殖管理者的权责划分，问出了事情解决的出路，对"A"语步的信息进行了补充。

"Fi＋a"语步追问原因是指对"A"语步的某些情况的原因进行追问，相当于"为什么……?"。如例（72）：

（72）**主**：监管有没有发现他忘记设计这个排水涵管了？

政：呃---发现了。

主：发现了为什么问⊥还就那么修下去了？

政：因为它这个路已经修的时候吧，因为它这个大家可能看着了它是一个山坡儿下面的一个路儿。山坡⊥上面有个坡，呃---它这个水呢按照正常来说，现在应该能排出去。有⊥有五处，现在我们已经整改了，就是下涵管儿之后，它完全可以排出。我们＞已经整改完了＜。

主：啊，呃我们去采访的时候还没有，可没两天儿呀。（2019 年 4 月 4 日）

上例中，在"Fi＋a"语步中主持人针对"A"语步政府人员说"发现了"对其原因进行追问，主持人通过进一步追问，挖掘出了"发现忘记设计排水涵管还修下去"的深层次原因，从而使这一问题的真实情况逐步得以展示，使"Q"语步问话得到了相对全面的信息。

第二，"Fi＋a"语步构成特征。

"Fi＋a"语步是由问话构成，通过对语料的考察发现，此语步主要是由单式问话构成，很少由复式问话构成，因为追问一般有明确的目的，追问的对象范围不大，因而单式问话足以实现追问的功能。具体如下：

表3－9 "Fi＋a"语步单式问话类型

单式问话	追问类型						合计
	追问事实	追问时间	追问方式	追问内容	追问人	追问原因	
特指问话	0	4	2	3	2	2	13
是非问话	19	0	0	0	0	0	19
正反问话	6	0	0	0	0	0	6
附加问话	3	0	0	0	0	0	3
选择问话	0	0	0	0	0	0	0

通过表3－9可以看出，在电视媒体问政类话题会话中，"Q-A-Fi＋a-Fii-Fiii"追问型问答对应中的"Fi＋a"语步构成特征为主要由是非问话构成，特指问话也是构成追问语步的重要问话类型。具体来看，"Fi＋a"语步追问事实时一般用是非问话，偶尔用正反问话对"A"语步的某些事实进行追问。是非问话和正反问话都是对答话限定性比较高的问话，答话者自由度低，问话索取的信息量少。"Fi＋a"语步用是非问话或正反问话锁定"A"语步的某些事实进行追问，以确认事实、获得更为精准的信息，此类型追问并不需要索取过多的信息，对答话控制力强。"Fi＋a"语步对"A"语步追问时间、方式、内容、人、原因时，用的都是特指问话。一方面是由于特指问话的核心语中的疑问代词及由它组成的短语如"谁、什么、怎样、为什么"等更适合对"时间、方式、内容、人、原因"进行发问。另一方面，这一问话的持有者疑问度高，因而需要索取相对多的信息，对答话的支配力小，给答话者的自由度高，尤其是对"方式、内容、原因"的追问需要相对详尽的信息，使用特指问话可以使答话者提供相对丰富的信息，从而有利于通过追问深究问题的本质，找准问题的根儿，使问政落到实处。

在一些对电视媒体谈话类会话、法庭问答会话、商务谈判会话等的研究中，"Fi＋a"语步很多时候在结构上是对前一语步的重复，但在考察本书的语料后发现，电视媒体问政类话题会话里的"Fi＋a"语步在结构上虽然会复现前一语步中的一些词语，但很少重复前一语步。如例（70）"Fi＋a"语步中的"百分之九十三四""工程"等词语就是复现"A"语步中的词语，但"Fi＋a"语步在结构上并没有重复"A"语步，只是针对"A"语步的部分内容通过重新组织话语进行追问。在此领域会话中，"Fi＋a"语步重复"A"语步的例子少之甚少。如例（73）：

（73）**主**：……呃，有没有罚款，我再补充问一下，有没有罚款？

政：有，迄今为止我们罚了一千多元。

主：一千多块钱？

政：对。

主：好，请坐。……（2018 年 12 月 28 日）

例（73）中，主持人"Fi＋a"语步中的"一千多块钱"就是对政府人员"A"语步中"一千多元"的重复，具体来说属于部分重复。因此可以看出电视媒体问政类话题会话与一些电视媒体谈话类会话、法庭问答会话以及商务谈判会话的不同之处。电视媒体谈话类会话、法庭问答会话、商务谈判会话中，通过"Fi＋a"语步对答话的重复，"Fi＋a"语步主要具有传达对"A"语步内容表示疑惑、没有想到，进而要求对方再证实一下，强调"A"语步中的答话等功能。而在电视媒体问政类话题会话中，"Fi＋a"语步大部分是从不同角度对"A"语步某些方面的追问，因为追问大部分需要重新组织语言、句式，从不同的角度发问，因而重复的表达少。同时，在此领域会话中，"Fi＋a"语步通过追问具有深究问政相关问题的根源、对问政相关问题不同方面进行确认、从多角度展露问政相关问题本来面目，获得更为精准、全面的信息的功能。

（3）"Fii"语步的特征

在"Q-A-Fi＋a-Fii-Fiii"追问型问答对应中，"Fii"语步是对"Fi＋a"语步的回应，是"Fi＋a"追问语步的答话语步，其特征是一般话语量相对较多。在法庭问答会话和商务谈判会话中，一般"Fii"语步的话语量是很少的，而在电视媒体问政类话题会话中，在"Fi＋a"语步追问后，"Fii"语步对追问的问题进行回答，需要答话者提供的信息与问话贴合度高、精准度高、深度性强，这样才能满足追问者的信息需求，才能够把问题阐释清楚，因而话语量也随之增多。如例（74）：

（74）**代**：我还想问一下某区的领导。嗯---拆迁哪，这个条件是个大难题。呃---以后⊥说到后来的少数的条件很高，那么我们有没有解决这个问题的办法呢？我想听一听，请领导讲一讲。

政：我想啊应该从以下几个方面入手：第一个方面还是要加大宣传。刚才我已经说过了，我们为什么要搞这个工程项目，让老百姓知道，所以说啊赢得他们的信任、理解和支持。第二呢，我们进行啊⊥我们要进行包保。就是啊（……）我们的干部，包括我们的村组干部包括部门干部真正地深入到群众中去哎。跟他们把这件事说明白，保障他们的合法权益和正当诉求，（……）对拆迁有一个⊥有一个标准的答案，知道他们在拆迁的过程中哪些该得，哪些不该得，我们在某些事情上不能让他们吃亏。第三个如果<u>真的碰到了钉子户或者是高额索要</u>和我们的评估价格相差甚远，我们最后啊就要用法律的武器依法征拆。通过法院判决，强制执行保障我们的<u>工程进度</u>。

主：嗯，我想问一句刚才您提到的这些办法，在片子里头（1s）列举的这个地方都用到了吗？

政：前几个方法啊我们已经用到了，真是跑断了嘴⊥腿磨破了嘴，但是依然我们的评估价格和他索要的金额差距太大。那么下一步我们只能走<u>依法征拆</u>的渠道，在这个过程中啊可能需要一个时间，但是我想啊只要我们共同努力，只要有各个部门的大力支持，我想这项工作一定能够取得一个很好的结果。在今年年底之前，我想啊一定能保证工程的顺利推进。

主：嗯，其实刚才片子里提到的呃---有不少重点工程节点都在某区，区里的压力可能也是非常大。但我想其实不光是某区，很多地方都是这样在工作中承担的东西越多，可能碰到的难题，需要解决的难题就越多。这可能就更加需要（1s）区里某区长勇于担当、勇为人先了。……（2016年9月26日）

在例（74）中，问政代表在"Q"语步提出了"有没有解决片子里出现的这些问题的办法"，政府人员在"A"语步回答出了三个办法，主持人在"Fi＋a"语步中追问了"这三个办法在片子里列举的这个地方用了吗"。在"Fii"语步，政府人员就主持人追问的问题对这三个办法运用的情况进行了详细、深入的解释，进一步指出了这三个办法使用的条件和即将采取的措施，这样的阐述相应地需要较多的话语量。"Fii"语步充分的答话使片子里出现的问题到底采取何种措施有效，经过深入追问，提供了详细、具体的信息，使"Q"语步问话的疑问点得到消除。

（4）"Fiii"语步的特征

在"Q-A-Fi＋a-Fii-Fiii"追问型问答对应中，"Fiii"语步作为"Fi＋a-Fii-Fiii"后续结构中的后续语步，与"Q-A-F"结构中的"F"后续语步差不多，主要包括表示接受、评论、评价、希望的后续语。如例（75）：

（75）主：好，那这个---已经看到呃片子里的这种情况大家可能都会有各种各样的疑问哈。其实还有一个问⊥疑问，尤其是某局长回答完之后可能更加凸显了。想问问区长，刚才这样的井，打了那么长的时间，好几年了，它通过验收了吗？

政：这个井啊？我们的井呢，刚才某局长说了，大体几个渠道。都是政府投资的（1s）建的，都是通过验收的，＞［哎这是没］问题的＜。

主：［也就是说］

主：刚才像这样，不正常的、出水量很少的，也没有通过电的井，都已经通过了验收？

政：所有的这⊥这个政府投资的井，必须通过验收。啊验收完以后，交给乡村进行管理。

主：嗯，好，看来还有很多问题需要我们慢慢来理清哈。咱们继续往下来看，看看在某县发现的---情况。某县的---某村，二十口抗旱井建了两年，但是呢却呃没有办法正常使用。眼看着干旱，村民很着急，嘴上起泡，但是呢还找不着人，来看看什么情况。（2018 年 7 月 6 日）

例（75）中，主持人在"Fiii"语步中，先用话语"嗯，好"表示对政府人员的话语的接受，之后用"看来还有很多问题需要我们慢慢来理清哈"对政府人员的话语进行评论。这些后续语使得"Fiii"语步成为"Fi + a-Fii-Fiii"这一后续结构中的后续语步。之后的"某县的某村，二十口抗旱井建了两年……来看看什么情况。"是对"Fiii"语步之后的语步有启动功能的话语，因而有时"Fiii"语步既是"Q-A-Fi + a-Fii-Fiii"追问型问答对应中后续结构的后续语步，同时又是后一语步的启动语步。

在电视媒体问政类话题会话中，"Q-A-Fi + a-Fii-Fiii"这一追问型问答对应结构大量存在，由此可以看出，追问是电视媒体问政类话题会话典型特征之一。对问政相关问题追根究底地发问，使疑惑得以解开，问题本源得以揭示，沟通得以顺畅，所需信息得以满足，会话效率得以提高。此领域会话之所以出现追问这一话语现象，并非由所答非所问造成的，主要是由会话的问政性决定的。对于问政的相关问题不是问一问就完成会话任务，而是对于关乎民生的这些问题通过"问"来达到切实解决问题的目的，要能问出事实、问出思路、问出办法、问出实效，是真问、真改、真落实，因而在这一会话领域，出现了以追问为特征的多语步构成的问答对应结构。追问型问答对应的其他类型，实际上都是在"Q-A-Fi + a-Fii-Fiii"追问型问答对应的基础上发展而来的。

2. "Q-A/Q-A-Fi + a-Fii-Fiii"追问型问答对应

这一问答对应类型由六个语步构成，是此领域会话的特色问答对应类型，是"Q-A-Fi + a-Fii-Fiii"追问型问答对应的扩展，区别在于这一追问型问答对应多了一个"A/Q"语步，这是挑战语步，这一语步为主持人所有。在这一追问型问答对应中，构成挑战语步"A/Q"的话语与构成"Q-A/Q-A"简短型问答对应中"A/Q"挑战语步的话语差不多，主要包含表示衔接、分配话轮、提醒这些话语现象。在后续结构"Fi + a-Fii-Fiii"中，"Fi + a"是追问语步，"Fii"是答话语步，"Fiii"是后续结构中的后续语步。这一追问型问答对应主要在电视媒体问政类话题会话中对问政相关问题进一步追问时出现。如例（76）：

（76）**代：**三个问题啊：一，那我们这个路的使用寿命期是几年？第二个问题，那我们看到短片儿了，那么重修以后道路还是依然这样破损，那么里边存在一个什么样的问题？第三个，这是一个什么样的问题？

主：嗯，问题里头套着问题啊。

政：好，呃这一块儿呢，我---去年哪老百姓⊥我是去年六月三号到的某区工作的。老百姓呢围绕这个问题给我（1s）呃---⊥上过访，对他们进行过答复。这块儿路呢，确确实实 2004 年修过一次，主要是挨着这个某河（1s）呃---⊥运输砂的问题，这个超⊥超载造成的。2012 年左右有民营的老板自行进行了（……），和砂场的老板⊥我⊥我修完这个之后，（……）修⊥运砂的这些人儿给我出运费，收⊥对他们收⊥呃收取一定的费用。当然了这个修的质量不是很好，所以说呢现在看就是效果不是很好。呃---我这⊥因为这个问题呀比较复杂，我记下它，砂［场］

主：［呃我］插一句，咱把复杂的问题简单一点，这个修路到底是咱政府的事儿还是私人老板的事儿？

政：好，应该是政府的事儿。这个去年呢，主要呢针对这一原因呢，我们对砂场进行了打击，联合公安、交通这个---交警、呃---公路相关部门啦，取缔了非法采砂场。同时呢投⊥政是⊥区政府啊，投资 70 万元，建设了 17 个限高墩，啊把老百姓这个⊥这是我们实施的第一步。今年对这一块儿路块儿，我们已经列入了计划。这一块儿路呢大概是 12 公里，大概嘞每公里修路的成本价格是 44 万，投资是接近 500 万。这一块儿我们今年给老百姓哎十月（……）<u>修筑完毕</u>。

主：好，来有请媒体代表发问。（2017 年 3 月 24 日）

上例中，问政代表在"Q"语步提出了三个问题，主持人在"A/Q"语步指出"问题里头套着问题"，间接地在提醒政府人员问题的形式以及在回答时不要遗漏问题，政府人员在"A"语步对问题进行了回答。随后主持人在"Fi＋a"语步针对"A"语步中政府人员提到的关于民营老板修路的情况进一步追问，政府人员在"Fii"语步对其回应，指出修路是政府的事儿，进而提出相应的措施，从而有关道路破损的相关问题通过追问，其原因、措施等清晰呈现。最后主持人在"Fiii"语步中用"好"表示话语接受。

"Q-A/Q-A-Fi＋a-Fii-Fiii"追问型问答对应的特征为：首先，通过对语料的统计发现，"Q"是问政代表的语步，"A/Q"是主持人的语步，"A"是政府人员的语步，"Fi＋a"是主持人的语步，"Fii"是政府人员的语步，"Fiii"是主持人的语步，通过各语步会话者的角色可以看出，此追问型问答对应中问政代表提出问题后，仍是主持人进行追问，最后由主持人收尾，体现出了主持人对会话环节的掌控力。其次，主持人在"Fi＋a"语步中使用的都是单式问话，说明在此种多语步的结构中，主持人在追问时尽量使用简单的问话，一是受到会话时间的限制，二是尽可能使问话重点突出，简明扼要。最后，"Fi＋a"语步出现的追问类型有：用选择问话、是非问话、正反问话追问事实；用特指问话追问内容、方式、原因。这与"Q-A-Fi＋a-Fii-Fiii"追问型问答对应中的"Fi＋a"语步追问类型基本相同，其中不同的是在"Q-A-Fi＋a-Fii-Fiii"追问型问答对应中，"Fi＋a"语步的问话类型里没有选择问话，而在"Q-A/Q-A-Fi＋a-Fii-Fiii"追问型问答对应中，"Fi＋a"语步问话类型中出现了一个用选择问话追问事实的情况。运用选择问话追问是由于选择问话中有可供选择的部分，因而支配力不太强，答话者的自由度相对高些。

3. "Q-A-Fi＋a-Fii-Fii＋a-Fiii"追问型问答对应

这种类型的问答对应由六个语步构成，一般出现在电视媒体问政类话题会话中关于问政的一些问题的不断追问中，在后续结构"Fi＋a-Fii-Fii＋a-Fiii"中，"Fi＋a"语步作为追问语步是对"A"语步某些方面进一步追问，

"Fii"语步是对"Fi＋a"语步的回应，是答话语步。由于一些相关问题还需进一步深究确认，因而由"Fii＋a"语步对"Fii"语步的某些方面进一步追问，"Fii＋a"也是追问语步，随后由"Fiii"语步回应"Fii＋a"语步，"Fiii"语步是答话语步。这一结构可以看作是"Q-A-Fi＋a-Fii-Fiii"追问型问答对应结构的扩展，但不同的是"Q-A-Fi＋a-Fii-Fii＋a-Fiii"追问型问答对应结构中的"Fiii"语步不是后续结构中的后续语步，而是后续结构中回应"Fii＋a"语步的答话语步。如例（77）：

（77）**代**：2010 年某市政府曾有一个<u>特许</u>经营，某市长签的。特许经营的企业，就是供热企业监管条例，其中有这么一条，这个条例叫你们监管部门<u>定期</u>对这些企业进行监督检查，你进行监督检查了吗？

政：好，我来回答这个问题，首先这个<u>特许</u>经营办法 2010 年建立，今年已经废止啊，刚刚上政府常务会⊥啊市政府常务▲

主：▼＞什么时候废止＜？

政：呃---刚刚上⊥上个月刚上的某市市政府的常务会。

主：＝也就是说，从 10 年到上个月之前它都是＞生效的＜？

政：它是生效的啊。我先来回答，那么现在它已经废止了。那么接下来我回答在这个期间做了些什么啊。那么特许经营，某市供热企业一共有 73 家⊥到现在有 73 家，以前更多。那么从<u>10 年</u>制定这个办法到现在，这期间<u>签订</u>特许经营的只有 8 家⊥只有 8 家。为什么出现这个情况，我们原来设想用特许经营的办法来约束、规范这个供热企业的行为，而且划清供热企业彼此之间的这种边界。但实际在运行当中，由于某市的供热格局已经基本形成啊，各个供热企业之间的边界出现（……），那么用特许经营的办法来限定企业之间的这种边界，不生效了，没有实际的意义。而特许经营<u>一旦</u>建立，刚才您提到了退出机制的问题，实际上特许经营恰恰是对退出机制的一种约束。因为它签订之后（……），那么我们废止它的一个主要原因就是它积极的作用起到的有限，没有达到我们原来的预想，但是反倒带来了我们意想不到的问题。我们未来的解决方向还是着力于要建立这种退出机制，那么特许经营可以说是我们迈出⊥<u>废止</u>特许经营可以说是我们迈出的第一步，好我回答完了。（2016 年 12 月 19 日）

上例中，问政代表在"Q"语步提出"政府部门对供热企业进行监督检查了吗"，政府人员在"A"语步进行了回应，主要指出规定政府部门对供热企业进行定期检查的特许经营办法已经废止。为了确认这一重要信息，主持人随即打断政府人员的话语，在"Fi＋a"语步对"A"语步中"特许经营办法废止的时间"进行追问，政府人员在"Fii"语步进行了回应，指出时间为"上个月"，随后主持人对这一时间进一步进行确认，在"Fii＋a"语步对"Fii"语步中的"上个月特许经营办法废止"这一事实进行追问。通过第二次追问，政府人员的回答逐层深入、详细，"Fiii"语步是回应"Fii＋a"语步的答话，运用大量话语对特许经营办法废止及废止之前的一些情况作了详细说明。主持人的两次追问，使"政府部门对供热企业是否定期进行监督检查"这一问题得到了充分的信息，从而这一问题的疑问点得以消除。

　　"Q-A-Fi＋a-Fii-Fii＋a-Fiii"追问型问答对应的特征为：首先，通过对语料的统计，"Fi＋a"追问语步和"Fii＋a"追问语步主要由主持人所有，"Fii"语步和"Fiii"语步均由政府人员所有，说明在此领域中，主持人的会话任务之一是通过向政府人员追问，深究问题根源、多角度呈现事实，使答话所提供的信息尽可能全面、精准，与问话的相关度高，以此有助于消除问话的疑问点，提高问政的效率。其次，本书还发现在这一结构中，"Fi＋a"语步的问话类型为单式问话中的特指问话和复式问话中的特特式问话；"Fii＋a"语步的问话类型主要是单式问话中的是非问话和复式问话中的特正式问话。由此说明此问答对应在两次追问时采用了由松到紧的问话方式，追问的范围逐渐缩小，从而得到精准的信息。最后，在追问类型方面，此结构"Fi＋a"语步出现了用单式问话中的特指问话追问时间、内容、原因、方式，"Fii＋a"语步出现了用单式问话中的是非问话追问事实，这与"Q-A-Fi＋a-Fii-Fiii"结构中"Fi＋a"语步的追问类型基本相符合。

4. "Q-A-Fi＋a-Fii-Fii＋a-Fiii-Fiiii"追问型问答对应①

　　这一追问型问答对应由七个语步构成，这种多语步的追问型问答对应是电视媒体问政类话题会话的特征之一，同时体现出了此领域会话结构的多样性以及复杂性。这一结构实际是"Q-A-Fi＋a-Fii-Fii＋a-Fiii"型问答对应的

---

　　①　"Q-A-Fi＋a-Fii-Fii＋a-Fiii-Fiiii"追问型问答对应中，"Q"是问话语步，"A"是答话语步，"Fi＋a"是对"A"语步的追问语步，"Fii"是对"Fi＋a"语步的回应语步，是答话语步，"Fii＋a"是对"Fii"语步的追问语步，"Fiii"是对"Fii＋a"语步的回应语步，是答话语步，"Fiiii"是"Fi＋a-Fii-Fii＋a-Fiii-Fiiii"后续结构中的后续语步。

扩展，与其不同的是，后续结构"Fi + a-Fii-Fii + a-Fiii-Fiiii"中多了一个"Fiiii"后续语步，这一语步包括接受、评论、评价等话语现象。例如(78)：

（78）**主**：嗯那某局的某局长我想请教一下啊，关于这个抗旱井的后续的呃---管理、维护、使用，这个责任主体到底是谁？包括咱们刚才某市长说的这个制度的不健全，不健全到底在哪儿？

政：它是这样，每眼井成井以后都要移交给当地<u>村</u>和组来进行管理。因为这个你市里边、乡里边距离都远，哎所以这必须得移交给呃---个（……）甚至<u>个人</u>都可能⊥哎就<u>承包人</u>都可能。然后呢一旦发生旱情的时候，他不但浇<u>自己</u>家的地，然后附近的周边村民也可以用他的水，但是有偿服务。(1s) 是这情况。

主：移交完之后，乡里、市里、区里还管吗？

政：哎有监管权⊥有监管权。

主：有监管的责任吗？

政：=有责任⊥有责任。

主：好……（2018 年 7 月 6 日）

上例中，主持人在"Q"语步的问话中，有一个问题"这个责任主体到底是谁？"，政府人员在"A"语步提到了"每眼井成井以后都要移交给当地村和组来进行管理"。由于责任主体还不是很明确，进而主持人在"Fi + a"语步对"A"语步这部分事实进行追问，政府人员在"Fii"语步进行了回应，指出乡里、市里、区里有监管权。此时距离弄清责任主体还差一步，主持人在"Fii + a"语步进一步对"Fii"语步的"有监管权"这一事实追问，政府人员在"Fiii"语步的答话表明乡里、市里、区里有监管的责任。主持人在"Fiiii"语步用"好"表示话语接受。通过两次追问，获得了更为精准、详细的信息，抗旱井后续管理、维护、使用的责任主体是谁的问题彻底厘清，消除了问题的疑问点，问政的效果落到了实处。

"Q-A-Fi + a-Fii-Fii + a-Fiii-Fiiii"追问型问答对应特征：后续结构中的后续语步"Fiiii"由主持人把持，追问依然由主持人来进行，主要运用的问话类型为单式问话，"Fi + a"语步用是非问话追问事实，用特指问话追问方式、内容，"Fii + a"语步用是非问话追问事实，用特指问话追问时间、原因，与"Q-A-Fi + a-Fii-Fiii"追问型问答对应中追问的类型基本相符。在

"Q-A-Fi + a-Fii-Fii + a-Fiii-Fiiii" 追问型问答对应中，"Fi + a" 语步和 "Fii + a" 语步大部分使用是非问话进行追问，说明此结构在追问时对答话的支配力大，使答话可选择的范围小，从而相对快速地得到有效答话。

5. "Q-A-Fi + a-Fii-Fii + a-Fiii-Fiii + a-Fiiii-Fiiiii" 追问型问答对应

"Q-A-Fi + a-Fii-Fii + a-Fiii-Fiii + a-Fiiii-Fiiiii" 追问型问答对应由九个语步构成，这一结构主要出现在对问政相关问题的多次追问中，是 "Q-A-Fi + a-Fii-Fii + a-Fiii-Fiiii" 型问答对应的扩展，与之相比，"Q-A-Fi + a-Fii-Fii + a-Fiii-Fiii + a-Fiiii-Fiiiii" 型问答对应多了一次追问，由三次追问构成。第一次追问为 "Fi + a" 语步对 "A" 语步某些方面进一步追问，"Fii" 语步回应 "Fi + a" 语步；第二次追问为 "Fii + a" 语步对 "Fii" 语步某些方面的追问，"Fiii" 语步对 "Fii + a" 语步进行回应；第三次追问为 "Fiii + a" 语步对 "Fiii" 语步某些方面进一步追问，"Fiii + a" 语步是追问语步，"Fiiii" 语步是对 "Fiii + a" 语步的回应，是答话语步；最后，由后续结构中的后续语步 "Fiiiii" 表示话语接受、评价、评论等。如例（79）：

（79）主：您好，呃8月份查处完之后对它是怎么处理的？

政：是这样的，呃---这个案件呢在---16年的8月（1s）29号，我们会同某食品稽查，还有咱某派出所，对这起这个---非法加工毛蛋实蛋呢进行了依法查处。我们在现场呢就异地查封扣它⊥它的用于生产的原料以及用于加工生产的设备。然后呢，我们对这家这个---黑加工点进行了立案查处，现在已经结案。另外呢，在⊥因为（1s）这家呢做了▲

主：▼当时---查完之后是停了？

政：停了［取缔］

主：［呃之］后咱们还去过吗？

政：我们曾经<u>至少</u>三次，而且我们（……）行政执法之余，在检查其他生产企业或者是工⊥<u>路过</u>的时候我们就（1s）都看了，因为我们的执法之余都是有录像的。但是这家是什么情况呢？大门紧锁，包括第一次我们在进入现场的时候就大门紧锁。当时都得叫了15分钟时间▲

主：▼之后的三次进去过吗？

政：没有进去过，因为这个没有公安人员的配合，我们对破门而入的事儿还是很谨慎的。

主：好，请坐。……（2016年12月19日）

上例中，主持人在"Q"语步提出问题："8月份查处完之后对它是怎么处理的？"，政府人员在"A"语步进行了回应。由于视频反映出来的情况是黑加工点被查处过，3个月后又开始生产，因而主持人在"Fi＋a"语步对"A"语步政府人员提到的"对黑加工点进行了立案查处，现在已经结案"的事实进行了第一次追问，政府人员在"Fii"语步进行了回应，指出"停了"，可停了为什么3个月后又开始生产？因而主持人在"Fii＋a"语步对"Fii"语步中的"停了"这一事实进行第二次追问，政府人员在"Fiii"语步对"Fii＋a"语步进行了回应，表明"至少去了三次"。随后主持人对"Fiii"语步中的"至少三次"这一事实进行第三次追问，政府人员在"Fii-ii"语步表明"没有进去过"。最后，主持人在"Fiiiii"语步表示了话语接受。通过三次追问，使"8月份查处完之后对它是怎么处理的？"这一问题得到深究，获得了详尽、有效的信息，得到了清晰的答案。

"Q-A-Fi＋a-Fii-Fii＋a-Fiii-Fiii＋a-Fiiii-Fiiiii"追问型问答对应特征：首先，这一结构充分体现出了电视媒体问政类话题会话中"追问"这一典型特征。其次，这一问答对应结构在本文语料中均出现在主持人与政府人员的会话中，三次追问都是由主持人来进行的，后续结构中的后续语步"Fiiiii"由主持人所有，这也体现出主持人的身份既是会话的组织者也是会话的调控者，同时，追问是主持人进行会话调控、获取问政相关信息、提高答话与问话相关度的重要手段。再次，追问使用的问话类型主要为单式问话，其中"Fi＋a"语步用是非问话追问事实，用特指问话追问原因；"Fii＋a"语步用是非问话追问事实，用特指问话追问时间；"Fiii＋a"语步用是非问话追问事实，用特指问话追问内容。这三个语步的追问类型与"Q-A-Fi＋a-Fii-Fiii"追问型问答对应中的追问类型基本相符。通过对这三个语步的追问类型的总结，可以看出"Q-A-Fi＋a-Fii-Fii＋a-Fiii-Fiii＋a-Fiiii-Fiiiii"追问型问答对应主要使用是非问话进行追问，是非问话能够使追问问得更加精准、更加有效。

在本书的语料中还发现了"Q-A-Fi＋a-Fii-Fii＋a-Fiii-Fiii＋a-Fiiii-Fiiii＋a-Fiiiii-Fiiiii＋a-Fiiiiii-Fiiiiii＋a-Fiiiiiii-Fiiiiiii"追问型问答对应，这一问答对应结构出现了六次追问，分别出现在追问语步"Fi＋a""Fii＋a""Fiii＋a""Fiiii＋a""Fiiiii＋a""Fiiiiii＋a"中。这种追问型问答对应结构在本书语料中虽只出现过一次，但是这也充分体现出了追问作为电视媒体问政类话题会话的典型特征。此领域会话的主要任务是通过问政来解决关乎民生的一些问题，使问政的成果能够落到实处，而问题的解决需要逐层深入地提问、探讨、沟通，追问起到了关键作用。通过追根究底地问，获得了充足、具体、精准的信息，提高了答话与问话的吻合度，问题的根源得以展露出来。

（三）重问型问答对应

在电视媒体问政类话题会话中，有时回答者会出现的所答非所问的情况，这时为了获得准确信息，会话者会进行重问，由重问形成的问答对应本书称之为重问型问答对应。此领域会话中重问是指对于之前问话或问话的某些方面通过重述再一次发问。于国栋（2008）认为，"重述指的是讲话人用不同的词汇或句子结构重新表达自己的思想"。本书赞同于国栋（2008）关于"重述"的界定。为了解决会话中的所答非所问，进而出现了重问型问答对应。此领域会话中出现的次数较多的重问型问答对应有"Q-A-Qa-An-F"重问型问答对应、"Q-A/Q-A-Qa-An-F"重问型问答对应。这两个结构中的"Qa"语步为重问语步。这两个重问型问答对应是此领域很值得研究的结构，因为对这两种问答对应结构的研究有助于提高答话与问话的相关性。

1．"Q-A-Qa-An-F"重问型问答对应

这一重问型问答对应是由五个语步构成。由于"A"语步没有准确回答"Q"语步的问题，因而"Qa"语步通过对"Q"语步问话或问话某些方面的重述，进行重问，"Qa"语步为重问语步，"An"语步是针对"Qa"重问语步进行回应的答话语步，"F"为后续语步。"F"后续语步与"Q-A-F"简短型问答对应中的"F"后续语步差不多，主要包括表示接受、评论、评价、希望的后续语。如例（80）：

（80）**代**：那个监管的人员负什么责任了呢？

政：今天的这个片子呢，从某种角度来说也给我们提供了线索和证据。我们回去之后呢一定责成我们的呃局的某委（1s）进行认真的调查和了解。请相信，我们不会冤枉好人、老实人、奉公守法、勤勤恳恳工作的人，但也不会放过（1s）失职、渎职、营私舞弊的人。

主：嗯，我▲

政：▼应该说我们新的某局成立两年多的时间，我们系统已经开除了两名职▲

代：▼((问政代表按铃)) 我是问你，这个监管的人员他没有尽到职责，进行处理了吗？有这个例子吗？

政：有。两年多来我们已经开除了<u>两名</u>公职人员，免职了两名干部，还有呢就是已经把一名工作人员从<u>一线</u>的监督执法岗位调离，四名人员在全系统通报批评，十三名人员受到局某委的（1s）约谈。

代：你这样的回答我还满意。(2016 年 12 月 19 日)

上例中，问政代表在"Q"语步重点是问监管人员应负的责任，在"A"语步，政府人员大部分的话语没有正面针对监管人员应负的责任进行回答，因而问政代表在"Qa"语步打断了政府人员的话轮，通过对"Q"语步问话的重述，进行重问。提出"没有尽到职责的监管人员进行处理了吗"，针对问政代表的重问，政府人员在"An"语步进行了回应，明确说明对没有尽到职责的监管人员的处理情况。最后在"F"语步，问政代表对政府人员的答话进行了评价。通过"Qa"语步对"Q"语步问话的重问，得到了精准的信息，从而使"Q"语步问话所需信息得到满足，提高了答话与问话的相关性。

"Q-A-Qa-An-F"重问型问答对应的特征为：既然重问起到了重要作用，那么构成重问语步的问话体现出了此结构的特征。通过对语料的调查，在"Q-A-Qa-An-F"重问型问答对应中，构成"Qa"语步的问话类型为：

表 3 - 10 "Qa"语步的问话类型

问话类型	特指问话	正正正式问话	特特式问话	正反问话	是是式问话	是非问话	合计
数量	3	1	1	2	1	1	9

通过表 3 - 10 可以看出，"Q-A-Qa-An-F"重问型问答对应的特征为构成重问语步"Qa"的问话类型以单式问话为主，特指问话是重问的主要问话类型。问话者用特指问话进行重问，使答话者自由度高，目的是扭转答非所问的情况，使答话者用更多的话语量来提供精准的信息。

2. "Q-A/Q-A-Qa-An-F"重问型问答对应

此问答对应实际是"Q-A-Qa-An-F"重问型问答对应的扩展，不同的是此结构多了一个挑战语步"A/Q"，因而也成了此领域的特色结构。在此问答对应中，"Q"是问话语步，"A/Q"是挑战语步，"A"是答话语步，

"Qa"是重问语步，"An"语步是对"Qa"语步的回应，是答话语步，"F"是后续语步。在这一重问型问答对应中，"A/Q"挑战语步一般由主持人所有，包含表示衔接、分配话轮、提醒话语等话语现象，此重问型问答对应也在所答非所问的情况下出现。如例（81）：

（81）**代：**村组长和村书记都不清楚这个村里到底有多少低保户，然后我想问，这个问题出在哪里？然后还有这个<u>非正规</u>途径办理、个人关系，<u>到底是什么途径、什么关系？</u>

主：好，请某市负责人回应。

政：呃刚才看了这个短片哪，我作为某市的市长，呃感到心情非常沉重。（1s）呃低保这项政策，是党和政府（1s）送给低保家庭的（1s）一份厚礼，但是作为我们某地，这项政策没有落实到实处，我感觉到很惭愧。那么刚才短片里面提到哇，有些应保没有呢给保，不该保还保了，应该是呢存在这么个问题。呃我感觉到这是---首先政府呢在监管工作上还有呢一些漏洞。另外呢，在办理这项---业务的部门⊥某部门哪和各个乡镇街的政府，也呢存在一些呢这个问题。工作还有不到位的这么一个---问题吧，我们一定要呢把它呢做▲

主：▼您回答了群众代表第一个问题，那就是为什么会出现这种问题。但是她还有第二个问题您似乎还没有回答，非正常途径到底是什么途径？

政：这个途径---肯定是---非正常的，正常的不可能是这么一个结果。这个呢我们去年六月份呃通过呢调查，（1s）呃方方面面的情况都是存在的。尤其是我们个别的这个办理的工作人员在这里边不按照<u>政策</u>、不按照标准。那么作为我们政府和主管部门，在这方面也<u>缺乏</u>监管的力度。这是我们今后要呢改正的。

主：嗯，我觉得您这个实事求是的态度应该是为解决问题开了一个好头儿啊。>接下来<请人大代表发问。（2017年3月24日）

上例中，问政代表在"Q"语步提出了两个问题，主持人在"A/Q"语步进行了话轮分配，政府人员得到话轮后在"A"语步进行了回应。但政府人员只回答了问政代表提出的第一个问题，因而被主持人打断，主持人在"Qa"语步中，对问政代表的第二个问题进行了重述，指出"非正常途径到底是什么途径？"，随后政府人员在"An"语步进行了回答。最后，主持人在后续语步"F"中，用"嗯"表示话语接受，随即对政府人员的回答进行了评价。通过重问获得的信息满足了问政代表的问话所需信息，解决了此结构中所答非所问的情况，提高了答话与问话的相关性。

"Q-A/Q-A-Qa-An-F" 重问型问答对应特征：首先，此结构各语步持有者分别为，"Q" 是问政代表的语步，"A/Q" 是主持人的语步，"A" 是政府人员的语步，"Qa" 是主持人的语步，"An" 是政府人员的语步，"F" 是主持人的语步。由此可以看出，在这一重问型问答对应中，重问的会话任务由主持人承担，当问政代表首次发问后，如答话与问话不符，由主持人通过对 "Q" 语步问话某些方面的重述，担负起重问这一会话任务，这也反映出了主持人在整场会话中的作用——控制问答情况、使问答顺利对接、督促答得到位、掌控会话节奏。其次，"Q-A/Q-A-Qa-An-F" 重问型问答对应中，主持人 "Qa" 语步进行重问主要采用的问话方式为单式问话中的特指问话，由于政府人员在 "A" 语步的答话与问话不太相符，主持人要对 "Q" 语步的某些内容进行重述，重新发问，因而一般需要给答话者自由度高、能够索取相对多信息的特指问话进行提问。

三、电视媒体问政类话题会话典型结构

前文揭示了电视媒体问政类话题会话中问答对应的三大类型：简短型问答对应、追问型问答对应、重问型问答对应，以及每一类中包含着的由不同语步构成的具体的问答对应结构。这些问答对应记录着会话参与者真实的问政会话过程，那么哪些问答对应是此领域会话的典型结构？这就要对各类型问答对应进行详细的量性分析，从而分析出反映电视媒体问政类话题会话特征的典型结构，深化对此领域局部结构的构建。

（一）各类型问答对应量化统计

在"电视媒体问政类话题会话问答对应"这节中详细分析的问答对应在语料中出现的数量都在五个以上，这些问答对应在此会话领域普遍存在，下面将对这些问答对应进行量化统计，主要是统计各类型问答对应的数量以及所占百分比。各类型问答对应所占百分比是指在此会话领域中，简短型问答对应、追问型问答对应、重问型问答对应这三大类问答对应里每一大类问答对应中所包含的由不同语步构成的每种问答对应的数量以及每一大类问答

对应的总数在这三大类问答对应总数中所占的百分比。在对本书语料进行详尽统计后，此领域会话各类型问答对应的数量及所占百分比为：

表 3 – 11　**各类型问答对应的数量及所占百分比**

问答对应类型	问答对应	数量	所占百分比
简短型问答对应	Q-A	58	16.7%
	Q-A/Q-A	11	3.2%
	Q-A-F	155	44.7%
	Q-A/Q-A-F	38	11%
合计		262	76%
追问型问答对应	Q-A-Fi + a-Fii-Fiii	45	13%
	Q-A/Q-A-Fi + a-Fii-Fiii	7	2%
	Q-A-Fi + a-Fii-Fii + a-Fiii	5	1.4%
	Q-A-Fi + a-Fii-Fii + a-Fiii-Fiiii	8	2.3%
	Q-A-Fi + a-Fii-Fii + a-Fiii-Fiii + a-Fiiii-Fiiiii	5	1.4%
合计		70	20%
重问型问答对应	Q-A-Qa-An-F	9	2.6%
	Q-A/Q-A-Qa-An-F	6	1.7%
合计		15	4%
总计		347	100%

通过表 3 – 11 可以看出电视媒体问政类话题会话中简短型问答对应、追问型问答对应、重问型问答对应这三大类问答对应中，每一大类问答对应的总数及所占百分比，同时，每一大类问答对应中所包含的由不同语步构成的问答对应的数量及所占百分比也清晰呈现。

（二）各类型问答对应量化统计结果分析

通过表 3 – 11 对电视媒体问政类话题会话中各类型问答对应量化统计可以看出，在电视媒体问政类话题会话中，简短型问答对应总体数量最多，所占百分比为 76%。这反映出简短型问答对应是此领域会话典型问答对应类型，说明此领域会话的目标之一是追求会话的高效性，用尽可能少的语步来完成关于某一问政相关问题的问答。同时，也说明此领域会话的合作度较高，问话者与答话者的会话目标具有一致性，都是为了解决问政的相关问题而进行问答会话。

从具体的问答对应结构来看，"Q-A-F"简短型问答对应数量最多，所占百分比为44.7%，是电视媒体问政类话题会话的典型结构之一。这一方面证实了伯明翰学派话语分析模式理论中提出的典型结构在电视媒体问政类话题会话中的有效性，另一方面说明伯明翰学派话语分析模式理论具有普适性，适合于此领域的会话分析。"Q-A/Q-A-F"简短型问答对应的数量也比较多，这一结构是"Q-A-F"简短型问答对应的扩展，这也是"Q-A-F"简短型问答对应作为此领域会话典型结构的一种反映。

"Q-A"简短型问答对应的数量也较多，所占百分比为16.7%，这一百分比相对也较高，这是很简练的问答对应结构，这一结构多数出现在主持人和问政代表之间。主要是问政代表和政府人员问答对应结束后，主持人作为会话的组织者，经常与问政代表就对政府人员的回答是否满意以及是否还要继续发问等进行问答，而不是关于问政的相关问题进行问答。根据本书对语料的统计，在此领域会话中58个"Q-A"简短型问答对应中，会话参与者关于问政的相关问题进行会话构成的"Q-A"简短型问答对应为28个，这个数量与其他的问答对应相比并不算多，因而本书认为"Q-A"简短型问答对应并不能算作是此领域会话的典型结构。"Q-A/Q-A"简短型问答对应是"Q-A"简短型问答对应的扩展，这一问答对应的数量不多，从某些方面也说明"Q-A"简短型问答对应不是此领域会话的典型结构。

"Q-A-Fi + a-Fii-Fiii"追问型问答对应的数量也较多，所占百分比为13%，位居第三，这一问答对应是电视媒体问政类话题会话的典型结构之一。在此会话领域中出现的其他追问型问答对应都是以"Q-A-Fi + a-Fii-Fiii"追问型问答对应为基础发展而来的。追问型问答对应出现在对问政相关问题的追问中，有时是一次追问，有时是二次甚至更多次的追问。追问是电视媒体问政类话题会话典型特征之一，追问使答话提供的信息更加精准、全面，答话与问话的相关度更高，会话互动性更强，会话结构更加紧凑，使问政的效果显而易见，真正做到了问出机关好作风、问出干部执行力、问出发展好环境。

"Q-A-Qa-An-F"重问型问答对应数量不多，所占百分比也不高。但这一重问型问答对应是此领域会话值得研究的一种结构，"Q-A/Q-A-Qa-An-F"

重问型问答对应是这一结构的扩展。此种重问型问答对应主要是在会话所答非所问的情况下，会话参与者对问政的一些问题进行重问时出现。此种问答对应出现的原因反映出了此领域会话存在非顺畅性，答话和问话有时出现了关联度不高的情况。对"Q-A-Qa-An-F"重问型问答对应的研究，有利于使此领域会话更加顺畅，提高答话与问话相关度。

四、小结

本章主要是从微观的角度对电视媒体问政类话题会话局部结构进行全方位的考察，揭示了此领域会话中问话与答话以及问答对应的全貌，发掘了区别于其他电视媒体领域会话的此领域问答对应的特征，探究出了此领域会话的典型结构，验证了伯明翰学派话语分析模式理论的普适性并尝试性地对其进行了扩充。具体如下：

第一，本章创新性地将问话分为单式问话和复式问话，在电视媒体问政类话题会话中，虽然单式问话所占数量最多，但复式问话也不在少数，这是此领域会话问政性的一种体现。本书发现各会话参与者选择自己偏好问话类型的原因与问话者掌握信息量的多少、问话疑问度的高低、问话对答话支配力的大小有密切关系。一般来说，问话者所掌握的信息量越少，越容易选择疑问度高的问话，从而对答话的支配力小，使答话者回答的自由度高，以有利于获得更多的信息。此领域会话中，主持人倾向于使用单式问话，是非问话是主持人的首选；问政代表倾向于使用复式问话，特特式问话是其首选；新媒体主播倾向于使用单式问话，特指问话是其首选；政府人员和评论员基本不进行提问。对于电视媒体问政类话题会话中问话的这些研究成果有利于拓宽对问话的研究领域。通过对此领域会话答话的分析，总结出答话的特征是话语量大，内容丰富，符合此领域会话问政性、机构性特征。

第二，本章探究出了电视媒体问政类话题会话问答对应的三大类型，即简短型问答对应、追问型问答对应、重问型问答对应，每一大类问答对应类型中分别包含着由不同语步构成的问答对应，这些问答对应既体现出了所属问答对应类型的共性特征，同时又具有各自的结构特征。本章主要提出了由不同语步构成的十一种问答对应结构，其中由七个语步、九个语步分别构成的追问型问答对应，以及由五个语步、六个语步构成的重问型问答对应，含有挑战语步"A/Q"的问答对应在以往的研究中少有提及。通过对电视媒体问政类话题问答对应的研究，对伯明翰学派话语分析模式理论进行了尝试性的扩充。

第三，电视媒体问政类话题会话典型的问答对应类型为简短型问答对应，这体现出了此领域会话合作度较高，同时对会话高效性的追求。"Q-A-F"简短型问答对应是此领域会话的典型结构之一，这也验证了伯明翰学派话语分析模式理论在此领域会话中的普适性及有效性。由于后续语步"F"主要是主持人所有，根据后续语步的功能可以看出这一结构又是此领域会话话语衔接连贯、顺畅的一种体现，是主持人会话组织者、调控者作用的一种发挥。

第四，追问是此领域会话的典型特征之一，是此领域会话互动性的生动体现。在追问型问答对应中，"Q-A-Fi + a-Fii-Fiii"追问型问答对应是此领域会话的典型结构之一。追问一般由主持人来进行，追问使答话提供更为精准、具体、全面的信息，从而满足了"Q"语步问话对信息的需求，进而提高了答话与问话的相关度。追问型问答对应中出现由七个语步、九个语步分别构成的"Q-A-Fi + a-Fii-Fii + a-Fiii-Fiiii"追问型问答对应、"Q-A-Fi + a-Fii-Fii + a-Fiii-Fiii + a-Fiiii-Fiiiii"追问型问答对应是此领域特有的问答对应结构，这两种结构虽然数量不多，但体现出了此领域会话的追问特征，以及会话的问政性。

第五，"Q-A"简短型问答对应虽然在此领域会话中所占数量较多，但不是此领域会话的典型结构，这是由于这一结构中有一部分是主持人作为会话环节的推进者，与问政代表就关于答话是否满意以及是否有问题继续发问等进行问答，并不是针对问政的具体问题进行问答。

第六，"A/Q"挑战语步在此领域会话的问答对应中数量较多，这一语步是此领域的特色语步，带有这类语步的问答对应也成了此领域的特色问答对应，比如"Q-A/Q-A-F"简短型问答对应、"Q-A/Q-A-Fi + a-Fii-Fiii"追问型问答对应等。在以往的研究中，机构性会话的对应类型中这一语步提到的较少。这一语步在此领域会话中，主要是主持人所有，包括表示分配话轮、提醒、衔接、评论、修正等的话语现象，是此领域会话机构性的充分体现，同时也是主持人推动会话各环节连贯衔接的策略。

第七，"Q-A-Qa-An-F"重问型问答对应是此领域会话值得研究的一种结构，此领域会话的主流是合作性强，但其中也存在着非顺畅的问答。这一结构多数出现在所答非所问的情况中，对这一问答对应出现原因的研究，能够使此领域会话更加顺畅、答话与问话的相关度更高。

第八，通过本章对电视媒体问政类话题会话中问答对应的分析可以看出，此领域会话与其他电视媒体领域会话，与问答会话占很大比例的相关机构性会话如法庭问答会话、商务谈判会话有着一些明显差异。首先，在其他电视媒体领域会话中，如谈话类会话里，通过统计发现主持人对"积极地要求信息的'特指问句'使用频率最高"。（崔智英，2011）而在电视媒体问政类话题会话中，主持人主要的问话类型为是非问话。其次，在问答对应结构方面，其他电视媒体领域会话如谈话类会话中，"'提问—回答'的结构是访谈节目的主体构架"。（崔智英，2011）"Q-R（Qn-Rn）是法庭问答会话的最多的现象。Q-R-F 不是法庭问答会话的最多现象。"（廖美珍，2002）一般在商务谈判会话中，"I-R-Fi + r-Fii① 是商务谈判活动的主要结构；I-R-F 三步结构出现在商务谈判较为少见"。（谢群，2013）由此可见，两个语步构成的问答对应在电视媒体谈话类会话中、法庭问答会话中最为多见，四个语步构成的对应结构成为商务谈判会话的主要结构，而电视媒体问政类话题会话是以"Q-A-F"这个由三个语步构成的简短型问答对应为典型结构之一。这说明伯明翰学派的话语分析模式理论更加适用于对电视媒体问政类话题会话领域的研究。在由多语步构成的问答对应结构中，由五个语步构成的"Q-A-Fi + r-Fii-Fiii"追问型问答对应成为电视媒体问政类话题会话典型的多语步问答对应结构。再次，"A/Q"挑战语步在其他电视媒体领域会话以及相关机构性会话如法庭问答会话、商务谈判会话中涉及得很少，这说明在电视媒体问政类话题会话领域中，主持人作为机构性会话的组织者、协调者的作用有别于其他电视媒体半机构性会话领域中主持人以及法官与谈判者等的作用。最后，由追问而形成的多语步问答对应结构成为划分此领域会话与其他电视媒体领域会话、相关机构性会话如法庭问答会话以及商务谈判会话的分水岭之一。与不同领域会话的比较，更能够凸显出电视媒体问政类话题会话局部结构方面的特征。

---

① 谢群（2013）指出的"I-R-Fi + r-Fii"对应结构中，"I"是启动语步，"R"是回应语步，"Fi + r"是"R"语步的后续语步，同时也是"Fii"语步的启动语步，"Fii"是后续语步。

第四章
电视媒体问政类话题会话主位推进模式

　　电视媒体问政类话题会话的显著特征是以问答会话为主，在前文分析出的此领域会话典型结构的基础上，本章将进一步透过结构形式深入问答会话语义内容里对其进行研究，电视媒体问政类话题会话中的语义关联主要通过问答会话来体现。本章将主位与述位理论、主位推进理论与伯明翰学派话语分析模式理论相结合，以主位推进模式为轴心，考察语句之间的内在语义联系，分析会话内容如何一步步向前推进，揭示优质会话模式。本章创新性地将构成每个问答对应结构中的话语视为一个单独语篇进行主位推进模式的考察，不但考察问答对应结构同一语步中话语的主位推进模式，如考察问话的主位推进模式、答话的主位推进模式，更重要的是考察问话与答话跨语步的主位推进模式，比如考察答话中的主位对问话的主位进行推进的模式。探寻相比于其他电视媒体领域会话来说，电视媒体问政类话题会话主位推进模式特征。进而利用主位推进模式创新性地提出优质会话模式，找出非优质会话模式产生的原因。从而试图解决电视媒体问政类话题会话中答话如何能够高质、有效、精准地回答问话，如何提高答话与问话的吻合度等问题，以期能够为其他电话媒体领域会话在分析主位及主位推进模式上、验证问答会话有效性上提供可资借鉴的研究思路，同时尝试性地使研究成果能够丰富主位与述位理论及主位推进理论。

　　本章将主要从语篇的角度对电视媒体问政类话题会话进行研究。关于语篇，Halliday & Hasan（1976）认为"最可取的是将一个语篇视为一个语义单位，这一单位是意义方面的单位，而不是形式方面的单位"。Halliday & Hasan对语篇进行了定义，"即语篇指任何长度的，在语义上完整的口语和书面语的段落。它与句子或小句的关系不在于篇幅的长短，而在于衔接"。①
Quirk 等人（1985）认为，"语篇是指一段在现实使用过程中连贯的语言。
语篇与现实使用语言过程中的语境在语义、语用层面上相吻合，语篇在其内
部及语言上体现出了连贯性"。黄国文（1997）指出："语篇通常指一系列
连续的话段或句子构成的语言整体"。以上国内外学者分别从不同的角度对
语篇进行了界定，本书赞同 Halliday & Hasan 的观点，认为语篇既包括口头
话语也包括书面话语，采用 Halliday & Hasan 对语篇所下的定义。

　　对于电视媒体问政类话题会话中的问答会话而言，此种问答会话属于语
篇的范畴。首先，此领域的问答会话属于口头话语。其次，黄国文（1997）
指出，"一个语义连贯的语篇必须具有语篇特征（texture），它所表达的是整
体意义。语篇中的各个成分是连贯的，而不是彼此无关的"。黄国文
（1997）在谈到语篇的形式时，提到语篇可以是对话。胡壮麟（2017）在论
述语篇时，提到语篇它也可以是一次对话。根据以上观点，本书认为电视媒
体问政类话题会话中的问答会话存在于问答对应中，在每一个问答对应中，
各语步的话语都有其各自内部的语义关联，同时，各语步的话语之间在语义
上又都是连贯的，因而所表达的是一个整体意义，具有语篇特征。所以，本
书将构成每一个问答对应的话语视为一个单独的语篇，而各语步的话语是同
一语篇的不同阶段。如"Q-A-F"简短型问答对应中，问话语步"Q"提出
问题，答话语步"A"针对"Q"语步进行回答，后续语步"F"表示话语
接受、评价、评论等。三个语步在语义上是连贯的，表达了一个整体意义，
共同构成了一个单独的语篇，这三个语步分别是语篇的三个阶段。如例
（82）：

　　（82）**新主**：下一步对这一处违建打算怎么办?

　　政：呃下一步呢马上呃进入工作程序。呃履行司法程序之后呢，呃依法
按时限进行拆除。

　　新主：好，请坐。……（2017 年 6 月 23 日）

　　例（82）是"Q-A-F"简短型问答对应。首先，在这一简短型问答对应
中，"Q"语步中的问话、"A"语步中的答话以及"F"语步中的后续语在
其各自内部有着语义关联。其次，问话、答话、后续语之间有着紧密的语义

---

　　① 转引自胡壮麟. 新编语篇的衔接与连贯［M］. 上海：华东师范大学出版社，2017：17.

连贯。政府人员在"A"语步针对新媒体主播在"Q"语步提出的问题,有效地进行了回答,答话与问话在语义上具有相关性,一问一答使"对这一处违建在下一步有何打算"的内容清晰呈现出来。随后新媒体主播在"F"语步用"好"表示对政府人员话语的接受。从而此例中"Q""A""F"这三个语步中的话语内容表达了一个整体意义,共同构成了一个语篇。

电视媒体问政类话题会话中的语义连贯通过怎样的方式实现?会话内容如何一步步地向前推进,从而形成连贯的语篇?有何特征?这便需要运用主位与述位理论及主位推进理论来进行分析。

一、主位和述位

布拉格学派的创始人 Mathesius 研究出了句子的实义切分法(actual division of the sentence)。句子的实义切分法是指对句子展开意义分析的一种方法。这种方法不同于对句子所进行的形式切分方法。"实义切分理论认为,句子的构成可以从功能的角度进行考察,而且,从功能的角度来看,一个句子可以划分为两个语义组成部分:主位(theme)和述位(rheme)。"(郑贵友,2002)后来,Halliday 代表的系统功能学派进一步发展、阐释了 Mathesius 提出的这对术语。Halliday(1985)指出"主位是话语中起出发点作用的部分。述位是指主位之外余下的成分,是起到发展主位作用的成分"。本书中的主位、述位采用以上 Halliday(1985)对其进行的界定。下文中用"T"代表主位(theme),"R"代表述位(rheme),"|"竖线用于切分主位和述位。如例(83):

(83)我们(T) | 全面落实了河长制的各项要求和任务(R)。(2018年7月6日)

例(83)中,"我们"是主位,是话语中起出发点作用的部分,"全面落实了河长制的各项要求和任务"是述位,是围绕主位"我们"而展开的具体内容,是起到发展主位作用的成分。

(一)主位的构成

主位的构成情况比较复杂,涉及了语言的三种功能。Halliday 提出了语言的三大元功能,即概念(ideational)、人际(interpersonal)和语篇(textual)。主位能够体现 Halliday 提出的语言的三大元功能,本书在绪论中已对这三大元功能进行了详述,这里不再赘述。"说话人有时为了让一个主位体现多种功能，因此主位可有多种类型，至少分为'简式主位'（simple theme）、'多重主位'（multiple theme）和'句式主位'（clausal theme）。"（胡壮麟，2017）

1. 简式主位①

"简式主位或单项主位指句子中的主位成分只体现一种元功能（如概念功能、人际功能、语篇功能的一种），不论这个主位成分是由一个词语或一个以上词语组成。"（胡壮麟，2017）如例（84）：

（84）我们（T）｜会马上会同属地的政府共同去进行测温（R）。（2016 年 12 月 19 日）

例（84）是由体现概念功能的"我们"构成的简式主位。

2. 多重主位②

"多重主位是由多种功能成分构成的主位。"（胡壮麟，2017）构成主位的多种功能是指语言三大元功能，多重主位中的构成成分至少体现两种语言元功能。如例（85）：

（85）所以我们（T）｜希望它有畅通的途径（R）。（2016 年 9 月 26 日）

例（85）是由体现篇章功能的"所以"和体现概念功能的"我们"构成的多重主位。

3. 句式主位

"当一个句子含有两个或两个以上的小句（呈并列关系或主从关系）时，首先出现的整个小句构成主位，因而成为句式主位。"（胡壮麟，2017）如例（86）：

（86）如果涉嫌犯罪的话（T），｜移交司法机关，严肃处理（R）。（2017 年 3 月 24 日）

例（86）是由"如果涉嫌犯罪的话"构成的句式主位。

4. 标记主位与非标记主位

关于对汉语中标记主位与非标记主位概念的界定目前不是非常清晰。针

---

① 目前学术界对"simple theme"的翻译不尽相同，大致有"简式主位""简单主位""单项主位"等，本书倾向于将其翻译成"简式主位"。

② 学术界对"multiple theme"的翻译大致有"多重主位""复项主位""复杂主位"等，本书倾向于将其翻译成"多重主位"。

对英语，Halliday 对于陈述句、感叹句、疑问句、祈使句的非标记主位和标记主位进行了详细论述，并指出"把主位映射到主语上的情况叫作陈述句的非标记主位。主位在陈述句中也可能不是主语，而是其他成分，我们把这样的主位称为标记主位"。① 胡壮麟（2017）指出"在陈述句中，主位一般由主语同时体现，因而是'非标记主位（unmarked theme）'，但当句中出现了非主语的成分担负主位时，这类主位显得非常突出，便成了'标记主位（marked theme）'。"Halliday 准确地对英语中陈述句的"标记主位"与"非标记主位"进行了界定，胡壮麟清晰地指出了陈述句中的"非标记主位""标记主位"的定义。在汉语中，陈述句、疑问句、祈使句、感叹句一般都可以划分出主位和述位，同时，主位也可相应地划分出标记主位与非标记主位。因而，综合借鉴 Halliday、胡壮麟及学者们关于主位的一些研究成果，本书认为在汉语中标记主位是指在句中不含有主语的主位。非标记主位是指句中与主语重合或含有主语的主位。

关于如何对句子进行实义切分，郑贵友（2002）提出了"小句对象原则，即在汉语篇章实义切分的过程中，主要以小句为对象具体实施切分"。本书对于句子进行的实义切分依据的是小句对象原则。关于小句的概念，邢福义（1995）指出"小句是最小的具有表述性和独立性的语法单位。小句主要指单句，也包括结构上相当于或大体相当于单句的分句"。由于大部分句式主位中的小句还可以进一步划分主位和述位，因而，本书在对句子进行实义切分时，将句式主位中的小句连同述位中的小句分别进一步划分为主位和述位，划分出的主位属于简式主位或多重主位的一种，这样有助于从细微处深入考察主位的构成。根据主位的划分标准，本书将主位进一步分为简式标记主位、多重标记主位、简式非标记主位、多重非标记主位。需要说明的是，在下文的例子中，本书用双竖线"‖"作为小句与小句之间的间隔。

（1）简式标记主位

简式标记主位是指句子中的标记主位只体现一种元功能。如例（87）：

（87）今年哪（T） ｜我们从这个呃管理权下放、队伍建设、社区、街道、这个政府的责任⊥区级政府的责任体系上都做了规定（R）。（2016 年 6

---

① 转引自：韩礼德. 功能语法导论［M］. 彭宣维，赵秀凤，张征，等，译. 北京：外语教学与研究出版社，2010：47-48.

月 27 日）

例（87）中，主位"今年哪"在句中不是主语，是体现概念功能的简式标记主位。

（2）多重标记主位

多重标记主位是指句子中的标记主位体现多种元功能。如例（88）：

（88）所以在这个问题上（T），｜某县一直很重视（R）。（2017 年 3 月 24 日）

例（88）中，主位中"在这个问题上"在句中做的是状语，不是主语，主位中"所以"体现的是篇章功能，"在这个问题上"体现的是概念功能，因而此主位是多重标记主位。

（3）简式非标记主位

简式非标记主位是指句子中的非标记主位与主语重合。如例（89）：

（89）管理（T）｜为什么跟不上（R）？（2018 年 12 月 28 日）

例（89）中，主位"管理"与句子中的主语"管理"重合，体现的是概念功能，因而是简式非标记主位。

（4）多重非标记主位

多重非标记主位是指句子中的非标记主位包含除了主语以外的其他句法成分。如例（90）：

（90）但是我（T）｜相信受益的总是一小部分人（R）。（2016 年 6 月 27 日）

例（90）中，主位"但是我"中的"但是"体现的是篇章功能，"我"体现的是概念功能，此句中的主语为"我"，因而主位"但是我"包含了句子的主语"我"以及除此以外的其他句法成分"但是"，因而这个主位属于多重非标记主位。

（二）电视媒体问政类话题会话主位构成及特征

主位是构建语篇的重要手段。主位是人们在说一句话时最先说出的部分，很多时候都是要突出的信息，引起听话者关注的信息。不同电视媒体领域会话的主位构成是有区别的，在电视媒体问政类话题会话中的问答对应里，各小句的主位起着重要作用。此领域会话中主位构成的特征如何？各会话参与者如何选择主位来构建话语？本书通过对电视媒体问政类话题会话典型结构:"Q-A-F"简短型问答对应、"Q-A-Fi + a-Fii-Fiii"追问型问答对应以及此领域很值得研究的"Q-A-Qa-An-F"重问型问答对应中的主位进行分析,试图解决上述问题。之所以考察这三种问答对应,是因为"Q-A-F"简短型问答对应、"Q-A-Fi + a-Fii-Fiii"追问型问答对应是此领域会话的典型结构,具有代表性,对这两种问答对应的主位进行研究能够发掘此领域问答会话主位构成的特征,从而有利于揭示语篇的构造形式。"Q-A-Qa-An-F"重问型问答对应是此领域会话中所答非所问时出现的问答对应,是问话与答话对接不顺畅的一种体现,是此领域会话出现障碍的一种反映。因而对其主位进行研究,有助于发现问答会话不顺畅、所答非所问的原因。如前所述,本书对电视媒体问政类话题会话问答对应中的句子进行实义切分时依据的是郑贵友(2002)提出的小句对象原则。

1. 电视媒体问政类话题会话主位构成

通过对此领域"Q-A-F"简短型问答对应、"Q-A-Fi + a-Fii-Fiii"追问型问答对应、"Q-A-Qa-An-F"重问型问答对应三种结构中简式标记主位、多重标记主位、简式非标记主位、多重非标记主位数量的统计,得到以下结果:

表 4 - 1　问答对应里主位构成的数量

主位构成	问答对应			合计
	Q-A-F	Q-A-Fi + a-Fii-Fiii	Q-A-Qa-An-F	
简式标记主位	643	269	47	959
多重标记主位	327	135	18	480
简式非标记主位	668	294	62	1024
多重非标记主位	556	192	28	776
零主位	21	20	5	46

通过上表可以看出,电视媒体问政类话题会话问答对应中,简式主位使用的数量多于多重主位使用的数量,这是此领域问答话语简练性、重点信息突出性、语言使用经济性的体现。"这符合 Leech 的四条重要交际原则:可理解性原则、清晰原则、经济原则和表达生动性原则。"(卢秋萍,2011)

此领域问答会话使用最多的是简式非标记主位,这也是此领域问答会话主位构成的典型特征。简式非标记主位能够体现出语篇是关于什么展开的，能够展示出一定的语篇脉络。一方面，简式非标记主位使用的数量最多是此领域会话的机构性、问政性的体现。另一方面，石毓智（2001）发现"汉语中最常见、最重要的一种句法结构为：施事（A）＋动词（V）＋受事（P）"，因而，在大多数情况下，施事在句中充当主语，同时也成了句子的主位。电视媒体问政类话题会话的机构性，使会话者的话语与其他电视媒体领域会话相比，相对正式，大多数的句子都运用了"施事＋动词＋受事"这样的结构，因而出现了大量的简式非标记主位。此外，此领域会话中会话参与者在持有话轮时，为了将问政相关问题表述到位，话语量通常都是较大的，运用简式非标记主位，可以使语篇的脉络发展顺畅、层次清晰。此领域会话的问政性使得会话参与者的话语要重点突出、清晰明了，简式非标记主位除了体现句子的主语外，并无多余成分，使得话题突出，有助于会话参与者之间对彼此话语的理解，进而使问答会话效率提高。

简式标记主位在此领域会话中所占数量位居第二，简式标记主位的运用主要是此领域会话问政性的反映。问政性的话语带有明确会话任务性和目的性，问话是为问政的会话目的所服务的，答话是为消除问话的疑问点，提供问话所需信息所组织的，问政性话语要求有较强的时效性。因而在主位选择上，有时就需要用简式标记主位使除了主语以外要突出的信息放在主位的位置上。标记主位在突出所要传递的信息方面具有较强的语用功能。卢秋萍（2011）指出"说话者借助于标记主位给对方提供最佳的语境表达了自己的思想；听话者能以最小的努力处理、接收对方所传递的信息，节省了处理信息所需要的时间"。此领域会话通过简式标记主位的大量运用，可以提高问政的会话效率，使得问答双方更容易领会彼此话语含义，有效促进信息交流。

在电视媒体问政类话题会话问答对应中，零主位出现的不多。表4-1中的零主位是指在此领域问答对应中，有的小句是没有主位的。如例（91）：

（91）主：您有没有问题要问？

代：没有了（R）。‖……（2017年6月23日）

例（91）中，问政代表用"没有了"简短地回答了主持人的问题。"没有了"这一小句没有主位，只有述位"没有了"，因而这一小句是零主位。

在电视媒体问政类话题会话问答对应中，零主位出现的不多，其存在是此领域会话参与者在获得有限的话轮机会里紧凑组织话语的反映。同时，零主位的出现也体现出了汉语表达的经济原则，即用相对少的文字表达相对多的内容。

从不同的问答对应类型来看，"Q-A-F"简短型问答对应、"Q-A-Fi + a-Fii-Fiii"追问型问答对应、"Q-A-Qa-An-F"重问型问答对应中的主位均以简式非标记主位为主要特征，简式标记主位所占数量在各结构中均位居第二。"Q-A-F"简短型问答对应是问政双方沟通比较顺畅时出现的结构，简式非标记主位在这一结构大量使用是增强问政双方沟通顺畅性的润滑剂。"Q-A-Fi + a-Fii-Fiii"追问型问答对应中简式非标记主位的大量使用促使追问的针对性更强，有利于被问政者捋清答话脉络。"Q-A-Qa-An-F"重问型问答对应中简式非标记主位使得"Qa"语步与"Q"语步中问话的相似度更容易把握，重问得更加精准，同时更有利于"An"语步对关键信息的捕捉，有利于篇章的衔接。

2. 电视媒体问政类话题会话主位构成特征

本节将从两个方面对电视媒体问政类话题会话主位构成的特征进行考察：一个方面是对"Q-A-F"简短型问答对应、"Q-A-Fi + a-Fii-Fiii"追问型问答对应、"Q-A-Qa-An-F"重问型问答对应中主位构成所体现出来的总体特征进行考察。另一个方面是分别对各会话参与者话语中的主位构成特征进行考察，这样从总体到具体对此领域会话主位构成特征进行的考察，能够更全面、深入地揭示其特征。

（1）电视媒体问政类话题会话主位构成总体特征

通过前文对电视媒体问政类话题会话中的问答会话主位构成分析，可以总结出此领域问答会话主位构成的总体特征为：首先，简式主位使用的数量多于多重主位使用的数量。这是此领域问答话语简练性、重点信息突出性、语言使用经济性的体现。其次，此领域问答会话使用最多的是简式非标记主位，这是此领域问答会话主位构成的典型特征。这是此领域会话机构性、问政性的体现。再次，零主位在此领域问答会话中所占数量不多。最后，从不同的问答对应类型来看，"Q-A-F"简短型问答对应、"Q-A-Fi + a-Fii-Fiii"追问型问答对应、"Q-A-Qa-An-F"重问型问答对应中的主位均以简式非标记主位为主要特征，简式标记主位所占数量在各结构中均位居第二。

电视媒体问政类话题会话中问答会话主位构成的这些总体特征使其有别于其他电视媒体领域会话。比如电视媒体问政类话题问答会话中，简式非标记主位所选用的词语大部分不是第一人称代词，这与其他电视媒体领域会话如新闻类访谈会话等形成了鲜明对比。蔡玮（2004）"对《新闻会客厅》等新闻口述语篇进行研究时发现这一领域会话大量存在非标记主位——'我'"。这说明新闻口述语篇与日常会话有相似的地方。而电视媒体问政类话题会话是相对正式的机构性会话，而且会话参与者大多是对问政相关问题进行客观的提问、分析、阐释，因而简式非标记主位中第一人称代词出现得不多。

（2）电视媒体问政类话题会话各会话参与者主位构成特征

电视媒体问政类话题问答会话中各会话参与者的会话任务、目的各不相同，反映在话语上便是主位选择的不同，具体情况如下：

表 4 – 2　问答会话中各会话参与者主位构成的数量

主位构成	会话参与者				
	代	主	政	评	新主
简式标记主位	114	231	527	78	9
多重标记主位	45	128	227	77	3
简式非标记主位	133	289	493	106	3
多重非标记主位	88	216	332	138	2
零主位	8	8	27	2	1
合计	388	872	1606	401	18

对于问政代表而言，使用主位的特征是以简式非标记主位为主。在此领域会话中，问政代表作为问政的主体，其主要会话任务是提出问题，有待于政府人员进行解决。在问政代表的问话中，简式非标记主位能够使问题的重点清晰呈现，话语衔接顺畅，逻辑紧密。如例（92）：

（92）**代**：监管的人员（T）｜负什么责任了呢（R）？（2016 年 12 月 19 日）

例（92）中，问政代表把负什么责任的对象直指"监管的人员"，把"监管的人员"放在主位位置上，没有过多的修饰，使问话的关注点清晰，从而有利于精准地得到想要索取的信息内容。

主持人主位运用的特征也是以简式非标记主位为主。主持人作为整场会话的组织者，在问答对应中，主持人的话语主要出现在问话语步和后续语步之中。主持人的会话任务之一是用精练的语言找准问政相关问题的关键，进行发问，使会话环节紧凑。在追问时更是运用语言的经济性原则，用相对少的话语，把追问的重点信息放在简式非标记主位的位置上，使会话重点突出。在后续语步中，对答话内容表示话语接受或评价等的时候，运用简式非标记主位与问答相关内容能够很好地衔接，使会话连贯。如例（93）：

（93）主：您（T1） ‖ 觉得存在那么长时间、那么大的量是个别司机自己的行为（R1）？‖

政：呃---，也不能那么说。‖ 但是，这方⊥这种⊥这种原因肯定是有⊥肯定是有啊。‖ 回去之后我们认真研究一下子吧⊥认真研究一下子。‖ 呃把⊥把那个长效机制把它建立起来。‖ 真正⊥如果说发现啊有⊥有个别司机或者是有一些司机往这倒的话，‖ 那我们把他清除出环卫队伍。‖

主：您（T2） ‖ 要再不满意（R2），‖ 我（T3） ‖ 都有点儿突突了哈。（R3）（2016年6月27日）

例（93）是"Q-A-F"简短型问答对应，主持人的问话主要目的是想知道政府人员的态度，因而，运用了简式非标记主位T1"您"，既简练、又突出。在后续语步中，主持人运用两个简式非标记主位T2"您"和T3"我"，形成对比，"您"指的是问政代表，针对政府人员的话语，主持人寻求问政代表的态度，实则是从侧面对政府人员回答的话语做一个评价，两个主位把表明态度的主体突出，同时两个主位形成对比，使语篇连贯衔接。

政府人员话语主位构成的特征是以简式标记主位为主。在此会话领域，政府人员主要的角色是被问政者，多数话轮都是在答话中。政府人员的答话的话语量很多时候都是比较多的，因而运用简式标记主位可以使听话者以最小的努力来抓住其所要关注的重点，同时使答话的语义能够衔接顺畅。如例（94）：

（94）代：我想问的就是某领导。‖ 我想问的就是针对你刚才说的那个呃---排⊥排泄的那些粪便，你接下来（1s）要（1s）做哪些措施？‖ 然后你的时效性、你的节点到什么时候？‖

政：嗯---市委市政府啊（T1） ‖ 高度重视水源地的保护工作（R1）。‖ 在前几天呢（T2） ‖ 市政府还召开了河长制的这个工作会议（R2）。‖ 回去之后呢（T3），‖ 某区对这项工作呢也抓了⊥进一步的落实（R3）。‖

那么我想呢（T4），｜整个某区按照规划、按照河长制的要求，我们落实了刚才说的四项管理的（1s）这个体制（R4）。‖那么我想呢（T5），｜第一危害最严重的就是畜禽的养殖企业（R5）。‖我们（T6）｜要在今年的年底全部关闭完毕（R6）。‖在这个水源保护地的一级和二级之间（T7）｜有三家畜禽养殖企业（R7）。‖前一段时间（T8）｜我们已经关闭了一家（R8）。‖现在（T9）｜正在关闭第二家（R9）。‖要在一个月之内（T10）｜把这个第二家关闭完（R10）。‖第三家（T11）｜在今年年底前关闭完（R11）。‖到明年｜（T12）还有一些违规排放污水的企业（R12），‖我们（T13）｜想在明年年底前治理完（R13）。‖同时呢（T14）｜这个片子当中有反映老百姓在生活这个污水方面排放这个也存在很大的问题（R14）。‖我想呢（T15）｜要改造旱厕（R15）。‖为老百姓呢这个垃圾清运这方面（T16）｜我们都要设立垃圾的清运点（R16）。‖建水洗厕所这方面（T17），｜我们想呢在两年之内也都有一个明显的改善（R17）。‖

　　主：好，有请群众代表继续发问。(2017 年 6 月 23 日)

　　在上例中，政府人员的话语中简式标记主位分别为：T2 "在前几天呢"；T3 "回去之后呢"；T7 "在这个水源保护地的一级和二级之间"；T8 "前一段时间"；T9 "现在"；T12 "到明年"；T14 "同时呢"；T16 "为老百姓呢这个垃圾清运这方面"；T17 "建水洗厕所这方面"。通过这些简式标记主位可以看出它们实际反映出了对于水源地保护工作落实，时间节点很重要也很紧迫。针对问政代表关于 "时效性和节点到什么时候" 的问题，政府人员多次用时间词语做主位，如 T2、T3、T8、T9、T12、T14 都是时间词语做主位，针对问政代表关于 "接下来要做哪些措施" 的问题，政府人员用 "……这方面" 结构做主位，如 T16、T17。这样一方面使答话针对性更强，重点信息更突出，使听话者的疑问及时地得到解决；另一方面能够降低听话者寻求所需信息的难度，整个政府人员的答话通过简式标记主位逻辑性强，条理清晰。

　　评论员的话语中主位构成的特征是以多重非标记主位为主。评论员的话语量也相对较大，评论员得到话轮的机会不多，因而在有限的得到话轮的机会里，评论员会尽可能全面、多角度、深入地找出存在的问题、分析问题的原因、提出解决的措施。要顺利地完成这些会话任务，就需要评论员在话语选择上形式相对丰富，用有限的语言传递相对多的信息，同时逻辑性要强，因而评论员在组织语言时会选择使用多重非标记主位，这样主位中除了主语部分的其他成分能够增强篇章的逻辑性，同时使句与句衔接得更加顺畅。如例（95）：

（95）**评**：好，＜湿地、森林和海洋＞（T1）｜并称为地球上最大的三个生态系统（R1）。‖海洋（T2）｜被称为地球之腹⊥之心（R2）；‖而森林（T3）｜被称为地球之肺（R3）；‖而湿地呢（T4）｜被称为地球之肾（R4）。‖所以全球湿地不到6%的覆盖面积（T5），｜但却支持着超过20%已知物种的生存环境（R5）。‖所以它（T6）｜是非常重要的生态系统（R6）。‖那么针对某湿地（T7）｜它是一个人工建造的，一个人工湿地（R7）。‖所以它（T8）｜对这个某河综合治理＞包括海绵城市建设＜，我想是在两个方面起作用（R8）：‖第一个呢（T9）｜是能够改善水质，就是改善水环境（R9）。‖因为人工湿地呢（T10）｜已经在全世界范围内被广泛证明它是一个非常有效的，呃---污水处理的这样一个体系（R10）。‖它的这个处理的机理呢（T11）｜实际上是通过湿地里面的特殊的这个水流状态、通过湿地的植被、通过湿地的土壤以及里面一些复杂的这个微生物的这种共同作用（R11）。‖因而它（T12）｜能够有效地处理污水中的悬浮固体，呃包括农业的这种氮磷的污染、重金属和一部分有机物（R12）。‖所以呢它（T13）｜对呃某河综合治理的水环境的改善应该会起到非常明显的作用（R13）。（2016年9月26日）

例（95）中，评论员的多重非标记主位为：T1"好，湿地、森林和海洋"；T3"而森林"；T4"而湿地呢"；T5"所以全球湿地不到6%的覆盖面积"；T6"所以它"；T8"所以它"；T10"因为人工湿地呢"；T12"因而它"；T13"所以呢它"。在上例中评论员主要是讲解人工湿地的重要性。首先讲解湿地重要性的原因，其次讲解湿地的作用，最后总结湿地对河流综合治理的作用。为了讲解逻辑性强，语篇衔接连贯，评论员借助了多重非标记主位的表达方式，在以上评论员的多重非标记主位中，除了主语以外的成分，多数为连词如主位T3中的"而"；主位T4中的"而"；主位T5中的"所以"；主位T6中的"所以"；主位T8中的"所以"；主位T10中的"因为"；主位T12中的"因而"；主位T13中的"所以"。这些连词使评论员的整个话语井然有序地衔接起来，同时便于听者理解。而主位T1中的"好"相当于Halliday提到的语篇主位的连续性成分，"连续性成分是一小类话语标志成分，如 yes、no、well、oh、now，它们标志着一个新的语步的开始"。① 主位 T1 中的"好"标志着评论员所持语步的开始，是评论员表示对上一语步中主持人话语的接受，使评论员和主持人的话语自然衔接，因而体现着语篇功能。

新媒体主播话语中主位构成的特征是以简式标记主位为主。新媒体主播在此领域问答会话中的话轮数量不多，她的话语主要出现在问话中，其特征就是用相对简单的话语问清问题。因而，在主位选择上，新媒体主播在提问时选择的主位主要是简式标记主位，这一主位类型既简单同时又能够灵活地把关注的重点放在突出的位置上。如例（96）、例（97）：

（96）**新主**：为什么（T1）｜存在三年多的时间呢（R1）？（2017 年 6 月 23 日）

（97）**新主**：现在（T2）｜已经进行整改了吗（R2）？（2017 年 6 月 23 日）

在上面两例中，例（96）中的简式标记主位为 T1 "为什么"，例（97）中的简式标记主位为 T2 "现在"，新媒体主播在两个问句中，通过这两个简式标记主位简明扼要地进行提问，有助于提高索取信息的效率。

二、主位推进模式

大多数语篇中的句与句的主位和述位之间都存在着某种关联，这种关联对于语篇的衔接与连贯起到了很大的作用。1970 年，布拉格学派语言学家 Daneš 提出了著名的"主位推进理论"。"Daneš 指出所谓主位推进是指话语主位的选择和排序，它们互相之间的平行连接和上下层次，以及它们跟上一级篇章单位（如段落、章节等）的超主位之间的关系，跟整个篇章的关系，跟环境的关系。主位推进可以被看成故事情节的脉络。"② Daneš 总结出了不同主题、风格、体裁以及长短的语篇的主位推进的基本模式，这样的模式可以称为主位推进模式（patterns of thematic progression）。不同的学者利用主位推进理论对各类语篇进行了研究，总结出了不同的主位推进模式，如 Daneš 在主要研究捷克语的基础上提出了五种主位推进模式；Van Dijk

---

① 转引自韩礼德. 功能语法导论［M］. 彭宣维，赵秀凤，张征，等译. 北京：外语教学与研究出版社，2010：59.

② 转引自姜望琪. 语篇语言学研究［M］. 北京：北京大学出版社，2011：29.

（1977）提出了链式结构和平行结构。徐盛桓（1982）在对英语的主位与述位进行研究的基础上，提出了四种主位推进模式。黄衍（1985）在研究英语主位与述位后，提出了七种模式。黄国文（1988）在研究英语的主位、述位基础上提出了六种模式。以上各位学者提出的主位推进模式在本文绪论中已有所详述，在这里不再赘述。除此之外，朱永生（1995）还提出了英语中四种主位推进模式：主位同一型、述位同一型、延续型、交叉型。郑贵友（2002）针对汉语篇章进行研究，提出了七种主位推进模式：平行模式、链接模式、集中模式、交叉模式、分散模式、交错模式、并列模式。

以上各位学者主要是在对捷克语、英语等进行研究的基础上提出的主位推进模式。本书综合、借鉴以上各家之说，针对汉语提出八种主位推进模式，分别为：延续型、并列型、集中型、平行型、交叉型、整体推进型、派生型、概括型。电视媒体问政类话题会话主要以问答会话为主，本书主要是针对电视媒体问政类话题会话的核心结构——问答对应中的主位推进模式进行研究，本书将构成每个问答对应的话语视为一个单独的语篇，对其前文已有所论述，这里不再赘述。因而，主位推进模式不但在问答对应中的每一个语步中进行，比如：在问话语步中进行主位推进、在答话语步中进行主位推进、在后续语步中进行主位推进等，而且可以跨语步进行主位推进，比如答话语步中的主位对问话语步中的主位进行推进。这也是本书运用主位推进模式分析问答会话的一种创新。在以往对于问答会话主位推进模式的研究中，大多数都是在同一语步中进行的，比如单独考察问话语步里语篇的主位推进模式，单独考察答话语步里语篇的主位推进模式，很少有将问话与答话作为一个整体语篇的组成部分，进行跨语步主位推进模式的考察，更少有将构成问答对应结构的话语作为一个单独的语篇进行跨语步主位推进模式的考察。本书通过跨语步主位推进模式的考察，能够揭示电视媒体问政类话题问答会话区别于其他电视媒体领域问答会话的本质特征。

需要说明的是：第一，以下对八种主位推进模式的界定中，每一种主位推进模式中所说的第一句、第二句、第三句……这里的句子指的是小句，因为本书对电视媒体问政类话题会话中问答对应里的句子进行实义切分时依据的是郑贵友（2002）提出的"小句对象原则"，前文已有所论述，这里不再赘述。第二，以下对八种主位推进模式的界定中，每一种主位推进模式中所说的第一句、第二句、第三句……是指构成某种推进模式的小句中的第一句、第二句、第三句……不是语篇中按照行文顺序，紧挨着的第一句、第二句、第三句……有时构成某种主位推进模式的两个小句或几个小句中间会间隔着至少一个小句，尤其是在跨语步进行主位推进的情况中，因为在语篇中，发生语义关联的小句并不一定是按照行文顺序紧挨着的。综合借鉴 Van Dijk（1977）、徐盛桓（1982）、黄衍（1985）、黄国文（1988）、朱永生（1995）、郑贵友（2002）等学者们的观点，本书对 8 种主位推进模式的描述如下：

（一）延续型

延续型是指第一句的述位或述位的一部分成了第二句的主位（黄国文，1988），第二句的述位或述位的一部分又成了下一句的主位，依次类推（赵俊，2014），不断有新信息的出现。参照黄衍（1985）对这一主位推进模式的描述，用下式表示为：

T1—R1

T2（＝R1）—R2

$\vdots$

Tn（＝Rn－₁）—Rn

延续型使语篇的衔接环环相扣，语义衔接顺畅，有利于听话者追寻语篇发展脉络。延续型在同一语步进行的情况，如例（98）：

（98）政：……‖我看这个地方啊（T1）｜应该是我们某路的某街的一个棚户区（R1）。‖这个棚户区啊（T2）｜两千⊥一〇年的时候开始拆迁（R2）。‖当时（T3）｜有一百九十多户（R3）。‖……（2016 年 6 月 27 日）

例（98）属于延续型，第一句述位 R1 "应该是我们某路的某街的一个棚户区"的一部分成了第二句主位 T2 "这个棚户区啊"；第二句的述位 R2 "两千⊥一〇年的时候开始拆迁"成了第三句主位 T3 "当时"，主位 T3 所指的时间就是述位 R2 所表达的语义内容。延续型主位推进模式的使用，使政府人员关于棚户区具体情况的叙述句与句的语义紧密相连、环环相扣、逐层深入，话语发展脉络清晰。

延续型在跨语步进行的情况，如例（99）：

（99）主：嗯，您说的（T1）｜是未来，是值得我们努力的未来（R1）。‖眼么前儿，现在，<u>当下</u>（T2）｜我们最该做什么（R2）？‖

评：<u>最应该做的</u>（T3）｜我觉得应该是信心和一个决心的问题（R3）。‖……（2016 年 12 月 19 日）

例（99）是延续型在跨语步中进行的情况。在主持人的问话中，述位 R2"我们最该做什么"成了下一句评论员的答话中的主位 T3"最应该做的"。主位 T3"最应该做的"是述位 R2 的一部分，通过延续型主位推进模式，评论员的答话以"最应该做的"为起点，紧紧围绕主持人的问话的核心内容"我们最该做什么?"，问答衔接紧密，说明回答具有针对性，是有效的答话。

（二）并列型

并列型是指某个小句中的主位与述位与该句之前的各句中的主位与述位之间没有明显的关联。参照黄衍（1985）对这一主位推进模式的描述，可用下式表示为：

T1—R1

　T2—R2

　　⋮

　　Tn—Rn

并列型主位推进模式一方面体现出会话呈多角度进行，提供的信息量相对大些；但另一方面由于欠缺连贯，使得听者在处理说话人提供的信息方面需要做出更大的努力。并列型在同一语步进行的情况，如例（100）：

（100）主：……‖我（T1） ｜这是背书啊（R1）。‖群众（T2） ｜意见很大（R2）。‖这个表态（T3） ｜很严厉啊（R3）。‖这（T4） ｜是什么节奏（R4）? ‖过后（T5） ｜会有什么样的一些变化（R5）?（2017 年 6 月 23 日）

上例属于并列型。各句的主位与述位分别为：T1"我"、R1"这是背书啊"；T2"群众"、R2"意见很大"；T3"这个表态"、R3"很严厉啊"；T4"这"、R4"是什么节奏"；T5"过后"、R5"会有什么样的一些变化"。第二句中的主位 T2、述位 R2 与第一句中的主位 T1、述位 R1 之间并无明显关联；第三句中的主位 T3、述位 R3 与第一句、第二句中的主位与述位之间并无明显联系；第四句中的主位 T4、述位 R4 与第一句、第二句、第三句中的主位与述位之间并无明显关联；第五句中的主位 T5、述位 R5 与第一句、第二句、第三句、第四句中的主位与述位之间没有明显关联。各句分别从不同的方面进行表述，主持人首先说自己的态度，随后对群众意见进行描述，之后对群众态度进行评论，最后从两个方面提出了问题。主持人这一系列话语从多角度提供了相对丰富的信息量。

并列型在跨语步中进行的情况，如例（101）：

（101）**主**：政协委员（T1），｜是否还要发问（R1）？‖

代：我想从今天的问政当中啊（T2），｜应该反映出一个问题（R2）。‖那么有一些呢（T3）｜是我们可能各自负责的（R3）。‖……（2017 年 6 月 23 日）

上例是并列型在跨语步中进行的情况。以上问答对应中，通过各句的主位 T1"政协委员"、述位 R1"是否还要发问"、主位 T2"我想从今天的问政当中啊"、述位 R2"应该反映出一个问题"、主位 T3"那么有一些呢"、述位 R3"是我们可能各自负责的"可以看出，第二个小句中的主位与述位与第一个小句中的主位与述位之间并无明显关联，第三个小句中的主位与述位与第一个、第二个小句中的主位与述位彼此之间没有明显关联。这也说明问政代表对于主持人的话语没有进行有效的回答。主持人在问话语步所需得到的信息是"问政代表是否还要发问"，而问政代表在答话语步并没有提供相应的信息，而是对"今天的电视问政的相关内容"进行评论。

（三）集中型

集中型是指第一句的主位、述位作了基本表述后，第二句、第三句……的主位都是新的主位，但这些主位的述位同第一句的述位大致相同或部分相同。（徐盛桓，1982）参照黄衍（1985）对这一主位推进模式的描述，可用下式表示为：

$$T1—R1$$
$$T2—R2（=R1）$$
$$\vdots$$
$$Tn—Rn（=R1）$$

集中型主位推进模式各句从不同的角度集中表述同一种情况或状态，这一推进模式使各主位所具有的共性特征通过归结到的同一种情况或状态紧密相连，同时使得各主位归结到的情况或状态得到相对全面、具体、深入的展现。集中型在同一语步进行的情况，如例（102）：

（102）**评**：……‖这个问题的表现（T1）｜是多样的（R1）。‖那么问题的原因（T2）｜也是多种的（R2）。‖那么涉及的责任主体、利益主体（T3）｜也是多样的（R3）。‖……（2018 年 10 月 12 日）

上例评论员话轮里的这三个句子中，主位各不相同，分别为 T1"这个问题的表现"，T2"那么问题的原因"、T3"那么涉及的责任主体、利益主体"。这三个句子的述位分别为 R1"是多样的"、R2"也是多种的"、R3"也是多样的"，这三个述位属于近义结构，意思大致相同，这三个主位分别从不同的角度归结为同一情况即多样性，这也是这三个主位的共性特征，进而通过这一主位推进模式，"多样性"这一情况得到充分论述与展示。

集中型在跨语步中进行的情况，如例（103）：

（103）主：好，第一个问题我想我来问问咱们的某局某局长哈。‖ 刚才片子里头曝光的某地的这个屠宰场（T1） ｜是咱们登记在册的企业吗（R1）？‖

政：应该它（T2） ｜是登记在册的企业（R2）。（2016 年 12 月 29 日）

上例中，集中型的两个主位 T1"刚才片子里头曝光的某地的这个屠宰场"和 T2"应该它"分别从不同角度作为话语的出发点。在语义上 R1"是咱们登记在册的企业吗"是是非问话核心的一部分，R2"是登记在册的企业"是答话中针对 R1 回答的核心部分，本书认为在电视媒体问政类话题问答会话跨语步主位推进模式中，在问话与答话中类似以上 R1、R2 这种情况属于语义接近。由于 T1、T2 从客观和主观两个角度都归结集在同一种情况，即"登记在册的企业"，说明政府人员对主持人的回答是有效的，同时也使"屠宰场"的客观情况得到清晰揭示。

（四）平行型

平行型是指以第一句的主位为出发点，以后各句的主位与第一句的主位大致相同或是其一部分，分别引出不同的述位，从不同的角度对主位加以阐释。（徐盛桓，1982）参照朱永生（1995）对这一主位推进模式的描述，可用下式表示为：

T1—R1

    T2（＝T1）—R2

           $\vdots$

           Tn（＝T1）—Rn

这一主位推进模式中由于各句的出发点基本相同，因而用不同的述位内容对其进行阐述使语篇具有逻辑性、连贯性，有利于听话者找寻关键信息，同时也起到了加强对主位关注程度的作用。平行型在同一语步进行的情况，如例（104）：

（104）**政**：那么如果这个房屋啊是在工程的质保期内，‖ 我们（T1）｜责令施工队伍必须马上进行维修（R1）。‖如果这个施工队伍在一周之内没有维修，‖ 我们（T2）｜就要扣掉他的保质金、雇佣社会上有资质的专业队伍进行维修（R2）。‖如果是这个房屋啊已经过了这个质保期，‖ 我们（T3）｜要实地踏查（R3）。‖……（2017 年 9 月 22 日）

在上例中，构成平行型主位推进模式的三个小句中，第一个小句的主位 T1、第二个小句的主位 T2，以及第三个小句的主位 T3 都是"我们"，这里的"我们"指的是"我们区政府"。政府人员针对出现的问题提出了一些整改措施，实施的主体是"我们"，通过主位的平行型推进，一是强调作为整改措施的执行者，区政府加大整改力度的态度和决心，另一方面也使这些措施在语篇中顺畅地衔接起来。值得注意的是，正如前文所说，在上例中，T1、T2、T3 这三个主位所在的小句之间都间隔了一个小句，但这并不影响主位推进模式的进行，这也证实了构成主位推进模式的小句并不一定要紧挨着，判断主位推进模式的核心是语义的相关性。

平行型在跨语步中进行的情况，如例（105）：

（105）**主**：然后选址（T1）｜还有什么要求吗（R1）？‖

政：选址（T2）｜是这样（R2）。‖ 它（T3）｜要通过面波仪来量取地下水的储量（R3）。‖……（2018 年 7 月 6 日）

上例中，主持人在问话语步中的主位 T1"然后选址"、政府人员在答话中的主位 T2"选址"，T3"它"，这三个主位在语义上所指大致是一样的，主位 T2 与主位 T1 中的"选址"一样，体现的都是概念功能，T3"它"指代 T1"选址"，因此，T2、T3 与 T1 构成了平行型主位推进模式。此例中的主位推进模式说明政府人员有效地回答了主持人的问话，政府人员的答话紧密围绕着主持人问话中主位 T1 的内容，从多角度清晰地对"选址"进行表述，话语话题明确，重点突出。

（五）交叉型

交叉型是指第一句的主位成为第二句的述位或述位的一部分，第二句的主位成为第三句的述位或述位的一部分，如此地延续下去。（徐盛桓，1982）参照黄衍（1985）对这一主位推进模式的描述，可用下式表示为：

T1—R1

    T2—R2（＝T1）

         ⋮

        Tn—Rn（＝Tn－1）

"运用交叉型主位推进模式，可以表示各句的主位、述位所叙述的事物间的错综复杂的关系。"（徐盛桓，1982）此种主位推进模式主位与述位衔接紧密、环环相扣、话语组织得比较周密。交叉型在同一语步进行的情况，如例（106）：

（106）**政**：……‖ 因为我们某区呢（1s）有小区 421 个，‖ 那么老旧小区（T1）｜就涉及 244 个（R1）。‖ 那么如何对这些小区进行管理呢？‖ 特别（T2）｜是老旧小区（R2）。‖ 我们（1s）针对<u>不同</u>特点选取了这么<u>三种</u>管理模式。‖ ……（2018 年 10 月 12 日）

例（106）中，在构成交叉型主位推进模式的两个小句中，第一句主位 T1"那么老旧小区"成了第二句中的述位 R2"是老旧小区"的一部分。政府人员在答话中，重点要说的是"老旧小区"，因而，利用交叉型主位推进，首先强调在某区所有小区中老旧小区的数量，之后对于小区如何管理，将"老旧小区"置于述位的位置上，以主位"特别"作为出发点，起到了强调"老旧小区"的目的，同时使虽不相连的语句，语义前后环环相扣，话语结构紧凑。

交叉型在跨语步中进行的情况，如例（107）：

（107）**代**：我就想问一下，‖ 对于野广告这个年年提，年年管的老问题（T1）｜它为什么<u>就是</u>管不住（R1）？‖

政：这个---这个代表提的问题也是我们正在---思考和研究的问题。‖ 刚才片儿反映的（T2）｜就是这个野广告（R2）。‖ 实质咱们平常讲，就是<u>牛皮癣</u>，‖ 牛皮癣的含义就是你这个<u>越治越多越治越多</u>。‖ ……（2018 年 12 月 28 日）

例（107）中，问政代表问话中的主位 T1"对于野广告这个年年提，年年管的老问题"在政府人员的回答中，成了述位 R2"就是这个野广告"，这二者虽然句子的语法结构各不相同，T1 是介词短语，R2 是动宾短语，但二者的语义核心内容都是"野广告"，因而二者语义大致相同，构成了交叉型主位推进模式。政府人员的话语中对主位 T1 进行交叉推进，选择把"就是这个野广告"作述位 R2，这样一方面针对问政代表问话的对象进行严密的组织语句，力争具体问题具体分析。另一方面，为后续回答"野广告为什么管不住"做准备，使语句自然过渡，衔接顺畅，同时体现出了所叙述的内容之间的复杂关系。

（六）整体推进型

整体推进型是指第一句或第一句到第 n 句的主位和述位的内容一起产生出下一句的主位，可用下式表示为：

T1—R1

$$\vdots$$

Tn（=T1+R1+……Tn−1+Rn−1）—Rn

此类型主位推进模式经常是在总结性的话语、评论性的话语中出现，通过主位推进使话语组织得有张有弛，分总结合，条理清晰，对听话者具有语义提示作用。整体推进型在同一语步中进行的情况，如例（108）：

（108）**评**：……‖我想发挥人的重要性、人的积极性啊，呃---至少体现在两个方面：‖一个（T1）｜是我们的政府，我们的公务人员要形成一个集体的斗志（R1）。‖我们（T2）｜要有信心、有决心去努力工作（R2）。‖这样（T3）｜才能够给我们的工作带来一个更好的局面（R3）。‖……（2016 年 9 月 26 日）

例（108）评论员的话语中，主位 T1"一个"、述位 R1"是我们的政府，我们的公务人员要形成一个集体的斗志"、主位 T2"我们"、述位 R2"要有信心、有决心去努力工作"，一起产生了主位 T3"这样"，评论员用"这样"指代"T1+R1+T2+R2"所有的内容，先分说后总说，得出了这样做的一个结论："能够给我们的工作带来一个更好的局面。"

整体推进型在跨语步中进行的情况，如例（109）：

（109）**政**：某局（T1）｜对市场的监管主要是督促（3s）市场主办方履行主体责任（R1），‖贩卖的业户呢（T2）｜要进行查验（R2）。‖刚才呢（T3）｜这个业户没有进行查验（R3），‖主办方（T4）｜也没有履行主体责任（R4）。‖监管人员（T5）｜如果长时间没有发现这种违法行为的存在（R5），‖他（T6）｜就没有把工作做到位（R6）。‖没有对这种违法行为进行纠正和处理（T7），｜他就没有很好地履行执法的责任（R7）。‖

主：您的话（T8）｜我听懂了这回（R8）。‖……（2016 年 12 月 19 日）

例（109）政府人员的话语中，主位 T1 "某局"、述位 R1 "对市场的监管主要是督促市场主办方履行主体责任"、主位 T2 "贩卖的业户呢"、述位 R2 "要进行查验"、主位 T3 "刚才呢"、述位 R3 "这个业户没有进行查验"、主位 T4 "主办方"、述位 R4 "也没有履行主体责任"、主位 T5 "监管人员"、述位 R5 "如果长时间没有发现这种违法行为的存在"、主位 T6 "他"、述位 R6 "就没有把工作做到位"、主位 T7 "没有对这种违法行为进行纠正和处理"、述位 R7 "他就没有很好地履行执法的责任"共同产生了主持人话语中的一个新的主位 T8 "您的话"，"您的话"概括了"T1 + R1 + T2 + R2 + T3 + R3 + T4 + R4 + T5 + R5 + T6 + R6 + T7 + R7"的全部内容。随后主持人用述位 R8 "我听懂了这回"来对主位 T8 "您的话"进行了评论，实质是对政府人员此次会话满意的一种表现。整体推进型这一模式，使主持人在后续语步中的话语与政府人员的话语自然衔接，主持人对政府人员的话语的评论通过此种主位推进模式得以实现，条理清晰，能够提示听话者把握会话重点。

（七）派生型

派生型是指第二句、第三句……的主位都是从第一句的述位的某一部分派生出来的。（黄国文，1988）参照黄衍（1985）对这一主位推进模式的描述，可用下式表示为：

$$T1—R1$$
$$T2（=R1）—R2$$
$$\vdots$$
$$Tn（=R1）—Rn$$

派生型主位推进模式是话语表述逻辑性很强的一种模式，这一模式能够使语篇基本达到层次清晰、分析全面、论述到位。派生型在同一语步中进行的情况，如例（110）：

（110）**政**：（……）非法占用耕地和破坏耕地这个行为（T1）｜承担三种责任（R1）：‖第一（T2），｜是---处以（……）罚款（R2）。‖第二（T3），｜依据我国刑法规定，呃破坏基本农田五亩以上，其他耕地十亩以上，处（……）有期徒刑或拘役（R3）。‖第三（T4），｜对这些违法占用耕地上的违法建筑物，予以强制拆除，恢复耕种（R4）。‖……（2017 年 3

月 24 日）

上例中，主位 T2 "第一"、T3 "第二"、T4 "第三" 从述位 R1 "承担三种责任" 中派生出来，作为以下三个句子中的起点，把三种责任分成三个方面，各句的述位 R2、R3、R4 进行逐层深入、富有逻辑的论述。派生型主位推进模式的运用，使政府人员的话语层次感强、表述清晰。

派生型在跨语步中进行的情况，如例（111）：

（111）**代**：……‖ 咱们这样的施工啊（T1），｜这个监理单位和管理单位到底怎么样履行职责呢（R1）？‖

政：……‖ 那么现在来看呢，施工单位没有完全按照区政府的要求落实到位。‖ 监理公司呢（T2）｜也没有监理到位（R2）。‖ 也特别是包括我们的项目管理单位（T3），｜也没有啊监督到位（R3）。‖ ……。（2018 年 3 月 30 日）

上例中，政府人员语步里的主位 T2 "监理公司呢"、主位 T3 "也特别是包括我们的项目管理单位" 是从问政代表的语步里的述位 R1 "这个监理单位和管理单位到底怎么样履行职责呢" 派生出来的。对于问政代表的问题，政府人员在语篇组织上运用派生型主位推进模式，利用从述位 R1 派生出来的两个主位 T2、T3 从监理单位和管理单位两个角度出发，运用述位 R2、R3 分别阐述他们履行职责的情况，为之后的回答奠定基础。这样的表述使得政府人员的答话分析全面。

（八）概括型

概括型是指第一句或第一句到第 n 句的主位和述位的内容一起产生出下一句的述位或述位的一部分。可用下式表示为：

T1—R1

$$\vdots$$

Tn—Rn（＝T1 + R1 + ……Tn − 1 + Rn − 1）

概括型主位推进模式在以往的相关研究中少有提及，在语篇中起到的作用主要是通过概括前文出现的一些信息，从而便于引出一些新的信息，推动语篇内容发展，使话语简明扼要，避免赘述。概括型在同一语步中进行的情况，如例（112）：

（112）**政**：……‖ 那么我个人也认为是不正常的，‖ 肯定是有供热企业的原因造成的。‖ 如果是纯粹的客观原因，‖ 那么不会出现一经曝光，‖ 问题就得到解决。‖ 这（T1） ｜ 反映出来我们的供热企业供热行为还是有缺失的（R1）；‖ 服务（T2） ｜ 还是有偏差的（R2）；‖ 包括我们的行管部门、监管部门（T3） ｜ 我们的监管也是有漏洞的（R3）。‖ 那么下一步（T4）， ｜ 我们在这些方面要认真整改（R4）。（2016 年 12 月 19 日）

上例政府人员的话语中，主位 T1 "这"、述位 R1 "反映出来我们的供热企业供热行为还是有缺失的"、主位 T2 "服务"、述位 R2 "还是有偏差的"、主位 T3 "包括我们的行管部门、监管部门"、述位 R3 "我们的监管也是有漏洞的"，这些内容一起产生了下一句述位 R4 "我们在这些方面要认真整改"中的一部分——"这些方面"。通过此种主位推进模式，R4 中的 "这些方面"既概括了"T1＋R1＋T2＋R2＋T3＋R3"的内容，同时使语篇延伸发展，引出了新的信息——"要认真整改"，使话语表述流畅，同时又不必过多赘述前文内容，话语简练。

概括型在跨语步中进行的情况，如例（113）：

（113）**政**：现在就我们村里这个---能力（T1） ｜ 我们自己解决不了（R1）。‖ 老百姓这个问题（T2） ｜ 也的确是个问题（R2）。‖ 因为这个储粪池啊（T3） ｜ 排满之后（R3），‖ 咱们这个清污的时候（T4） ｜ 那个没法清（R4）。‖ 就这么多的东西（T5） ｜ 往哪儿倒啊（R5）。‖ 那一池（T6） ｜ 好几吨（R6）。‖ 这个（T7） ｜ 的确是实际困难（R7）。‖ 这（T8） ｜ 造成老百姓呢也---不能那个---使用（R8）。‖ 这（T9） ｜ 也是个原因（R9）。‖

主：现实（T10） ｜ 有这样个问题哈（R10）。‖ ……（2019 年 4 月 4 日）

上例政府人员的话语中，主位 T1 "现在就我们村里这个能力"、述位 R1 "我们自己解决不了"、主位 T2 "老百姓这个问题"、述位 R2 "也的确是个问题"、主位 T3 "因为这个储粪池啊"、述位 R3 "排满之后"、主位 T4 "咱们这个清污的时候"、述位 R4 "那个没法清"、主位 T5 "就这么多的东西"、述位 R5 "往哪儿倒啊"、主位 T6 "那一池"、述位 R6 "好几吨"、主位 T7 "这个"、述位 R7 "的确是实际困难"、主位 T8 "这"、述位 R8 "造成老百姓呢也不能那个使用"、主位 T9 "这"、述位 R9 "也是个原因"，这些内容共同产生了下一句主持人语步中的述位 R10 "有这样个问题哈" 中的 "这样个问题"。主持人在后续语步中，对政府人员的答话进行了评论，述位 R10 中的 "这样个问题" 概括了 "T1 + R1 + T2 + R2 + T3 + R3 + T4 + R4 + T5 + R5 + T6 + R6 + T7 + R7 + T8 + R8 + T9 + R9" 的内容，主持人对政府人员的话语表示认同，认为 "现实有这样个问题"。概括型主位推进模式，使主持人的后续语步与政府人员的答话语步连贯衔接，主持人的评论性话语紧密围绕政府人员的答话，针对性强，使后续语步的会话功能充分体现。

关于主位推进模式有以下几点说明：

首先，在上述对主位推进模式的总结及举例中可以看出，"后一句用前一句的主位或述位作为主位或述位，并不一定非要照搬原来的词语"。（黄国文，1988）在词语的选择上，或多或少都有一些变化，大致有以下几种情况：

第一，使用具有相同或相近语义内容的词语或结构，如例（104）中的主位 T2 "我们" 与主位 T1 "我们" 属于相同语义内容的词语。例（102）中，R2 "也是多种的" 与 R1 "是多样的" 属于语义相近结构。

第二，用代词或其他词语进行替换，如例（105）中，主位 T3 用 "它"来替换主位 T2 的 "选址"。

第三，选取前一句主位或述位的一部分或是对其语义进行一些扩展，如例（110）中，主位 T2 "第一" 是上一句述位 R1 "承担三种责任" 的一部分。

第四，概括之前某些主位和述位的内容，如例（108）中，主位 T3 "这样" 是 "一个（T1）是我们的政府，我们的公务人员要形成一个集体的斗志（R1）。‖ 我们（T2）要有信心、有决心去努力工作（R2）"。这部分内容即 "T1 + R1 + T2 + R2" 的概括。

第五，"暗含性重复，有时，这种重复不一定在文字上明显地表现出来，而是从其内涵中看出其联系"。（徐盛桓，1982）如例（114）：

（114）主：…… ‖ 对于这样的一个现象出现（T1），| 您觉得是可以避免，还是不可避免（R1）？ ‖

政：如果是啊，加强监管，‖ 我想<u>在很大程度上</u>（T2），| 能够解决这

个问题（R2）。‖（2017 年 9 月 22 日）

在上例中，针对主持人的问话，政府人员在答话中的述位 R2 "能够解决这个问题" 的意思实际就是 "这个问题是可以避免的"，因而，述位 R2 "能够解决这个问题" 是对主持人选择问话核心语中的述位 R1 "您觉得是可以避免，还是不可避免?" 中 "可以避免" 的暗含性重复。R2 属于答话，R1 属于问话，R2 是针对 R1 的回答，二者在语义内容上虽然文字上并无明显重复，但从其内涵上来看，它们有着密切的语义关联，基本属于同一种情况，因而构成了集中型主位推进模式，即 "T2—R2（＝R1）"。

其次，在语篇中主位推进模式的运用上，由一种主位推进模式贯穿始终的情况不是很多，多数情况下是几种主位推进模式的综合使用。例（105）只列举了 "Q-A-F" 简短型问答对应的一部分，在这一结构的全部内容中，可以看出平行型、并列型、延续型这几种主位推进模式的综合运用。如例（115）：

（115）主：然后选址（T1）｜还有什么要求吗（R1）？‖

政：选址（T2）｜是这样（R2）。‖它（T3）｜要通过面波仪来量取地下水的储量（R3），‖就是这个位置（T4）｜地下水储量怎么样（R4）。‖打完井以后（T5）｜做抽水实验（R5）。‖抽水实验（T6）｜如果水量满足要求的话（R6），‖就算（T7）｜做成井（R7）。‖

主：好，有请群众代表（T8）｜发问（R8）。（2018 年 7 月 6 日）

上例 "Q-A-F" 简短型问答对应中的主位推进模式可用下式表示为：

T1—R1

　T2（＝T1）—R2

　　T3（＝T1）—R3

　　　T4—R4

　　　　T5—R5

　　　　　T6（＝R5）—R6

　　　　　　T7—R7

　　　　　　　T8—R8

在上例中，"T2（＝T1）—R2" "T3（＝T1）—R3" 是平行型，"T4—

R4""T5—R5""T7—R7""T8—R8"都是并列型，"T6（＝R5）—R6"
是延续型，因而，构成"Q-A-F"简短型问答对应的话语所形成的这个语篇
的主位推进模式是由平行型、并列型、延续型共同构成的。

三、电视媒体问政类话题会话主位推进模式及特征

不同电视媒体领域会话的语篇构建与发展都各有特色，反映在主位推进
模式上，比如谈话类会话中，蔡玮（2004）指出"新闻口述语篇中，主要
的主位推进模式为主位同一型和主述位延续型"，蔡玮（2004）指出的这两
个主位推进模式相当于本书提出的平行型以及延续型。与其他电视媒体领域
会话相比较，此领域会话的语篇构建与发展有其独有的特征，这通过作为此
领域会话核心的问答会话充分体现出来，因而，本节重点考察此领域会话中
问答会话的主位推进模式及特征。构成问答对应的话语所形成的语篇如何展
开？答话与问话的语义关联通过何种方式实现？各会话参与者偏好选用何种
方式组织自己的话语？要想解决上述问题，就要从主位推进模式着手进行研
究。同前文对此领域会话中主位的考察一样，本书主要对电视媒体问政类话
题会话中典型问答对应结构"Q-A-F"简短型问答对应、"Q-A-Fi + a-Fii-Fi-
ii"追问型问答对应以及此领域很值得研究的"Q-A-Qa-An-F"重问型问答
对应中的主位推进模式进行研究，这几种问答对应的重要性在前文已有所论
述，此处不再赘述。研究"Q-A-F"简短型问答对应、"Q-A-Fi + a-Fii-Fiii"
追问型问答对应、"Q-A-Qa-An-F"重问型问答对应中的主位推进模式，能
够揭示此领域问答会话的语篇发展模式、话语组织模式、答话与问话语义关
联性及特征，从而为解决问答会话的有效性问题奠定基础。对"Q-A-Qa-
An-F"进行主位推进模式的研究，还有助于发掘此领域会话中答非所问现
象出现的根本原因，进而推动解决会话障碍的进程。在此领域会话中，上述
三种问答对应中的每一个问答对应都是一个语义连贯的语篇，因而，本书以
每个问答对应为单位进行主位推进模式的分析、研究，这样有助于真实、有
效、深入、清晰地呈现出此领域问答会话主位推进模式的特征。

（一）电视媒体问政类话题会话主位推进模式

通过对本书语料中"Q-A-F"简短型问答对应、"Q-A-Fi + a-Fii-Fiii"追
问型问答对应、"Q-A-Qa-An-F"重问型问答对应三种问答对应的深入分析，

发现电视媒体问政类话题问答会话主位推进模式的情况为：

表 4 - 3　问答对应中主位推进模式的数量

主位推进模式	问答对应			合计
	Q-A-F	Q-A-Fi + a-Fii-Fiii	Q-A-Qa-An-F	
延续型	272	91	11	374
并列型	369	217	53	639
集中型	352	142	20	514
平行型	194	82	18	294
交叉型	33	28	0	61
整体推进型	93	45	5	143
派生型	93	45	0	138
概括型	7	10	4	21

　　通过上表可以看出，电视媒体问政类话题问答会话中，主位推进模式以并列型为主，集中型也大量存在。这明显区别于其他电视媒体领域会话。并列型出现得最多说明此领域会话中传递的信息量很大，并列型的特征之一就是不断更换角度来表述。电视媒体问政类话题会话的节奏本身就快，用相对短的时间，通过电视媒体政府人员"现场办公"，直观、快速、高效解决问政相关问题是会话参与者们具有共性的会话任务，这一特性决定了在会话推进过程中，要从不同的角度来发问、来阐释、来评论等，因而并列型主位推进模式被大量使用。事情具有两面性，传递的信息量大，有可能会出现彼此语义关联性不是很强的情况，并列型使用得最多在某种程度上验证了这一情况。并列型的另一特征是句与句之间并无明显联系，这就使得并列型用得越多，语篇的关联性越小，进而对于听话者来说，对所获得信息的处理需要付出更大的努力。这也从一个侧面说明此领域会话中，会话参与者很多时候在提问、回答、评论等会话环节，关注更多的是尽可能提供有效信息，但反之有可能在话语的组织、发展推进过程中对语篇的连贯性考虑得相对少些。另外，并列型出现得最多也反映出会话参与者们在"现场发问""现场办公"，这种"真问、真改、真落实"的电视媒体问政类话题会话中压力是比较大的，因而导致了在话语组织上连贯性有些许欠缺。

　　集中型主位推进模式在这一会话领域中也被大量使用，集中型使用的目的之一是从不同的出发点来表述同一种情况或状态，通过这种方式，既可看到不同角度存在的共性，又突出了这一共性的重要性。电视媒体问政类话题会话主要就是通过问政来解决问题，不需要过多的修饰性语言，同时也不需要冗繁的话语，不论是问还是答都需要重点突出，直击问题的核心。为了更好地解决问政的相关问题，无论是提问者还是回答者、评论者以及组织者，其会话目的之一都是尽可能地对相关问题表述到位、突出重要信息以促进问题的解决。因而在这一会话过程中，会话参与者们为了凸显与问政相关的重要信息，经常利用集中型主位推进模式，通过不同的语句起点来表述某种情况，以此试图对某种情况分析到位、问得透彻、答得全面、评论到位。

　　在"Q-A-F"简短型问答对应、"Q-A-Fi＋a-Fii-Fiii"追问型问答对应、"Q-A-Qa-An-F"重问型问答对应三种结构中，主位推进模式出现最多的都是并列型，其次是集中型。这两种主位推进模式在上文已有所论述，这里不再赘述。值得注意的是，除了这两种主位推进模式外，所占数量位居第三的主位推进模式在"Q-A-F"简短型问答对应、"Q-A-Fi＋a-Fii-Fiii"追问型问答对应中是延续型，在"Q-A-Qa-An-F"重问型问答对应中是平行型。延续型的特征是前后语句首尾相接，用已知信息带出了新信息，使语篇在链条式中不断向前发展。在相对问答沟通比较顺畅的"Q-A-F"简短型问答对应中，大量出现延续型主位推进模式，这一类型的出现也是"Q-A-F"简短型问答对应中会话环环相扣、连贯顺畅的一种体现。在"Q-A-Fi＋a-Fii-Fiii"追问型问答对应中，延续型的大量出现说明通过"Q"语步中的提问以及"Fi＋a"语步的进一步追问，答话者运用延续型主位推进模式使话语能够逐层深入，通过链条式发展，提供的新信息越来越多。在"Q-A-Qa-An-F"重问型问答对应中，平行型主位推进模式也被大量使用，这一模式的特征是各句的出发点基本相同，述位从不同的角度对其进行表述。根据对语料的统计，平行型在这一结构中更多地出现在"An"这一对"Qa"重问语步进行回答的答话语步中，这说明被重问后的答话者在组织语篇时，关注的重点在于对重问问题核心的回答，因而运用平行型，对同一主题从多角度进行阐释，以有针对性地解决问题。

（二） 电视媒体问政类话题会话主位推进模式特征

本节将从两个方面对电视媒体问政类话题会话主位推进模式的特征进行考察：一个方面为对"Q-A-F"简短型问答对应、"Q-A-Fi + a-Fii-Fiii"追问型问答对应、"Q-A-Qa-An-F"重问型问答对应这三种问答对应中主位推进模式所体现出来的总体特征进行考察；另一个方面为分别对各会话参与者话语中的主位推进模式特征进行考察。通过对此领域会话主位推进模式特征从总体到具体的考察，有助于揭示其特征全貌。

1. 电视媒体问政类话题会话主位推进模式总体特征

通过前文中对电视媒体问政类话题问答会话主位推进模式的深入分析，可以总结出此领域问答会话主位推进模式的总体特征为：首先，此领域问答会话主位推进模式以并列型为主，集中型也大量存在。主位推进模式以并列型为主，一方面这是此领域问答会话要求节奏快、效率高、需要传递大量信息、有效信息、需要从不同角度发问，从多角度阐释、评论，"现场发问""现场办公""真问、真改、真落实"等特性所引发的主位推进模式。集中型主位推进模式的大量使用是电视媒体问政类话题问答会话不需要过多的修饰性语言，不需要冗繁的话语，需要的是问与答突出重要信息、直击问题的核心的特性所引发的主位推进模式。其次，"Q-A-F"简短型问答对应、"Q-A-Fi + a-Fii-Fiii"追问型问答对应中出现最多的都是并列型，其次是集中型，延续型所占数量位居第三。而"Q-A-Qa-An-F"重问型问答对应中，出现最多的也是并列型，其次是集中型，但平行型所占数量位居第三。

此领域问答会话主位推进模式总体特征使其有别于其他电视媒体领域会话的主位推进模式，如在电视媒体新闻类访谈会话中，蔡玮（2004）提出的主要的主位推进模式相当于本文提出的平行型和延续型。这与电视媒体问政类话题问答会话主位推进模式明显不同，这也说明了不同的会话领域决定了在语篇展开方式上所采用的主位推进模式各有不同。

2. 电视媒体问政类话题会话中各会话参与者主位推进模式特征

在对"Q-A-F"简短型问答对应、"Q-A-Fi + a-Fii-Fiii"追问型问答对应、"Q-A-Qa-An-F"重问型问答对应中的主位推进模式分析中发现，各会话参与者由于会话角色、会话任务各不相同，在组织各自的话语中，所使用的主位推进模式体现出了不同的特征，具体如下：

表 4-4 问答会话中各会话参与者主位推进模式的数量

主位推进模式	会话参与者				
	政	主	评	代	新主
延续型	264	14	91	5	0
并列型	508	70	29	16	16
集中型	385	40	80	8	1
平行型	213	13	60	5	3
交叉型	42	8	9	2	0
整体推进型	98	11	34	0	0
派生型	119	0	19	0	0
概括型	12	6	2	1	0
合 计	1641	162	324	37	20

通过上表电视媒体问政类话题问答会话中各会话参与者主位推进模式数量的统计，可以看出会话参与者们构建、发展自己的话语的特征。政府人员组织话语的特征是以并列型主位推进模式为主，集中型使用得也很多。政府人员是所有会话参与者中所持话轮数最多的人，在各类型主位推进模式中，政府人员所使用的各类型主位推进模式的数量与其他会话者相比都是最多的。作为被问政者，政府人员的大部分语步都是答话语步，并列型作为其组织语篇的主要方式，是由于面对问政的相关问题，政府人员要以相对直观的表达阐释情况、查找问题的原因、提出解决的方案。这些内容经常涵盖在政府人员的一个话轮中，而且政府人员每次的回答是有时间限制的，因而需要使用并列型主位推进模式，不断更换角度来进行说明，尽可能在有限的时间里提供更多的信息，以保证回答得全面、详尽。但就像前文所说，并列型使用得多也会造成语篇没有很强的连贯性，政府人员在回答中重视大量信息的充分提供，把自己所能想到的、了解到的尽量呈现出来，从而在话语组织的连贯性、相关性方面有可能相对忽视了一些。政府人员对集中型主位推进模式运用得多主要是尽可能地强调重要的信息，使所答与所问的核心紧密相关。

主持人组织话语的特征为以并列型为主，集中型使用的数量位居第二。主持人在问答会话中，其话语主要出现在问话语步以及后续语步中。在问话语步中，主持人使用并列型主位推进模式比较多，一般主持人会从不同的角度提出不同的问题，这些问题彼此并无明显关联。这样做的目的一方面是避免问题出现重叠部分，进而使针对不同的问题所得信息交叉少；另一方面是要获得更大量的信息，从而有利于问题的解决。在后续语步，主持人使用集中型的数量相对多些，这主要是在主持人对前面语步进行评论时，为了使评价的内容与前面语步内容紧密相关，因而进行集中型主位推进模式，这样既能使所评价的内容紧密围绕前文，使跨语步语篇衔接连贯，同时又能够从不同的角度使重点信息再次重现。

评论员的话语构建特征是以延续型为主，集中型所占数量也较大。评论员在对问政相关问题进行评论时，大量使用延续型主位推进模式，这使得评论员的话语逻辑性是比较强的，语篇信息分布得比较合理，句与句之间衔接紧密，语义层层深入，对于问题的剖析透彻，使听话者对于接收的信息能以较小的努力来进行处理。集中型大量使用也是评论员话语逻辑性强的一种体现，同时也是其语篇构造中层次清晰、重点突出的反映。

问政代表的话语构建特征是以并列型为主，其他主位推进模式所占数量相差不大。问政代表是此领域会话中问政的主体，并列型主位推进模式主要在问政代表问话语步中被使用。当问政代表被主持人分配到话轮后，在有限的持有话轮的机会里，问政代表会从数量以及角度上尽可能多地提一些问题以有助于获得所需要的信息，因而语篇构建中问政代表很多时候采用并列型，用一些彼此并无明显关联的问题涵盖更多的内容。

新媒体主播的话语构建特征也是以并列型为主，其他主位推进模式所占数量差不多。在此会话领域中，新媒体主播所持有的话轮数是最少的，在问答对应结构中，新媒体主播的话语主要出现在问话语步中。在有限的持有话轮的机会里，新媒体主播的提问一般都比较简短、一语中的，同时采用并列型主位推进模式，尽可能多地扩充问题索取的信息量。

四、电视媒体问政类话题会话中优质与非优质会话模式

本书对电视媒体问政类话题问答会话主位推进模式研究的目的，是要通过研究出此领域问答会话语篇构成与发展的规律、各会话参与者如何建构各自的话语及其特征，以此为基础，进一步考察何种问答会话模式在此领域是优质会话模式，何种是非优质会话模式，进而从根本上试图解决此领域会话的一个最核心的问题——如何使答话提供的信息与问话索取的信息吻合度提高。试图解决这一问题对于问答会话研究无论是从语言本体角度还是从会话

分析角度、语篇分析角度都是一次有益的尝试。电视媒体问政类话题会话中优质会话模式与非优质会话模式的提出，对于构建此领域特有的会话模式至关重要，是将主位与述位理论、主位推进理论与伯明翰学派话语分析模式理论有机结合研究问答会话的一次全新的尝试。本书对电视媒体问政类话题会话中优质会话模式与非优质会话模式的研究主要是针对此领域会话中的"Q-A-F"简短型问答对应、"Q-A-Fi + a-Fii-Fiii"追问型问答对应、"Q-A-Qa-An-F"重问型问答对应进行的，这三种问答对应对于此领域会话的重要性前文已多次论述，这里不再赘述。为了行文方便，本书中将优质会话模式与非优质会话模式简称为优质与非优质会话模式。

对于优质与非优质会话模式进行研究，首先要解决的一个问题是用何种评价体系来对这两种模式界定，科学、有效、合适的评价体系有利于合理地划分会话模式，从而得到相对科学的研究成果。

（一）优质与非优质会话模式评价体系

对于电视媒体问政类话题会话中优质与非优质会话模式评价体系的构建需要从两个方面进行，即评价指标以及评价标准。

1. 评价指标

在问答对应中，答话所提供的信息符合问话所需要的信息的程度本书称之为答话与问话的吻合度。答话与问话的吻合度越高，说明答话所提供的信息越能满足问话所需，这样的问答更加有效。因而，答话与问话的吻合度是电视媒体问政类话题会话中优质与非优质会话模式的评价指标。答话与问话的吻合度和在问答对应中答话与问话共同构成的语篇关联度成正比，答话与问话共同构成的语篇关联度越高，彼此信息的吻合度就越高，反之则越低。考察答话与问话构成的语篇关联度的一个重要途径就是主位推进模式。主位推进模式通过各句主位与述位之间的某种接应、某种联系以及变化而实现，体现出了语篇中句与句的内在语义关联。因而，考察问答对应中答话与问话构成的语篇的主位推进模式是考察二者吻合度的一个重要途径。有了指标，如何评价，这就涉及了评价标准问题。

2. 评价标准

对于电视媒体问政类话题问答会话模式，本书试图通过对答话与问话吻合度的考察，将问答会话模式区分出优质会话模式和非优质会话模式，从而揭示有效的问答会话模式。本书提出的优质会话模式是指在问答对应中答话内容与问话内容吻合度高的会话模式。非优质会话模式是指在问答对应中答话内容与问话内容吻合度低的会话模式。那么对于优质会话模式和非优质会话模式评价标准的确定过程为：首先涉及的就是对吻合度评价标准的确立。这种吻合度的高、低如何判断，需要有科学的评价标准。进而利用这一评价标准，需要对答话与问话吻合度进行量化分级，制定量化分级标准。最后，研究出优质会话模式与非优质会话模式的评价标准。

（1）答话与问话吻合度的评价标准

在对本书语料进行深入研究的基础上，发现在对答话与问话吻合度评价的重要途径——主位推进模式中，反映这种吻合度的是答话中的语义内容对问话核心语中的语义内容的主位推进情况。问话核心语前文已有所论述，是指问话中相当于句法层面疑问句的部分。在问答对应结构中，答话中的内容针对问话核心语的内容进行主位推进模式使用的数量越多，说明两者的关联度越高，那么答话与问话的吻合度就越高，反之则越低。因而，答话中的内容针对问话核心语的内容进行主位推进模式使用的数量的多少就成了电视媒体问政类话题问答会话中答话与问话吻合度高低的评价标准。

（2）答话与问话吻合度的量化分级

那么答话与问话的吻合度如何来量化分级呢，即吻合度从低到高是如何通过答话中的内容针对问话核心语的内容进行主位推进模式的数量来体现的？在"Q-A-F"简短型问答对应、"Q-A-Fi + a-Fii-Fiii"追问型问答对应、"Q-A-Qa-An-F"重问型问答对应中，本书将依据答话针对问话核心语所进行的主位推进模式的数量对吻合度进行量化分级。

关于统计符合反映答话与问话吻合度要求的主位推进模式有以下几点说明：

第一，这里的问话核心语指的是上述三种问答对应中首个问话语步"Q"、追问语步"Fi + a"以及重问语步"Qa"中问话的核心语。

第二，答话指的是上述三种问答对应中的"A"答话语步、"Fii"答话语步，"An"答话语步中的答话。

第三，这三种问答对应中的后续语步"F"、后续结构中的后续语步"Fiii"中的主位推进模式不在此类统计的范围之内，因为"F"语步与"Fiii"语步并不是对问题的回答，不是答话，而是对前面内容表示话语接受、评价、评论等，对于会话模式是不是优质的基本不产生影响。

第四，由于要考察的是答话针对问话核心语所进行的主位推进模式，因而，在这三种问答对应中，"A"语步与"Q"语步构成的主位推进模式中，只统计"A"语步中的答话针对"Q"语步中的问话核心语的内容所进行的主位推进模式。因为问话中除了核心语外，根据表达的需要，还会有一些诸如为提出问题做铺垫的辅助语，① 不统计答话针对问话辅助语中的内容进行的主位推进模式，可以避免把不是针对问话核心语的答话囊括进来，使提取的主位推进模式更加精准。此外，"Q"语步中的问话核心语如由两个以上的疑问句构成，那么这些疑问句之间如果构成了主位推进模式，这些主位推进模式不在本书要统计的答话针对问话核心语所进行的主位推进模式的范围里。因为在"Q"语步问话核心语里的这些主位推进模式反映的只是问话核心语之间的语义关系，与答话并无明显关联。而且，"Q"语步问话核心语中的主位推进模式不在本书要统计的答话针对问话核心语所进行的主位推进模式的范围里。因为问话核心语与之前话语如有主位推进关系，这些主位推进模式与反映答话与问话核心语的吻合度没有明显关联。

第五，对符合反映答话与问话吻合度要求的答话针对问话核心语所进行的主位推进模式的统计依据的原则是：

首先，在"Q-A-F"简短型问答对应中，需要统计的答话针对问话核心语所进行的主位推进模式指的是"A"语步答话中直接针对"Q"语步中的问话核心语所进行的主位推进模式以及"A"语步中与这些主位推进模式中的主位或述位有主位推进关系的模式。这样统计能够囊括"A"语步答话中所有与"Q"语步问话核心语有语义关联的主位推进模式。如例（116）：

（116）**主**：……所以有个关键问题，‖刚才咱们片子里头大家都关注的这个污物的集中哈处理这个（T1）｜到底该怎么办（R1）？‖这恐怕是一个关键。‖

政：这个（T2）｜主要是研究这种模式啦（R2）。‖有的呢（T3），｜就是通过这个（1s）有机肥企业来接收啊（R3）。‖有的呢（T4），｜就是通过政府来组织啊把它抽出去再进行瘟化处理（R4）。‖这个模式呢（T5），｜我们还要进一步研究和探索（R5）。‖这项工作（T6）｜我们也刚刚接过来（R6）。‖这个（T7）｜还希望我们的专家啊，我们那位农民朋友多提意见和建议（R7），‖把我们这个工作啊（T8），｜共同做好

---

① 问话中除了核心语以外的部分叫作问话的辅助语。

（R8）。‖

主：嗯，呃如果有一些什么诚心的工作方法呃也希望⊥或者有什么方法未来，待会儿您给大家也做一个介绍好不好？（2019 年 4 月 4 日）

本书在提取答话针对问话核心语所进行的主位推进模式是按如下步骤操作：首先，先把例（116）这一"Q-A-F"简短型问答对应中需要统计的主位分别列出，T1"刚才咱们片子里头大家都关注的这个污物的集中哈处理这个"、T2"这个"、T3"有的呢"、T4"有的呢"、T5"这个模式呢"、T6"这项工作"、T7"这个"、T8"把我们这个工作啊"。"Q"语步中问话的核心语为"刚才咱们片子里头大家都关注的这个污物的集中哈处理这个到底该怎么办？"。

然后，将上例所有主位推进模式分析出来，用下式表示为：

T1—R1

T2（＝T1＋R1）—R2

T3（＝R2）—R3

T4（＝R2）—R4

T5（＝R2）—R5

T6—R6

T7（＝T6）—R7

T8（＝T6）—R8

通过上式可以看出"T6—R6"是并列型，主位 T6 与述位 R6 与其之前的其他小句中的主位与述位之间在语义上并无明显关联。政府人员的"A"语步中，主位 T2"这个"指代的是主持人"Q"语步问话的核心语"刚才咱们片子里头大家都关注的这个污物的集中哈处理这个到底该怎么办？"，因而"T2（＝T1＋R1）—R2"是整体推进型。主位 T3、T4、T5 分别从述位 R2"主要是研究这种模式啦"中派生出来，因而，"T3（＝R2）—R3""T4（＝R2）—R4""T5（＝R2）—R5"是派生型。主位 T7"这个"指的是主位 T6 的"这项工作"，主位 T8"把我们这个工作啊"与主位 T6"这项工作"语义接近，因而，"T7（＝T6）—R7"与"T8（＝T6）—R8"是平行型主位推进模式。

之后，提取答话针对问话核心语所进行的主位推进模式，分别为："T2（＝T1＋R1）—R2""T3（＝R2）—R3""T4（＝R2）—R4""T5（＝

R2）—R5"。在以上主位推进模式中，"T2（＝T1＋R1）—R2"是政府人员答话中直接与主持人问话核心语进行的主位推进，提出了针对污物处理的具体办法是研究这种模式。"T3（＝R2）—R3""T4（＝R2）—R4""T5（＝R2）—R5"分别与"T2（＝T1＋R1）—R2"中的述位"R2"进行了主位推进，构成了派生型主位推进模式。因而，它们属于本书考察答话针对问话核心语所进行的主位推进模式的范围之内的。虽然这三个派生型主位推进模式不是直接与主持人问话核心语进行的主位推进，但"T3（＝R2）—R3""T4（＝R2）—R4""T5（＝R2）—R5"主要从不同的方面来具体阐述"这种模式"，它们与问话核心语有密切的语义关联，这属于对问话核心语的回答内容。而"T7（＝T6）—R7"与"T8（＝T6）—R8"是对主位"T6"进行的平行型主位推进，"T6—R6"并没有对问话核心语进行主位推进，没有针对问话核心语进行回答，因而，"T6—R6""T7（＝T6）—R7""T8（＝T6）—R8"不属于本书要统计的答话针对问话核心语进行的主位推进模式。所以，通过对上例的分析，此例中答话针对问话核心语所进行的主位推进模式共有四个。

其次，"Q-A-Fi＋a-Fii-Fiii"追问型问答对应中，需要统计的答话针对问话核心语所进行的主位推进模式包括："A"语步中的答话直接针对"Q"语步中的问话核心语所进行的主位推进模式和在"A"语步中与这些模式中的主位或述位有主位推进关系的模式；还有"Fi＋a"追问语步中的问话核心语及辅助语与"A"语步内容中属于答话针对问话核心语所进行的主位推进模式①中的主位或述位有主位推进关系的模式②；以及"Fii"语步中的答话直接针对"Fi＋a"语步中的问话核心语③所进行的主位推进模式和在

---

① 这里的主位推进模式是指在"Q-A-Fi＋a-Fii-Fiii"追问型问答对应中，"A"语步中答话直接针对"Q"语步中的问话核心语所进行的主位推进模式和在"A"语步中与这些模式中的主位或述位有主位推进关系的模式。

② 由于需要统计"Fi＋a"追问语步中的问话核心语及辅助语与"A"语步内容中属于答话针对问话核心语所进行的主位推进模式中的主位或述位有主位推进关系的模式，这其实是问话对答话进行主位推进，这类主位推进模式数量比较少，而且考察这类主位推进模式的目的是进一步统计"Fii"语步的答话针对"Fi＋a"语步中的问话核心语所进行的主位推进模式是否符合反映答话与问话吻合度的主位推进模的要求。因而为了行文方便，避免表述繁琐，另分小类，本书将其归入答话针对问话核心语所进行的主位推进模式中。

③ 这里的问话核心语指的是"Fi＋a"语步中与"A"语步内容中属于答话针对问话核心语所进行的主位推进模式中的主位或述位有主位推进关系的问话核心语。

"Fii"语步中与这些模式中的主位或述位有主位推进关系的模式。

这里需要指出的是，"Fi + a"作为追问语步，主要是对"A"语步的某些内容进行追问，追问的目的实际上也是为了"Q"语步中的问话所服务的。追问使"Fii"语步中的答话对"A"语步的答话起到了一个补充、深化的作用，使"Q"语步中的问话所需的信息得到了相对全面、精准的回答。因而，在统计"Q-A-Fi + a-Fii-Fiii"追问型问答对应中反映答话与问话吻合度的主位推进模式时，需要统计"Fi + a"追问语步的内容与"A"语步内容中属于答话针对问话核心语所进行的主位推进模式中的主位或述位进行主位推进的模式。而且"Fi + a"语步中的问话核心语如果跟"A"语步内容中属于答话与问话核心语所进行的主位推进模式中的主位或述位没有主位推进关系，那么"Fii"语步中对"Fi + a"语步中问话核心语所进行的主位推进模式将不在统计范围之内。如例（117）：

（117）**主**：某所长，刚才片子里曝光的这几个店（T1），｜您平常去过吗（R1）？‖

政：我们（T2）｜有去过（R2）。‖

主：这几个店（T3）｜去过吗（R3）？‖

政：在居民楼里面这个---这个店（T4）｜我们确实没去过（R4）。‖

主：嗯……（2016 年 12 月 19 日）

例（117）是"Q-A-Fi + a-Fii-Fiii"追问型问答对应，需要统计的主位分别为：T1"某所长，刚才片子里曝光的这几个店"、T2"我们"、T3"这几个店"、T4"在居民楼里面这个这个店"。"Q"语步中问话核心语为"刚才片子里曝光的这几个店，您平常去过吗?"、"Fi + a"语步的问话核心语为"这几个店去过吗?"。这个问答对应的主位推进模式用下式表示为：

T1—R1

  T2—R2（＝R1）

    T3—R3（＝R2）

      T4（＝T3）—R4

在上式中，述位 R2"有去过"与述位 R1"您平常去过吗?"都是针对同一种情况——去过，述位 R2 是对这种情况给予肯定，述位 R1 是对这种情况进行提问，述位 R1、R2 属于同一种情况的范畴里。因此，"T2—R2（＝R1）"是集中型主位推进模式。述位 R3"去过吗"是对述位 R2"有去过"的追问，同样属于同一种情况，因而"T3—R3（＝R2）"是集中型。主位 T4"在居民楼里面这个这个店"和主位 T3"这几个店"是部分与整体的关系，二者部分一样，因而，"T4（＝T3）—R4"是平行型。在以上主位推进模式中，"T2—R2（＝R1）"是直接针对问话核心语所进行的主位推进模式，直接回答了"Q"语步的问题。"Fi＋a"追问语步中的问话核心语是针对"A"语步中属于答话针对问话核心语所进行的主位推进模式"T2—R2（＝R1）"中的述位 R2"有去过"进行追问，并与其构成了集中型主位推进模式即"T3—R3（＝R2）"。"Fiii"语步中的答话回答了"Fi＋a"语步问话核心语的问题，与之构成了平行型主位推进模式，即"T4（＝T3）—R4"。因此，"T2—R2（＝R1）""T3—R3（＝R2）""T4（＝T3）—R4"这三个主位推进模式属于答话针对问话核心语所进行的主位推进模式。

最后，"Q-A-Qa-An-F"重问型问答对应中需要统计的答话针对问话核心语所进行的主位推进模式包括："A"语步中的答话直接针对"Q"语步中的问话核心语所进行的主位推进模式和在"A"语步中与这些模式中的主位或述位有主位推进关系的模式；还有"Qa"语步中的问话核心语对"Q"语步中的问话核心语所进行的主位推进模式和"Qa"语步中的问话辅助语对"Q"语步中的问话核心语、对"A"语步中属于答话针对问话核心语所进行的主位推进模式①中主位或述位所进行的主位推进模式②；以及"An"语步中的答话针对与"Q"语步中的问话核心语有主位推进关系的"Qa"语步中的问话核心语所进行的主位推进模式和在"An"语步中与这些模式中的主位或述位有主位推进关系的模式。

这里需要注意的是，"Qa"语步中的问话主要是针对"Q"语步问话的

---

①　"Q-A-Qa-An-F"重问型问答对应中"A"语步中属于答话针对问话核心语所进行的主位推进模式是指"A"语步中答话直接针对"Q"语步中的问话核心语所进行的主位推进模式和在"A"语步中与这些模式中的主位或述位有主位推进关系的模式。

②　"Qa"语步中的问话核心语对"Q"语步中的问话核心语所进行的主位推进模式，实际上属于问话针对问话的主位推进模式；"Qa"语步中的问话辅助语对"Q"语步中的问话核心语、对"A"语步中属于答话针对问话核心语所进行的主位推进模式中主位或述位所进行的主位推进模式，实际上属于问话针对问话、问话针对答话所进行的主位推进模式。这些主位推进模式的数量不多，而且对于它们的统计的目的是进一步统计"An"语步的答话针对"Qa"语步中的问话核心语所进行的主位推进模式是否符合反映答话与问话吻合度的主位推进模的要求。因此，为了行文方便，避免表述繁琐、另分小类，本书将以上主位推进模式归入答话针对问话核心语所进行的主位推进模式里。

重问，如果"Qa"语步中问话核心语与"Q"语步中的问话核心语没有构成主位推进模式，那么"Qa"语步的问话就是无效的，此时"An"语步中的内容即使是对"Qa"语步问话核心语的内容进行了主位推进，这种主位推进模式也不属于本文要统计的答话针对问话核心语所进行的主位推进模式范围里，正因为如此，需要对"Qa"语步中的问话的主位推进模式进行统计。只有当"Qa"语步的问话核心语与"Q"语步的问话核心语在语义上能构成主位推进模式，"An"语步中的答话对"Qa"语步中的问话核心语的主位推进模式才符合本文要统计的答话针对问话核心语所进行的主位推进模式。如例（118）：

（118）**新主**：本期的投票互动话题接下来的时间呢，我们想请刚刚在台上发过言的三位被问政嘉宾来现场投个票。首先我们有请某市的负责人。‖您（T1）｜如何选择（R1）？‖

政：我（T2）｜觉得 A 这个政策宣传力度还需要加强（R2），‖这（T3）｜是一个前提（R3）。‖第二呢（T4），｜监管存漏洞未能及时发现问题（R4）。‖实际上是呢（1s）（T5）｜放纵了这些问题的发生（R5）。‖

新主：嗯，如果说这（T6）｜是一道单选题的话（R6），‖您（T7）｜会把这一票投向哪一个（R7）？‖

政：C（R8）。‖

新主：C，监管。‖……（2017 年 3 月 24 日）

例（118）是"Q-A-Qa-An-F"重问型问答对应，需要统计的主位分别为：T1"您"、T2"我"、T3"这"、T4"第二呢"、T5"实际上是呢"、T6"嗯，如果说这"、T7"您"。"Q"语步的问话核心语为"您如何选择？"，"Qa"语步问话核心语为"您会把这一票投向哪一个？"。这个问答对应结构的主位推进模式用下式表示为：

T1—R1

T2（=T1）—R2

T3（=R2）—R3

T4（=R1）—R4

T5—R5

T6—R6

T7（=T1）—R7

R8（=R7）

在上式中，针对新媒体主播在"Q"语步中的问话，政府人员在"A"语步中用"我"作为话语起点，主位 T2"我"与主位 T1"您"形成了呼应，构成了平行型主位推进模式"T2（= T1）—R2"。主位 T3"这"指代的是述位 R2 中的"A 这个政策宣传力度还需要加强"的内容，因而构成了延续型主位推进模式"T3（= R2）—R3"。主位 T4"第二呢"是政府人员做出的第二个选择，是对新媒体主播问话中的述位 R1"如何选择"进行的回答，因而 T4"第二呢"与 R1"如何选择"虽在字面上没有明显重复，但其内涵上有紧密联系，二者构成了延续型主位推进模式"T4（= R1）—R4"。"T5—R5""T6—R6"中的主位与述位与其前面这些小句中的主位、述位并无明显关联，是并列型主位推进模式。新媒体主播在"Qa"语步中，问话核心语"您会把这一票投向哪一个？"，这是对"Q"语步中问话核心语的重问。在"Q"语步中，新媒体主播想问的是单项选择，而得到的政府人员的回答是多选，因而在"Qa"语步主持人进行了重问，问话核心语中的主位 T7"您"与"Q"语步问话核心语中的主位 T1"您"在语义上是相同的，因而二者构成了平行型主位推进模式"T7（= T1）—R7"。面对新媒体主播的重问，政府人员明确作出了选择——"C"，"C"单独构成了一个句子，这个句子只有述位 R8"C"，没有主位，属于零主位的句子。述位"R8"针对新媒体主播主持人问话核心语中的述位 R7"会把这一票投向哪一个"进行了精准的回答，二者虽在字面上没有明显重复，但在语义上有紧密的联系，基本属于同一种情况，因而二者构成了集中型主位推进模式"R8（= R7）"。

通过对以上主位推进模式的分析，在例（118）中，答话针对问话核心语所进行的主位推进模式为："T2（= T1）—R2""T3（= R2）—R3""T4（= R1）—R4""T7（= T1）—R7""R8（= R7）"。

第六，鉴于以上统计原则，本书把能够反映答话与问话吻合度的答话针对问话核心语所进行的主位推进模式称为相关主位推进模式。把答话没有针对问话核心语所进行的主位推进模式称为非相关主位推进模式。对于"Q-A-F"简短型问答对应、"Q-A-Fi + a-Fii-Fiii"追问型问答对应、"Q-A-Qa-An-F"重问型问答对应这三种结构中的非相关主位推进模式这里有几点需要说明：

首先，同相关主位推进模式一样，这三种问答对应中的后续语步"F"语步、后续结构中的后续语步"Fiii"中的主位推进模式不在本书考察的非相关主位推进模式的范围之内，因为非相关主位推进模式主要是反映答话与问话核心语的非相关性，而"F"语步与"Fiii"语步并不是对问题的回答，不是答话，而是对前面内容表示接受、评价或是希望等，对于会话模式是否是优质的不产生影响。

其次，在以上三种问答对应中，"Q"语步中的主位推进模式不在非相关主位推进模式的统计范畴之内。因为"Q"语步中的主位推进模式跟反映答话与问话核心语的非相关性并无明显联系。

最后，"Q-A-F"简短型问答对应、"Q-A-Fi + a-Fii-Fiii"追问型问答对应、"Q-A-Qa-An-F"重问型问答对应这三种问答对应中的非相关主位推进模式的统计范围就是"Q-A-F"简短型问答对应中的"A"语步、"Q-A-Fi + a-Fii-Fiii"追问型问答对应中的"A"语步、"Fi + a"语步、"Fii"语步以及"Q-A-Qa-An-F"重问型问答对应中的"A"语步、"Qa"语步、"An"语步中的除了相关主位推进模式以外的所有主位推进模式。比如在前文例（116）中的主位推进模式里，"T2（= T1 + R1）—R2""T3（= R2）—R3""T4（= R2）—R4""T5（= R2）—R5"是答话针对问话核心语所进行的相关主位推进模式，而"T6—R6" "T7（= T6）—R7" "T8（= T6）—R8"是答话中与问话核心语无明显关联的主位推进模式，是答话没有针对问话核心语所进行的主位推进模式，因而是非相关主位推进模式。

下面制定答话与问话吻合度量化分级标准。

对于答话与问话吻合度的量化分级标准的制定，第一步，针对"Q-A-F"简短型问答对应、"Q-A-Fi + a-Fii-Fiii"追问型问答对应、"Q-A-Qa-An-F"重问型问答对应这三种问答对应中的每个问答对应统计反映答话与问话吻合度的答话针对问话核心语所进行的主位推进模式的数量即相关主位推进模式的数量。第二步，针对"Q-A-F"简短型问答对应、"Q-A-Fi + a-Fii-Fiii"追问型问答对应、"Q-A-Qa-An-F"重问型问答对应这三种问答对应中的每个问答对应统计非相关主位推进模式的数量。第三步，统计每个问答对应中相关主位推进模式的数量占每个问答对应中相关主位推进模式数量与非相关主位推进模式数量的总和的百分比，这一百分比就是答话与问话的吻合度。如例（116）中，相关主位推进模式与非相关主位推进模式总和的数量为 7 个，答话针对问话核心语所进行的相关主位推进模式有 4 个，非相关主位推进模式有 3 个，因而，这一问答对应中答话与问话的吻合度为 57%。例（117）中，答话针对问话核心语所进行的相关主位推进模式有 3 个，这一结构中没有非相关主位推进模式，因而，这一问答对应中答话与问话的吻合度为 100%。第四步，将吻合度分为十个等级，如下表：

表 4 - 5　答话与问话吻合度量化分级标准

等级	吻合度
一级	0% ~ 9%
二级	10% ~ 19%
三级	20% ~ 29%
四级	30% ~ 39%
五级	40% ~ 49%
六级	50% ~ 59%
七级	60% ~ 69%
八级	70% ~ 79%
九级	80% ~ 89%
十级	90% ~ 100%

在上表中，答话与问话的吻合度在 0% ~ 9% 之间的是最低的，答话与问话如果是一级吻合度，那么答话基本上没有针对问话进行回答，因而是无效的，属于所答非所问。从一级到十级，随着吻合度等级的提高，答话的精准度逐层提高。当答话和问话达到十级吻合度的时候，此时的答话提供的信息与问话所需的信息在全面性与精准性这两个方面是基本匹配的，此时问答会话构成的语篇较为连贯顺畅，有助于会话参与者们的会话目的、任务的实现，问政的会话效率较高，有利于推动问政相关问题解决的进程。

（3）优质会话模式与非优质会话模式的评价标准

上文研究出了答话与问话吻合度的评价标准及量化分级标准，由此可以总结出优质会话模式与非优质会话模式的评价标准，如下表：

表4-6 优质与非优质会话模式的评价标准

会话模式	评价标准	
	吻合度等级	答话提供的信息与问话所需的信息之间的关系
非优质会话模式	一级	随着吻合度等级的提高，答话从一级的所答非所问开始，针对问话所需信息逐层增加信息的"数量"、提高信息的"质量"，到达五级的吻合度时，答话所提供的信息仍没有达到能够回答清楚问题的程度。
	二级	
	三级	
	四级	
	五级	
优质会话模式	六级	从六级开始答话基本能回答清楚问题。随着吻合度等级的提高，答话中提供的信息无论从全面性还是从精准性方面都逐层提高，到了吻合度十级，答话提供的信息与问话所需的信息在全面性、精准性方面基本完全吻合，这样的答话完全满足问话的需求，问答顺畅进行，会话效率较高。
	七级	
	八级	
	九级	
	十级	

通过上表可以看出，优质会话模式与非优质会话模式的评价标准为：将答话与问话吻合度为一级到五级的问答对应中的会话模式定为非优质会话模式，将答话与问话吻合度为六级到十级的问答对应中的会话模式定为优质会话模式。吻合度等级的不同，优质会话模式与非优质会话模式中答话提供的信息与问话所需的信息之间的关系发生变化，总体趋势为吻合度等级越高，答话提供的信息在"数量"和"质量"方面与问话所需信息的匹配度越高。如例（116）答话与问话的吻合度为57%，是吻合度六级的优质会话模式；例（117）答话与问话的吻合度为100%，是吻合度十级的优质会话模式。

下面列举一个非优质会话模式的例子，例（101）是在讨论并列型主位推进模式在跨语步中进行的情况时所举的例子，例（101）只举了这一问答对应的一部分，下面，我们以这一问答对应结构的全部内容为例，来看一下非优质会话模式的情况。如例（119）：

（119）主：政协委员（T1）｜是否还要发问（R1）？‖

代：我想从今天的问政当中啊（T2），｜应该反映出一个问题（R2）。‖那么有一些呢（T3）｜是我们可能各自负责的（R3）。‖可能这（T4）｜还有其他别的部门负（R4）‖▲

主：▼咱们（T5）｜有专门的评论员啊（R5）。‖您（T6）｜有没有

问题要问（R6）？‖

　　代：没有了（R7）。‖ 我（T8）觉得作为某局回答应该说是尽快地解决（R8）。‖

　　主：好，那咱们接着往下来看。……（2017 年 6 月 23 日）

　　上例是"Q-A-Qa-An-F"重问型问答对应，相关主位推进模式与非相关主位推进模式中的主位为：T1"政协委员"、T2"我想从今天的问政当中啊"、T3"那么有一些呢"、T4"可能这"、T5"咱们"、T6"您"、T8"我"。"Q"语步的问话核心语为"政协委员是否还要发问"，"Qa"语步的问话核心语为"您有没有问题要问"。这一重问型问答对应结构的主位推进模式可以用下式表示为：

T1—R1

　T2—R2

　　T3—R3

　　　T4—R4

　　　　T5—R5

　　　　　T6—R6（＝R1）

　　　　　　R7（＝R6）

　　　　　　　T8—R8

　　在上式中，主持人在"Q"语步中询问"是否还要发问"，问政代表在"A"语步中的答话并没有回答主持人的问题，而是对问政的相关问题进行了评论。因而，问政代表在"A"语步中的主位推进模式"T2—R2""T3—R3""T4—R4"是并列型主位推进模式。在"Qa"语步中，由于问政代表没有回答主持人的问题，主持人打断了问政代表的话语。主持人先用"咱们有专门的评论员"对问政代表的回答进行了提示，但这句话与之前问政代表的表述的内容并无明显的语义关联，因而"T5—R5"是并列型主位推进模式。随后，主持人进行了重问，再次问问政代表"您有没有问题要问?"，主持人的问话中的述位 R6"有没有问题要问"与"Q"语步的问话核心语中的述位 R1"是否还要发问"在语义内容上是一致的。因而，"T6—R6（＝R1）"是集中型主位推进模式。在"An"语步中，问政代表用"没有了"明确回答了主持人的问题，这一句中，没有主位，述位 R7"没有了"针对述位 R6"有没有问题要问"进行了回答，R7 是 R6 的一部分，二者基本属于同一种情况，因而"R7（=R6）"是集中型主位推进模式。随后，问政代表的话语与之前的语义内容无明显的语义关联，"T8—R8"是并列型主位推进模式。可以看出此问答对应构成的整体语篇不是很连贯，话语间的关联度不强。此问答对应中的相关主位推进模式为："T6—R6（=R1）""R7（=R6）"。非相关主位推进模式为："T2—R2""T3—R3""T4—R4""T5—R5""T8—R8"。此问答对应中答话与问话的吻合度为29%，吻合度为三级，该问答对应的会话模式是非优质会话模式。

（二）优质会话模式

电视媒体问政类话题会话中的优质会话模式是此领域会话参与者合作度高的体现，是答话提供的信息与问话所需信息契合度高的结果，是答话与问话所构成的语篇衔接连贯的反映。对于优质会话模式的研究不但能够找寻提高电视媒体问政类话题会话中的答话与问话吻合度的途径，为此领域会话者提供可资借鉴的问答会话模式，而且还能更为深入地揭示此领域会话有别于其他电视媒体领域会话的问答特征。同时还能为相关领域问答会话的研究提供新的思路，并且为相关领域会话检验答话是否有效提供可参考的依据。

1. 优质会话模式特征

本节主要通过五个方面来揭示优质会话模式的特征，这五个方面为：问答对应结构、反映吻合度的相关主位推进模式、各会话参与者的话语组织、非相关主位推进模式、主位构成。

（1）优质会话模式在问答对应结构方面的特征

在优质会话模式中，"Q-A-F"简短型问答对应、"Q-A-Fi + a-Fii-Fiii"追问型问答对应、"Q-A-Qa-An-F"重问型问答对应这三种问答对应哪种是优质会话模式的代表性结构，优质会话模式中各类型问答对应在此领域会话中的优质率如何，这也就成了优质会话模式的特征之一。优质率的计算方法为：将"Q-A-F"简短型问答对应、"Q-A-Fi + a-Fii-Fiii"追问型问答对应、"Q-A-Qa-An-F"重问型问答对应三种问答对应中每种问答对应在每一吻合度等级的优质会话模式的数量分别除以在此领域会话中这三种问答对应每种问答对应的总数量，得到的就是优质率。例如"Q-A-F"简短型问答对应在六级吻合度中的优质会话模式数量为21个，"Q-A-F"简短型问答对应在此领域会话中共有155个，通过计算得到其在六级吻合度中的优质率为14%。之所以这样计算优质率是为了避免有的问答对应因在此领域问答会话中本身数量很少，那么即使优质会话模式多，但当将其优质会话模式的数量除以这三种问答对应的总数时，其优质率仍然是低的，这样统计出来的优质率不具有科学性，也不能反映真实的情况。而将每种问答对应中的优质会话模式的数量分别除以各自问答对应的总数时，这时所得到的优质率能够真实地反映该问答对应中优质会话模式的情况。通过对此领域会话这三种问答对应数量的统计，每种问答对应的总量是："Q-A-F"简短型问答对应的总量为155个，"Q-A-Fi + a-Fii-Fiii"追问型问答对应的总量为45个，"Q-A-Qa-An-F"重问型问答对应的总量为9个。那么，通过对本文语料的统计，优质会话模式中以上三类问答对应的数量及优质率具体如下：

表4-7　优质会话模式中问答对应的数量及优质率

吻合度等级	Q-A-F		Q-A-Fi + a-Fii-Fiii		Q-A-Qa-An-F		合计	
	数量	优质率	数量	优质率	数量	优质率	数量	优质率
六级	21	13.5%	8	17.8%	1	11.1%	30	14.4%
七级	13	8.4%	4	8.9%	1	11.1%	18	8.6%
八级	9	5.8%	3	6.7%	1	11.1%	13	6.2%
九级	10	6.4%	4	8.9%	0	0%	14	6.7%
十级	40	25.8%	9	20%	0	0%	49	23.4%
总计	93	60%	28	62%	3	33%	124	59%

通过上表可以看出，优质会话模式中，"Q-A-F"简短型问答对应、"Q-A-Fi + a-Fii-Fiii"追问型问答对应、"Q-A-Qa-An-F"重问型问答对应三种问答对应结构总体的优质率为59%。在此领域会话中，各会话参与者都在努力、认真地完成各自的会话任务，答话与问话的吻合度还可以。但优质率不是很高也反映出了在电视媒体问政类话题问答会话过程中，各会话参与者自身话语的语义关联度及彼此进行问答时的语义关联度都还有待提高。这个结论与之前得出的此领域会话主位推进模式总体特征是以并列型主位推进模式为主所反映出来的情况相一致，这说明对此领域优质会话模式进行研究的有效性及必要性。对于优质率不是很高的问题，需要在多方面进行调整。在本书研究范围内能够做的是从提高问答会话的吻合度，找寻优质会话模式的特征等方面来研究解决问题的途径。在第六章，本书还将从会话策略的角度对这方面问题进行论述，其他需要调整的方面不在本书研究范围之内。

在优质会话模式中，"Q-A-Fi + a-Fii-Fiii"追问型问答对应结构是优质会话模式的代表性结构之一。通过表 4 – 7 可以看出，"Q-A-Fi + a-Fii-Fiii"追问型问答对应优质率是最高的，达到了 62%，优质会话模式中，此问答对应在十级吻合度里的优质率为 20%。这一问答对应虽是追问结构，但在此领域问答会话中，通过追问，回答者在被追问的情况下，会更加严谨地进行回答，有助于"Fii"语步的答话与"Fi + a"语步的问话核心语的吻合度提高，同时提供的信息能够补充、丰富、深化"A"语步中的答话，进而有利于"Q"语步里问话核心语所需要的信息能够精准地获得。追问能够使有用的信息得到挖掘，使答话与问话核心语的吻合度提高，使话语的连贯性强。因而，作为电视媒体问政类话题会话中典型结构之一的"Q-A-Fi + a-Fii-Fiii"追问型问答对应结构成为优质会话模式的代表性结构之一。为了提高优质会话模式，这一类问答对应结构应多予以使用。

在优质会话模式中，"Q-A-F"简短型问答对应也是优质会话模式的代表性结构之一。"Q-A-F"简短型问答对应的优质率为 60%，这一结构是此会话领域的代表性结构之一，优质率虽不是最高，但和"Q-A-Fi + a-Fii-Fiii"问答对应结构的优质率相差不大。而且，这一问答对应的优质会话模式与其他两种问答对应的优质会话模式相比，在吻合度十级中，优质率是高于其他两种问答对应的。因而，本书认为"Q-A-F"简短型问答对应也是优质会话模式的代表性结构之一。这一问答对应在会话节奏上是比较快的，没有追问，由三个语步构成，能够节省会话时间，提高会话的效率。因而，会话参与者要想提高会话语义相关性，提高会话模式优质率的同时提高会话效率，应多使用此种结构。

优质会话模式中，"Q-A-Qa-An-F"重问型问答对应所占数量是最少的，优质率只有 33%，在吻合度等级上，这一类型的问答对应只在六级、七级和八级上有优质会话模式。究其原因，是因为这一问答对应是会话出现了所答非所问时容易出现的一种结构，答非所问自然是由于答话与问话核心语吻合度低造成的，因而这一问答对应的优质率低。在电视媒体问政类话题问答会话中，应尽量避免这一问答对应的出现，这一问答对应一般不利于问答会话的连贯性及会话效率。

以上分析出了优质会话模式中具有代表性的问答对应结构以及其优质率方面的特征，下面将从相关主位推进模式方面来进一步探讨优质会话模式的特征。

（2）优质会话模式中的相关主位推进模式特征

对优质会话模式中的相关主位推进模式情况的考察有助于发掘优质会话模式的特征。本节首先将对优质会话模式中相关主位推进模式的总体特征进行考察，其次将具体对"Q-A-F"简短型问答对应、"Q-A-Fi＋a-Fii-Fiii"追问型问答对应、"Q-A-Qa-An-F"重问型问答对应中优质会话模式的相关主位推进模式进行考察，试图在相关主位推进模式方面从总体到具体全方位地考察优质会话模式所具有的特征。

第一，优质会话模式中的相关主位推进模式总体特征。

通过对"Q-A-F"简短型问答对应、"Q-A-Fi＋a-Fii-Fiii"追问型问答对应、"Q-A-Qa-An-F"重问型问答对应这三种问答对应里优质会话模式中相关主位推进模式的统计，得到以下结果：

表4－8　优质会话模式中相关主位推进模式的数量

相关主位推进模式	吻合度等级					合计
	六级	七级	八级	九级	十级	
延续型	34	41	29	38	64	206
并列型	0	0	0	0	0	0
集中型	76	53	53	47	81	310
平行型	43	33	19	43	43	181
交叉型	4	7	5	4	11	31
整体推进型	16	16	8	10	24	74
派生型	22	11	10	15	23	81
概括型	4	4	0	1	5	14
总计	199	165	124	158	251	897

在上表中，优质会话模式在相关主位推进模式方面的总体特征为以集中型为主，延续型使用的数量也很多。这说明集中型主位推进模式有助于提高此领域会话的吻合度，进而使会话模式成为优质会话模式。会话者使用集中型的目的在于用相对简单的语言，利用不同的语句起点来表述同一种情况，突出重点，直击问题的核心。这一主位推进模式使答话更具有针对性，问话所需要的信息在答话中通过集中型主位推进模式得到反复强调，从而使答话

与问话的吻合度高。延续型的使用能够使话语逐层深入，随着话语的发展，不断带出新信息，进而使信息量逐渐增大。答话中运用延续型主位推进模式提供问话所需的信息时，会形成一种良性循环，使这种信息越来越多，构成了信息链，进而使答话与问话的吻合度提高。

从吻合度的等级来看，十级吻合度的优质会话模式所使用的相关主位推进模式数量最多，达到了251个，这说明在此领域会话中，如果想要达到很好的问政会话效果，在问政现场通过问答会话提高解决问题的时效，应注意语义之间的关联。如果想要语句之间前后衔接紧密，逻辑性强，就要借助于相关主位推进模式。通过十级吻合度的优质会话模式证实了在此领域会话中，更多地使用相关主位推进模式有助于提高答话的质量。

第二，"Q-A-F"简短型问答对应中优质会话模式的相关主位推进模式特征。

通过对语料中"Q-A-F"简短型问答对应中优质会话模式的相关主位推进模式数量的统计，得到以下结果：

表4-9 "Q-A-F"问答对应中优质会话模式的相关主位推进模式数量

相关主位推进模式	吻合度等级					合计
	六级	七级	八级	九级	十级	
延续型	18	31	17	30	56	152
并列型	0	0	0	0	0	0
集中型	44	36	23	37	68	208
平行型	25	19	8	28	36	116
交叉型	2	3	1	1	9	16
整体推进型	7	13	4	9	22	55
派生型	22	4	5	9	21	61
概括型	2	1	0	1	2	6

上表中，在相关主位推进模式方面，"Q-A-F"简短型问答对应中优质会话模式的特征为以集中型主位推进模式为主。在以上每一级吻合度中，集中型所占数量都是最多的。集中型主位推进模式有利于话语强调重要信息，重点突出对于电视媒体问政类话题会话尤为关键，此领域问答会话不需要华丽的语言，需要的是能够问得到位、答得精准、重点突出的话语。因而，作

为优质会话模式的代表性结构之一的"Q-A-F"简短型问答对应，大量使用集中型主位推进模式说明此模式对于此领域问答会话的重要性及有效性。同时，"Q-A-F"简短型问答对应中优质会话模式以集中型为主的特征与此领域优质会话模式在相关主位推进模式方面的总体特征一致，因而这也在某种程度上说明了此问答对应作为优质会话模式的代表性结构的地位。

第三，"Q-A-Fi + a-Fii-Fiii"追问型问答对应中优质会话模式的相关主位推进模式特征。

通过对语料中"Q-A-Fi + a-Fii-Fiii"追问型问答对应中优质会话模式里的相关主位推进模式数量的统计，得到以下结果：

表4－10　"Q-A-Fi + a-Fii-Fiii"问答对应中优质会话模式的相关主位推进模式数量

相关主位推进模式	吻合度等级					合计
	六级	七级	八级	九级	十级	
延续型	16	9	10	8	8	51
并列型	0	0	0	0	0	0
集中型	28	14	29	10	13	94
平行型	17	7	9	15	7	55
交叉型	2	4	4	3	2	15
整体推进型	9	3	4	1	2	19
派生型	0	7	5	6	2	20
概括型	1	2	0	0	3	6

在上表中，"Q-A-Fi + a-Fii-Fiii"追问型问答对应中优质会话模式里的相关主位推进模式特征是以集中型主位推进模式为主。在吻合度等级中，除了第九级，集中型都是最多的。在追问型问答对应中，集中型的大量使用能够有助于对重要信息的关注及强调，同时使答话者能够把握追问的重要信息，从而使在追问下所得到的答话能够补充、扩展之前答话所提供的一些信息。集中型主位推进模式对于提高"Q-A-Fi + a-Fii-Fiii"追问型问答对应中优质会话模式的数量起到了很大的作用。作为优质会话模式的代表性结构之一的"Q-A-Fi + a-Fii-Fiii"追问型问答对应，在相关主位推进模式方面的特征与优质会话模式在这方面的总体特征基本一致，这也是此结构作为优质会话模式代表性结构的一种反映。在前文例（103）中只列举了"Q-A-Fi + a-

Fii-Fiii"追问型问答对应的一部分，下面用这一问答对应的全部内容进行举例说明，如例（120）：

（120）主：好，第一个问题我想我来问问咱们的某局某局长哈。‖刚才片子里头曝光的某地的这个屠宰场（T1）｜是咱们登记在册的企业吗（R1）？‖

政：应该它（T2）｜是登记在册的企业（R2）。‖

主：登记在册的企业（T3）｜是不是有专门驻场的监管人员（R3）？‖

政：有专门驻场的检疫人员（R4）。‖

主：好，下面请（1s）人大代表发问。（2016年12月19日）

在上例中，需要统计的主位为：T1"刚才片子里头曝光的某地的这个屠宰场"、T2"应该它"、T3"登记在册的企业"。在"Q"语步中的问话核心语为"刚才片子里头曝光的某地的这个屠宰场是咱们登记在册的企业吗?"，"Fi+a"语步中的问话核心语为"登记在册的企业是不是有专门驻场的监管人员?"。上例问答对应的主位推进模式用下式表示为：

T1—R1
　T2—R2（=R1）
　　T3（=R2）—R3
　　　R4（=R3）

在上式中，针对主持人在"Q"语步中的问题，政府人员在"A"语步进行了明确的回答，政府人员在"A"语步中的述位R2"是登记在册的企业"与主持人在"Q"语步中的述位R1"是咱们登记在册的企业吗"在语义上是接近的，只不过一个属于答话的一部分，一个属于问话的一部分，R2是针对R1的回答，二者基本属于一种情况，主位T1"刚才片子里头曝光的某地的这个屠宰场"和主位T2"应该它"从表述实际情况与表述自己对这一情况的观点两个不同的角度基本归结为同一种情况，因而"T2—R2（=R1）"是集中型主位推进模式。接下来，主持人在"Fi+a"语步对"A"语步中"登记在册的企业"用正反问句"登记在册的企业是不是有专门驻场的监管人员?"进行了追问，主位T3"登记在册的企业"与述位R2"是登记在册的企业"在语义上属于一致的，因而"T3（=R2）—R3"是延长型主位推进模式。在主持人的追问下，政府人员在"Fii"语步中，进行了简短的回答，直接用述位R4"有专门驻场的检疫人员"精准地回答了主持人的问题，述位 R4 与述位 R3 "是不是有专门驻场的监管人员"在语义上是接近的，基本属于同一种情况，因而"R4（= R3）"是集中型主位推进模式。因而，在上例中相关主位推进模式为"T2—R2（= R1）""T3（= R2）—R3""R4（= R3）"，没有非相关主位推进模式，答话与问话的吻合度为 100%，因而这一追问型问答对应的会话模式为优质会话模式。

在上例中，使用最多的相关主位推进模式为集中型主位推进模式，首先政府人员在"A"语步通过集中型主位推进模式回答了主持人在"Q"语步问话核心语中的话语，使重要信息"登记在册的企业"得到了强调，同时提高了答话与问话语义相关性。随后，在主持人的追问下，政府人员又使用集中型主位推进模式，在"Fii"语步既回答了主持人追问的问题，又重复了重要信息"有专门驻场的检疫人员"，使答话与问话从不同的角度集中为同一种情况。集中型主位推进模式使"屠宰场"作为登记在册的企业所具有的一些情况在追问下清晰地展示出来，使追问的会话效果得以实现，提高了答话与问话的吻合度，进而有助于产生优质会话模式。

第四，"Q-A-Qa-An-F"重问型问答对应中优质会话模式的相关主位推进模式特征。

通过对语料中"Q-A-Qa-An-F"重问型问答对应中优质会话模式里的相关主位推进模式数量的统计，得到以下结果：

表 4－11　"Q-A-Qa-An-F"问答对应中优质会话模式的相关主位推进模式数量

相关主位推进模式	吻合度等级					合计
	六级	七级	八级	九级	十级	
延续型	0	1	2	0	0	3
并列型	0	0	0	0	0	0
集中型	4	3	1	0	0	8
平行型	1	7	2	0	0	10
交叉型	0	0	0	0	0	0
整体推进型	0	0	0	0	0	0
派生型	0	0	0	0	0	0
概括型	1	1	0	0	0	2

在上表中，在相关主位推进模式方面，"Q-A-Qa-An-F"重问型问答对

应中的优质会话模式特征为以平行型主位推进模式为主，其优质会话模式在吻合度七级中平行型最多。对于"Q-A-Qa-An-F"重问型问答对应来说，平行型的大量使用有助于"Qa"语步发挥更大的效力，使"Qa"语步与"Q"语步中问话核心的话题语义关联性强，从而有助于得到答话更为精准的信息。在相关主位推进模式方面，"Q-A-Qa-An-F"重问型问答对应中的优质会话模式特征与此领域会话优质会话模式的总体特征并不一致，这也验证了"Q-A-Qa-An-F"重问型问答对应不能作为优质会话模式代表性结构。

（3）优质会话模式中各会话参与者组织话语特征

电视媒体问政类话题会话中，各会话参与者会话的目的、任务不同，因而各会话参与者在优质会话模式中对于各自话语语篇的组织、推进所采用的方式不尽相同，呈现出了各自的特征，这也构成了优质会话模式的特征之一。优质会话模式中各会话参与者组织话语的特征通过其对相关主位推进模式的使用情况得以体现。

第一，政府人员组织话语的特征。

优质会话模式中，政府人员使用相关主位推进模式组织话语的情况为：

表4-12　政府人员话语中相关主位推进模式的数量

相关主位推进模式	吻合度等级					合计
	六级	七级	八级	九级	十级	
延续型	23	31	26	16	40	136
并列型	0	0	0	0	0	0
集中型	59	36	48	33	59	235
平行型	35	21	15	21	27	119
交叉型	4	6	4	3	6	23
整体推进型	12	10	8	3	15	48
派生型	18	11	10	8	23	70
概括型	1	3	0	0	4	8

上表中，优质会话模式里政府人员组织话语的特征为以集中型为主要相关主位推进模式。作为被问政主体的政府人员，集中型能够提高话语的凝聚力。政府人员通过电视问政这一平台在会话现场尽可能地去解答问政的相关问题，因而，使用集中型主位推进模式有助于表述具有清晰性、答话具有切

合性、解答问题具有时效性。从吻合度等级来看，十级吻合度中，集中型也是使用最多的，因而，这也再一次证实了集中型主位推进模式对于政府人员来说是最有效的话语组织模式。在例（120）的优质会话模式中，政府人员通过集中型主位推进模式组织话语，在"A"语步对问话清晰作答，在"Fii"语步使答话简练精准，整个答话具有切合性，与问话吻合度高。在"电视媒体问政类话题会话中各会话参与者主位推进模式特征"这一小节里，发现政府人员使用最多的主位推进模式为并列型，而通过本节研究发现政府人员组织话语的有效主位推进模式为集中型，这也证实了对优质会话模式研究的意义所在。

第二，主持人组织话语的特征。

优质会话模式中，主持人使用相关主位推进模式组织话语的情况为：

表 4 − 13　主持人话语中相关主位推进模式的数量

相关主位推进模式	吻合度等级					合计
	六级	七级	八级	九级	十级	
延续型	3	1	0	2	2	8
并列型	0	0	0	0	0	0
集中型	6	3	5	3	4	21
平行型	3	0	2	0	0	5
交叉型	0	1	1	1	1	4
整体推进型	1	2	1	1	0	5
派生型	0	0	0	0	0	0
概括型	1	1	0	0	1	3

上表中，在优质会话模式里，主持人组织话语的特征为以集中型主位推进模式为主，在十级吻合度中，集中型仍为使用最多的主位推进模式。在优质会话模式中，主持人的相关主位推进模式主要集中在问话"Fi + a"追问语步以及"Qa"重问语步中。集中型作为有效的主位推进模式，主要是因为在"Fi + a"追问语步，集中型能够使主持人的追问针对"A"语步的内容重点突出，有针对性。在"Qa"重问语步中，集中型使主持人对"Q"语步问话进行的重问能够从不同的角度归结为同一种情况，而这同一种情况多数为重问的内容，起到了强调的作用。因而，集中型的使用能够提高主持

人对于会话环节的掌控力、组织力以及协调力。如例（117）中，主持人在
"Fi＋a"语步针对政府人员在"A"语步中述位 R2"有去过"进行了追问，
使用了集中型主位推进模式，从另一个角度即主位 T3"这几个店"与主位
T2"我们"归结为对同一种情况——"去过"的强调，对"去过"产生疑
问，运用集中型主位推进模式，既强调了重要内容，又有助于追问具有针对
性，语义关联度强。

第三，评论员组织话语的特征。

优质会话模式中，评论员使用相关主位推进模式组织话语的情况为：

表4－14　评论员话语中相关主位推进模式的数量

相关主位推进模式	吻合度等级					合计
	六级	七级	八级	九级	十级	
延续型	9	9	2	20	21	61
并列型	0	0	0	0	0	0
集中型	11	13	0	11	17	52
平行型	4	10	1	22	15	52
交叉型	0	0	0	0	4	4
整体推进型	2	4	0	6	9	21
派生型	4	0	0	7	0	11
概括型	1	0	0	1	0	2

通过上表可以看出，在优质会话模式里，评论员组织话语的特征为以延
续型主位推进模式为主，集中型和平行型使用的数量也较多。在十级吻合度
的优质会话模式中，延续型也是最多的。评论员对于问政相关问题的评论一
般话语量都较大，因而话语的逻辑性尤为重要。延续型的大量使用能够使评
论员的话语层次感强，语句衔接顺畅，语篇句与句之间前后呼应，话语发展
脉络清晰。集中型能够突出重点，平行型能够使同一个问题得到多方面的论述，
因而，这三个主位推进模式的使用能够使评论员的话语评论有深度、有广度。

第四，问政代表组织话语的特征。

在优质会话模式中，问政代表使用相关主位推进模式组织话语的情况
为：

表 4 – 15　问政代表话语中相关主位推进模式的数量

相关主位推进模式	吻合度等级					合计
	六级	七级	八级	九级	十级	
延续型	0	0	0	0	1	1
并列型	0	0	0	0	0	0
集中型	0	0	0	0	1	1
平行型	1	0	0	0	1	2
交叉型	0	0	0	0	0	0
整体推进型	0	0	0	0	0	0
派生型	0	0	0	0	0	0
概括型	1	0	0	0	0	1

在上表中，优质会话模式里问政代表组织话语的特征为以平行型为主。在十级吻合度优质会话模式中，延续型、平行型、集中型所占数量一样。问政代表在优质会话模式里，两个平行型主位推进模式，一个出现在"Qa"重问语步里，一个出现在"A"答话语步中。在"Qa"重问语步中，平行型主位推进模式使问政代表的重问能够与"Q"语步中的问话具有相同的话题，进而体现重问的特性。在"A"语步中，平行型主位推进模式能够使问政代表的话语更加全面。因而，平行型对于提升问政代表问话的有效性与答话的全面性都是首选的主位推进模式。

第五，新媒体主播组织话语的特征。

在优质会话模式中，新媒体主播使用相关主位推进模式组织话语的情况为：

表 4 – 16　新媒体主播话语中相关主位推进模式的数量

相关主位推进模式	吻合度等级					合计
	六级	七级	八级	九级	十级	
延续型	0	0	0	0	0	0
并列型	0	0	0	0	0	0
集中型	0	1	0	0	0	1
平行型	0	2	1	0	0	3
交叉型	0	0	0	0	0	0
整体推进型	0	0	0	0	0	0
派生型	0	0	0	0	0	0
概括型	0	0	0	0	0	0

通过上表可以看出，在优质会话模式里，新媒体主播组织话语的特征是以平行型为主。新媒体主播优质会话模式的吻合度一般，这与新媒体主播所持的话轮数少是有关系的。新媒体主播在持有话轮时主要是进行提问，这两个平行型主位推进模式分别出现在"Fi + a"追问语步和"Qa"重问语步中。平行型的使用能够使问话话题不变，运用不同的述位进行表述和发问，平行型的使用有利于新媒体主播问得到位。

（4）优质会话模式中非相关主位推进模式特征

前文已经详述了在"Q-A-F"简短型问答对应、"Q-A-Fi + a-Fii-Fiii"追问型问答对应、"Q-A-Qa-An-F"重问型问答对应这三种问答对应中符合反映问话与答话吻合度要求的主位推进模式的范畴，而且把这些主位推进模式称为相关主位推进模式。哲学中强调事物的两面性，在优质会话模式中，除了具有答话与问话100%吻合度的优质会话模式外，其余的优质会话模式中的主位推进模式包含着相关主位推进模式和非相关主位推进模式，只不过不同吻合度等级的优质会话模式中二者所占比例是不同的。比如在前文中，例（116）问答对应中答话与问话的吻合度为六级，因此这一问答对应的会话模式为优质会话模式，其中相关主位推进模式有4个，非相关主位推进模式有3个。相关主位推进模式能够反映优质会话模式的特征，那么从非相关主位推进模式特征的角度进行研究，又会发现优质会话模式的哪些特征呢？本节对语料中"Q-A-F"简短型问答对应、"Q-A-Fi + a-Fii-Fiii"追问型问答对应、"Q-A-Qa-An-F"重问型问答对应这三种问答对应中优质会话模式里的非相关主位推进模式的数量进行了统计，结果如下：

表 4 – 17　优质会话模式中非相关主位推进模式的数量

相关主位推进模式	吻合度等级					合计
	六级	七级	八级	九级	十级	
延续型	18	4	1	0	0	23
并列型	112	70	44	29	10	265
集中型	7	6	2	1	0	16
平行型	12	5	0	0	0	17
交叉型	1	1	0	0	0	2
整体推进型	6	0	1	0	0	7
派生型	7	2	0	0	0	9
概括型	0	0	0	0	0	0

在上表中，首先，优质会话模式中的非相关主位推进模式的特征是以并列型为主。并列型主位推进模式反映的是语句间无明显的联系，当语篇中并列型出现得多时，那么答话与问话的吻合度就会降低。通过上表中并列型在不同吻合度等级的数量可以证实这一点，随着吻合度等级从六级到十级的逐层升高，并列型的数量由 112 个逐渐降到了 10 个。其次，上表中并列型在不同吻合度等级的数量反映出了优质会话模式的又一特征为：随着吻合度等级的升高，并列型使用的数量逐渐降低。为了提高问答会话模式的吻合度级别，应少用并列型主位推进模式。最后，在上表中还反映出了一个规律：所有的非相关主位推进模式随着吻合度等级从六级到十级逐层升高，其数量是逐级递减的。这说明了吻合度等级越低，使用的非相关主位推进模式越多。这也证实了在优质会话模式中，要想提高吻合度，就要降低使用非相关主位推进模式的数量。

下面，再从优质会话模式中，各会话参与者所使用的非相关主位推进模式的情况来分析其反映的优质会话模式的特征。具体如下：

表 4 – 18　**各会话参与者使用非相关主位推进模式的数量**

非相关主位推进模式	会话参与者				
	政	新主	主	评	代
延续型	18	0	2	3	0
并列型	199	16	48	1	1
集中型	10	0	6	0	0
平行型	13	0	4	0	0
交叉型	2	0	0	0	0
整体推进型	6	0	1	0	0
派生型	9	0	0	0	0
概括型	0	0	0	0	0
合计	257	16	61	4	1

表 4 – 18 中，在优质会话模式里，除了评论员，各会话参与者所使用的非相关主位推进模式的特征有一个共同点，即都以并列型为主。这也证实了在大部分会话参与者的话语里，并列型的使用是造成语句之间语义无关联的主要原因。因而，虽然并列型能够有助于变换角度来进行表述，从而增加表

述的信息量，但从提高语义关联性，推动会话模式成为优质会话模式的角度来看，这一主位推进模式不宜多用，只有在转换问题表述的角度时可适度使用。在优质会话模式中，评论员使用的非相关主位推进模式的特征是以延续型为主。通过表4-14可以看出，在优质会话模式中，评论员在组织话语中延续型在相关主位推进模式中有61个，上表中延续型在非相关主位推进模式中只有3个。这说明延续型对于评论员话语中的逻辑性与层次性非常重要，但由于评论员的话语量比较大，有时对问政相关问题想尽可能评论得全面些，难免在答话中有一些信息与问话的关联度不高，但评论员注重话语的连贯性，因而在非相关主位推进模式中出现了延续型。所以对于评论员来说，延续型的使用不会阻碍优质会话模式的产生。至于何种主位推进模式会阻碍评论员话语中优质会话模式的产生，本书将在讨论非优质会话模式中有所论述。

在上表中，有一个现象是值得注意的，那就是概括型在非相关主位推进模式中所占的数量为零。概括型主要是通过概括前文出现的一些信息，从而便于引出一些新的信息。概括型在非相关主位推进模式中没有出现以及它自身的特性体现出了这是与前文语义相关度很强的一种主位推进模式。因而在优质会话模式中，概括型主位推进模式有助于提高答话与问话的吻合度，会话参与者应适当予以使用。

（5）优质会话模式中主位构成的特征

前文已论述了在电视媒体问政类话题会话中主位构成的情况及特征，那么在此领域优质会话模式中，主位的选择对于优化语篇发展的连贯性、信息表述的流畅性意义重大。优质会话模式中主位构成的特征也是对于优质会话模式特征的一种反映。为了研究这一问题，本节对语料中优质会话模式中的主位构成进行了统计分析。对于"Q-A-F"简短型问答对应、"Q-A-Fi + a-Fii-Fiii"追问型问答对应、"Q-A-Qa-An-F"重问型问答对应这三种问答对应中优质会话模式里的主位构成的统计有几点需要说明：

首先，对优质会话模式中主位构成的统计范围为："Q-A-F"简短型问答对应、"Q-A-Fi + a-Fii-Fiii"追问型问答对应、"Q-A-Qa-An-F"重问型问答对应这三种问答对应中优质会话模式里的相关主位推进模式与非相关主位推进模式中的主位构成。这样统计出来的主位构成能够更全面、更深入、更清晰地反映出优质会话模式的特征。如例（116），此例为优质会话模式，其中属于本节统计的主位构成的范围为：相关主位推进模式中的主位 T2、T3、T4、T5，非相关主位推进模式中的主位 T6、T7、T8。"T1"既不属于本书所提到的相关主位推进模式，也不属于非相关主位推进模式，这方面前文已有所论述，这里不再赘述。

其次，零主位在"Q-A-F"简短型问答对应、"Q-A-Fi + a-Fii-Fiii"追问型问答对应、"Q-A-Qa-An-F"重问型问答对应这三种问答对应中的优质会话模式里存在的数量很少，其在反映优质会话模式特征方面作用甚小，因而不在本节对优质会话模式中主位构成的统计范围之内。

通过对"Q-A-F"简短型问答对应、"Q-A-Fi + a-Fii-Fiii"追问型问答对应、"Q-A-Qa-An-F"重问型问答对应这三种问答对应中优质会话模式里的主位构成统计，得到以下结果：

表4 – 19　优质会话模式中主位构成的数量

主位构成	吻合度等级					合计
	六级	七级	八级	九级	十级	
简式标记主位	114	67	53	62	81	377
多重标记主位	71	40	28	28	44	211
简式非标记主位	124	73	50	40	75	362
多重非标记主位	54	73	34	58	61	280

通过上表可以看出，优质会话模式中主位构成特征为以简式标记主位为主，在吻合度八级、九级、十级中，简式标记主位的使用数量都是最多的。在表4 – 1中统计了电视媒体问政类话题会话问答对应里主位构成的情况，其中简式非标记主位是最多的，简式标记主位所使用的数量位居第二，但是从优质会话模式中主位构成的情况来看，简式标记主位所占数量最多。这说明了简式标记主位的使用有助于提升答话与问话的吻合度，使问答对应中的会话模式成为优质会话模式的概率提高。简式标记主位可以把不是主语的成分放在主位的位置上，这样首先起到了凸显这一位置上信息的语用功能，其次有助于听话者更容易地处理所接收的信息。最后，在此领域会话中，使用简式标记主位能够有效促进话语的推进，使语句之间紧密衔接。"人们交际的目的不是寻求最大关联，而是寻求最佳关联，即受话人以最小的信息处理努力获得足够的、最佳的语境效果。"（卢秋萍，2011）此领域会话的问政

性要求话语有较强的时效性，问话与答话都是为了解决问政的相关问题而服务的。简式标记主位有助于形成最佳关联，使会话者们更容易理解彼此话语的语义和重点，进而使得问答的吻合度提高，从而提高会话效率。如例（121）：

（121）**新主**：现在已经进行整改了吗？‖

政：针对这个问题呀（T1），‖区委区政府高度重视呀（R1）。‖现在（T2）‖已经委托有资质的国家某部的某院和某嗯---这个设计院共同给我们提出了一个整改方案（R2）。‖［今年］

新主：［这些］（T3）‖预计什么时间能整［改完呢？］（R3）‖

政：［今年］的年底之前（T4）‖我们要整改完成某河还有某水库的呃黑臭水体整改（R4）。‖马上（T5）‖要动工对主河道的污水管线进行清除（R5）。‖明年（T6）‖我们基本要完成呃防洪设施以及景观带的施工（R6）。‖

新主：我们也期待着整改的效果。刚刚呢两位网友的问题呢已经在现场得到了及时的回应。那下一步我们也将对整改进行跟踪报道。（2017年6月23日）

上例是"Q-A-Fi + a-Fii-Fiii"追问型问答对应，答话与问话的吻合度为67%，因而此会话模式是优质会话模式，在这一例重点来看一下主位构成情况。这一优质会话模式中需要统计的主位构成范围为：T1"针对这个问题呀"、T2"现在"、T3"这些"、T4"今年的年底之前"、T5"马上"、T6"明年"。在这六个主位里，除了T3"这些"，其余都是简式标记主位，这体现了优质会话模式的特征。在"A"语步，政府人员针对新媒体主播关于"现在已经进行整改了吗？"问话核心语的问题，进行回答。运用简式标记主位T1"针对这个问题呀"，用"针对"将"这个问题"置于主位的位置上，对其进行标记，强调自己接下来的话语是有针对性的，是为回答问题进行的。T2"现在"体现的是概念功能，以时间为起点，把时间放在主位位置上，突出时间，并对问话核心语的内容进行推进，使语义具有关联性。面对新媒体主播在"Fi + a"语步中的追问"这些预计什么时间能整改完呢？"，政府人员在"Fii"语步中，重点回答了关于整改完的时间，其中简式标记主位T4"今年的年底之前"、T5"马上"、T6"明年"，都是关于时间的。把问话所关注的整改完的时间用简单的话语放在主位的位置上，既可凸显重要信息，使会话双方减少理解彼此信息的难度，同时又能使语义具有很好的关联性，构成了主位推进模式，使答话与问话核心语的吻合度高，构成了优质会话模式，使问政的会话效率提高。

以上分别从五个方面对电视媒体问政类话题会话中的优质会话模式特征进行了考察，下面综合优质会话模式以上五个方面的特征，进行举例说明，如例（122）：

（122）主：嗯，好，原因找到了，啊咱们的态度也很坚决。那就是从去年您去过现场，然后到现在这个变化似乎不是很大。‖ 这个态度、原因（T1），｜怎么样变成一个实际的效果（R1）？ ‖

政：这次问政活动之后两周之内（T2），｜完成拆除（R2）。‖

主：好，又一个时间表出来了。……（2016 年 6 月 27 日）

上例为"Q-A-F"简短型问答对应，答话与问话吻合度为十级，因此这一问答对应的会话模式为优质会话模式。根据"优质会话模式中主位构成的特征"这一小节中对优质会话模式中主位构成统计范围的限定，这一问答对应需要统计的主位构成的范围为：T2"这次问政活动之后两周之内"。这一问答对应的主位推进模式用下式表示为：

T1—R1

　T2—R2 （＝R1）

在上式中，T2"这次问政活动之后两周之内"为简式标记主位。政府人员在"A"语步中，述位 R2"完成拆除"与主持人问话核心语中的 R1"怎么样变成一个实际的效果？"虽然在文字上没有明显重复，但是二者在内涵上有着紧密联系。述位 R2 说的内容实际就是"变成了一个实际的效果"，是 R1 的一部分，与 R1 基本属于同一种情况，精准地回答了问话核心语的问题。因而，"T2—R2 （＝R1）"是集中型主位推进模式。在这个例子中，相关主位推进模式为"T2—R2 （＝R1）"，并无非相关主位推进模式，答话与问话的吻合度为 100%，属于吻合度十级。因而，这一问答对应的会话模式为优质会话模式。

在这一优质会话模式中，体现出来的优质会话模式特征为：这一例属于优质会话模式的代表性结构"Q-A-F"简短型问答对应；其使用的相关主位推进模式为集中型主位推进模式；政府人员以集中型主位推进模式为主；政府人员使用的主位为简式标记主位。政府人员在答话中，从"政府工作人员"的角度表明态度，将自己答话中的述位与主持人问话核心语中的述位基本归结、集中为同一种情况，强调重要信息——"变成一个实际的效果"，利用集中型主位推进模式，精准地回答了主持人的话语。运用简式标记主位"这次问政活动之后两周之内"，从时间的角度作为语句的出发点，凸显主持人在问话中所关心的如何变成"实际的效果"的"时间"，使主持人易于对政府人员话语所提供的信息接收与处理，有助于对话语含义的理解。这一优质会话模式通过问答会话，精准消除了问话的疑问点，语言简洁凝练，使政府人员在问政现场提出解决策略——"这次问政活动之后两周之内完成拆除"，优质会话模式的效果显而易见，提高了问政的会话效率，发挥了电视媒体问政类话题会话的实际作用。

（三）非优质会话模式

如前所述，电视媒体问政类话题会话中非优质会话模式是指答话与问话吻合度为一级到五级的问答对应中的会话模式。上文论述了优质会话模式及其特征，优质会话模式有助于提高会话效率，实现会话目的与任务，因而，会话参与者都力争使自己的话语成为优质会话模式。那么随之而来的问题为：导致非优质会话模式出现的原因是什么？找到了原因有助于降低非优质会话模式产生的数量进而相应地提高问答会话的优质率，使电视媒体问政类话题问答会话中出现更多的优质会话模式。本节将从非优质会话模式中的非相关主位推进模式的角度进行研究，试图找到产生非优质会话模式的原因；并且从非优质会话模式中相关主位推进模式的角度来进一步证实优质会话模式中所具有的一些特征。从非相关主位推进模式的角度研究导致非优质会话模式出现的原因，是由于非相关主位推进模式相比于相关主位推进模式来说，更能够反映出答话与问话的非相关性，进而有助于从中找寻导致答话与问话吻合度低的原因，从而找到降低非优质会话模式产生的途径。而非优质会话模式中的相关主位推进模式能够反映的依然是答话与问话的吻合度，因而对于解决导致非优质会话模式产生的原因帮助不大，但对于证实优质会话模式所具有的特征有一定的帮助。如前所述，本节对非优质会话模式的研究范围同优质会话模式一样，也是对"Q-A-F"简短型问答对应、"Q-A-Fi + a-Fii-Fiii"追问型问答对应、"Q-A-Qa-An-F"重问型问答对应三种问答对应中的非优质会话模式进行研究。

1. 非优质会话模式产生的原因

非优质会话模式产生的原因与非相关主位推进模式的使用情况有着密切的联系。本节将从两个角度对非优质会话模式中非相关主位推进模式的使用情况进行考察，以分析出非优质会话模式产生的原因。其中一个角度为对"Q-A-F"简短型问答对应、"Q-A-Fi + a-Fii-Fiii"追问型问答对应、"Q-A-Qa-An-F"重问型问答对应这三种问答对应的非优质会话模式里的非相关主位推进模式的所占百分比以及数量、无关率进行考察。另一个角度为对非优质会话模式中会话参与者们使用非相关主位推进模式的情况进行考察。

（1）从非优质会话模式里的非相关主位推进模式所占百分比以及数量、无关率的角度分析原因

非优质会话模式中非相关主位推进模式所占百分比是指在非优质会话模式中，"Q-A-F"简短型问答对应、"Q-A-Fi + a-Fii-Fiii"追问型问答对应、"Q-A-Qa-An-F"重问型问答对应每种问答对应中非相关主位推进模式的总数在每种问答对应里相关主位推进模式数量与非相关主位推进模式数量总和中所占的百分比。

非优质会话模式中非相关主位推进模式的无关率是指在每一级吻合度中，非优质会话模式中的"Q-A-F"简短型问答对应、"Q-A-Fi + a-Fii-Fiii"追问型问答对应、"Q-A-Qa-An-F"重问型问答对应每种问答对应里的每一类非相关主位推进模式的数量在非优质会话模式中此种问答对应里非相关主位推进模式总数中所占的百分比。具体计算方法为：在非优质会话模式中的每种问答对应里，在每一级吻合度中每一类非相关主位推进模式的数量除以此种问答对应中非相关主位推进模式的总数，即可得到无关率。比如在一级吻合度中，非优质会话模式中的"Q-A-F"简短型问答对应里，延续型非相关主位推进模式的数量为 13 个，非优质会话模式中"Q-A-F"简短型问答对应中共有 418 个非相关主位推进模式，因而，在一级吻合度中，非优质会话模式中"Q-A-F"简短型问答对应里非相关主位推进模式的无关率为 3%。

下面来看一下非优质会话模式中的"Q-A-F"简短型问答对应、"Q-A-Fi + a-Fii-Fiii"追问型问答对应、"Q-A-Qa-An-F"重问型问答对应这三种问答对应中的非相关主位推进模式所占百分比，具体如下：

表 4 - 20 非优质会话模式中非相关主位推进模式所占百分比

问答对应	非相关主位推进 模式数量	非相关主位推进模式数量与 相关主位推进模式数量总和	所占百分比
Q-A-F	418	586	71%
Q-A-Fi + a-Fii-Fiii	184	287	64%
Q-A-Qa-An-F	56	75	75%
合计	658	948	69%

通过上表可以看出，在非优质会话模式中，"Q-A-F"简短型问答对应、"Q-A-Fi + a-Fii-Fiii"追问型问答对应、"Q-A-Qa-An-F"重问型问答对应这三种问答对应中非相关主位推进模式的所占百分比。其中非优质会话模式中"Q-A-Qa-An-F"重问型问答对应里的非相关主位推进模式所占百分比在这三种问答对应里是最高的，因而，这一问答对应结构也成为非优质会话模式的典型结构。由于这一重问型问答对应结构主要出现在所答非所问的情况下，这从某种程度上说明所答非所问是非优质会话模式产生的一个重要原因。

接下来本文统计了非优质会话模式中"Q-A-F"简短型问答对应、"Q-A-Fi + a-Fii-Fiii"追问型问答对应、"Q-A-Qa-An-F"重问型问答对应三种问答对应的各类型非相关主位推进模式数量和无关率，具体如下：

表 4 - 21 非优质会话模式中各类型非相关主位推进模式的数量和无关率

非相关 主位推 进模式	问答对应	吻合度 一级		吻合度 二级		吻合度 三级		吻合度 四级		吻合度 五级		合计	
		数量	无关率	数量	无关率	数量	无关率	数量	无关率	数量	无关率	数量	无关率
延续型	Q-A-F	13	3.1%	16	3.8%	17	4.1%	12	2.9%	9	2.2%	67	16%
	Q-A-Fi + a-Fii-Fiii	0	0%	1	0.5%	5	2.7%	7	3.8%	2	1.1%	15	8%
	Q-A-Qa-An-F	0	0%	0	0%	3	5.4%	0	0%	0	0%	3	5%
并列型	Q-A-F	35	8.4%	24	5.7%	53	12.7%	35	8.4%	61	14.6%	208	50%
	Q-A-Fi + a-Fii-Fiii	0	0%	6	3.3%	37	20.1%	64	34.8%	18	9.8%	125	68%
	Q-A-Qa-An-F	6	10.7%	5	8.9%	21	37.5%	9	16.1%	0	0%	41	73%

（续表）

非相关主位推进模式	问答对应	吻合度一级		吻合度二级		吻合度三级		吻合度四级		吻合度五级		合计	
		数量	无关率	数量	无关率	数量	无关率	数量	无关率	数量	无关率	数量	无关率
集中型	Q-A-F	20	4.8%	10	2.4%	4	1%	7	1.7%	16	3.8%	57	14%
	Q-A-Fi + a-Fii-Fiii	0	0%	1	0.5%	3	1.6%	2	1.1%	3	1.6%	9	5%
	Q-A-Qa-An-F	2	3.6%	0	0%	0	0%	0	0%	0	0%	2	4%
平行型	Q-A-F	14	3.3%	10	2.4%	11	2.6%	7	1.7%	10	2.4%	52	12%
	Q-A-Fi + a-Fii-Fiii	0	0%	0	0%	1	0.5%	2	1.1%	5	2.7%	8	4%
	Q-A-Qa-An-F	2	3.6%	0	0%	1	1.8%	1	1.8%	0	0%	4	7%
交叉型	Q-A-F	1	0.2%	1	0.2%	1	0.2%	0	0%	2	0.5%	5	1%
	Q-A-Fi + a-Fii-Fiii	0	0%	0	0%	0	0%	1	0.5%	0	0%	1	0%
	Q-A-Qa-An-F	0	0%	0	0%	0	0%	0	0%	0	0%	0	0%
整体推进型	Q-A-F	0	0%	1	0.2%	3	0.7%	4	1%	3	0.7%	11	3%
	Q-A-Fi + a-Fii-Fiii	0	0%	1	0.5%	7	3.8%	3	1.6%	3	1.6%	14	8%
	Q-A-Qa-An-F	1	1.8%	0	0%	3	5.4%	1	1.8%	0	0%	5	9%
派生型	Q-A-F	8	1.9%			6	1.4%	0	0%	4	1%	18	4%
	Q-A-Fi + a-Fii-Fiii	0	0%	0	0%	2	1.1%	7	3.8%	0	0%	9	5%
	Q-A-Qa-An-F	0	0%	0	0%	0	0%	0	0%	0	0%	0	0%
概括型	Q-A-F	0	0%	0	0%	0	0%	0	0%	0	0%	0	0%
	Q-A-Fi + a-Fii-Fiii	0	0%	0	0%	2	1.1%	1	0.5%	0	0%	3	2%
	Q-A-Qa-An-F	0	0%	0	0%	0	0%	1	1.8%	0	0%	1	2%

　　上表反映出非优质会话模式中，"Q-A-F"简短型问答对应、"Q-A-Fi +
a-Fii-Fiii"追问型问答对应、"Q-A-Qa-An-F"重问型问答对应里的非相关主
位推进模式都是以并列型为主，并列型在吻合度各等级中数量都是最多的。
这说明并列型主位推进模式使用得多是非优质会话模式形成的主要原因。并
列型体现的是语句间语义无明显关联。并列型使用得多，自然就会使答话与
问话的吻合度低，进而造成了非优质会话模式的出现。"Q-A-F"简短型问
答对应的非优质会话模式中非相关主位推进模式并列型总体的无关率为

50%，"Q-A-Fi + a-Fii-Fiii"追问型问答对应的非优质会话模式中并列型总体的无关率为68%，"Q-A-Qa-An-F"追问型问答对应的非优质会话模式中并列型总体的无关率为73%。通过这三个无关率可以看出，并列型主位推进模式使用的多是"Q-A-Qa-An-F"重问型问答对应和"Q-A-Fi + a-Fii-Fiii"追问型问答对应这两种问答对应的非优质会话模式产生的主要原因。"Q-A-Qa-An-F"重问型问答对应作为非优质会话模式典型结构，是会话中一般出现所答非所问时产生的结构，这一问答对应并列型的无关率最高。在这一问答对应里"A"语步中使用了较多的并列型主位推进模式，话语间的关联度不高，答话所提供的信息很多都不是针对问话核心语的，造成答话与问话的吻合度比较低，导致了所答非所问，因而才会出现在"Qa"语步中的重问，形成了非优质会话模式。"Q-A-Fi + a-Fii-Fiii"是追问时出现的问答对应，此问答对应的非优质会话模式里，追问的出现不光是为了得到更深入、更全面的信息，同时也是因为有时"A"语步与"Fii"语步的答话使用了相对多的并列型主位推进模式，使答话针对问话的吻合度不高。"Q-A-F"简短型问答对应的非优质会话模式里，并列型主位推进模式并非造成非优质会话模式产生的主要原因，但却是重要原因。因为在一级到五级吻合度中，并列型的无关率在吻合度五级是最高的，达到了14.6%，而此时"Q-A-F"简短型问答对应的非优质会话模式的吻合度却没有降低，反而达到了五级。那么"Q-A-F"简短型问答对应中的非优质会话模式产生的另一个原因是所使用的非相关主位推进模式在"A"语步答话中，与问话核心语不相关的内容进行主位推进，从而导致表述的内容越来越偏离问话核心语，从而产生了非优质会话模式。

（2）从非优质会话模式中会话参与者们使用非相关主位推进模式的角度分析原因

在非优质会话模式中，对会话参与者们使用非相关主位推进模式的情况考察能够发现非优质会话模式产生的一些原因，尤其是对各会话参与者话语中非相关主位推进模式出现的原因的探寻能够揭示非优质会话模式产生的深层次原因。通过对语料进行分析，非优质会话模式中各会话参与者使用非相关主位推进模式的情况为：

表 4 - 22　非优质会话模式中各会话参与者使用非相关主位推进模式数量

非相关主位推进模式	会话参与者				
	政	新主	主	评	代
延续型	61	0	3	17	4
并列型	309	0	22	28	15
集中型	50	0	1	13	4
平行型	58	0	1	4	1
交叉型	3	0	0	2	1
整体推进型	23	0	2	5	0
派生型	22	0	0	5	0
概括型	2	0	2	0	0
合计	528	0	31	74	25

在上表中，对于各会话参与者来说，在其非优质会话模式中，并列型都是最多的，这再次证实了并列型使用得多是导致非优质会话模式产生的主要原因。非相关主位推进模式出现的数量越多，非优质会话模式产生的可能性就越大。因而，非相关主位推进模式所占数量多是产生非优质会话模式的又一原因。那么，非相关主位推进模式所占数量多是由什么导致的呢，这是非优质会话模式出现的深层次原因。

首先，通过非相关主位推进模式的数量来看，政府人员所使用的非相关主位推进模式的数量是最多的。政府人员在此领域会话中持有的话轮数非常多，其话轮主要是答话话轮。政府人员在答话中非相关主位推进模式出现的数量很多，其原因有 3 个：第一个原因是与政府人员会话任务有关。在电视媒体问政类话题会话中，政府人员是被问政的主体，其会话任务是解答问政的相关问题、提出解决问题的办法、做出相应的整改承诺。由于政府人员本着真诚、认真、负责任的态度在"现场办公"，对于每一个问题，尽可能地想从多角度、全方位地进行回答，这样固然全面，但也有可能带来了表达上的繁琐以及重点不是很突出，话语容易偏离中心，对问话核心语的针对性不是很强，致使语义关联度略显不够，形成了大量并列型主位推进模式，而且有时所使用的主位推进模式不是对问话核心语的推进，成了非相关主位推进模式，进而导致出现了非优质会话模式。第二个原因是与政府人员的回答时间受限有关。由于很多问政的相关问题成因复杂，对于这样的问题想在很短的时间内表述清晰，不但要分析原因还要阐释问题更要提出整改措施，在短时间内将话语有条理、层次清晰、详略得当、重点突出地组织出来，并不是一件很容易的事情，这也是造成非相关主位推进模式出现的原因之一。第三个原因是与会话合作原则有关。Grice（1975）提出的会话合作原则分为四条准则：数量准则（quantity maxim）、质量准则（quality maxim）、关联准则（relation maxim）、方式准则（manner maxim）。有些时候政府人员的答话不符合这四条准则中的某一条或某几条，从而产生了非相关主位推进模式。比如有时候政府人员的答话不符合数量准则。数量准则（quantity maxim）指的是"说话人话语所提供的信息的详尽程度要达到会话交际目的所需要的程度，不能让自己话语中所提供的信息比需求的更加详尽"。（Grice，1975）政府人员在此领域会话中，有些时候所提供的信息量不符合数量准则，提供的信息量远远超出了所需求的信息量，致使非相关主位推进模式的出现。

其次，在此会话领域非优质会话模式中，其他会话参与者的非相关主位推进模式的数量不太多，评论员话语中的非相关主位推进模式所占数量位居第二，出现非相关主位推进模式的原因为：第一个原因与评论员的会话任务有关。评论员的会话任务为根据其所具备的知识，对问政相关问题进行综合、深入的分析，发表自己的见解，提出有效的措施等。评论员在评论时为了出色地完成会话任务，往往都是从多方面，有时还进行扩展性的分析问题，因而有可能会造成所评论的话语中部分内容与问话核心语吻合度不高，语义关联不强，并列型主位推进模式出现的数量相对多些，造成了非相关主位推进模式的产生。第二个原因与评论员话语的专业性有关。评论员一般都具有很深厚的专业知识储备，这也是评论时所需要的。确实很多问题的分析要从专业知识角度进行讲解，但讲解要有度，这个不是很好把握，有时专业知识讲解多了，反倒使所说话语有些偏离问话核心语，进而造成了非相关主位推进模式的产生。

最后，非优质会话模式中，主持人、问政代表、新媒体主播的非相关主位推进模式所占数量不多。主持人作为会话的组织者、协调者，其话语出现的非相关主位推进模式主要集中在并列型，出现非相关主位推进模式是因为这些非相关主位推进模式一般集中在追问语步"Fi + a"以及重问语步"Qa"里。在这两种语步的问话中，主持人有时会用一些铺垫性的话语引出问话核心语，这些铺垫性的话语有时是补充性的话语，诸如对问政相关问题背景的补充、介绍等，这就容易出现这种补充性的话语与之前的内容语义相关性不高，进而造成非相关主位推进模式的产生。问政代表的非相关主位推进模式主要集中在并列型，产生的原因主要是在答话的语步中，问政代表有些答话与问话的核心语针对性不强，很多时候是在主持人询问问政代表对于政府人员的回答是否满意时，问政代表的回答没有明确表态，而且所说话语与问话核心语关联性不强，因而造成了非相关主位推进模式的产生。新媒体主播在非优质会话模式中没有非相关主位推进模式，这是由于一方面新媒体主播所持有的话轮数少，而且基本都是问话，没有答话。另一方面，说明新媒体主播在有限的话轮里很注重话语语义的关联度，注重会话的效率。

通过以上分析，找寻到了非优质会话模式出现的原因，有助于研究出降低非优质会话模式出现概率的途径，这将在本书第六章中进行论述。

2. 非优质会话模式中的相关主位推进模式特征

非优质会话模式中的相关主位推进模式对于考察形成非优质会话模式的原因意义不大，但从一个侧面能够进一步证实优质会话模式中的一些特征。

本节考察了"Q-A-F"简短型问答对应、"Q-A-Fi + a-Fii-Fiii"追问型问答对应、"Q-A-Qa-An-F"重问型问答对应这三种问答对应中非优质会话模式中的相关主位推进模式的数量，具体如下：

表 4 - 23　非优质会话模式中相关主位推进模式的数量

相关主位推进模式	吻合度等级					合计
	一级	二级	三级	四级	五级	
延续型	2	5	10	19	24	60
并列型	0	0	0	0	0	0
集中型	5	5	27	33	50	120
平行型	0	1	11	12	8	32
交叉型	0	1	6	8	7	22
整体推进型	0	0	13	7	12	32
派生型	0	0	2	12	7	21
概括型	0	0	1	1	1	3

在上表中，非优质会话模式中的相关主位推进模式特征为以集中型为主，随着吻合度等级的升高，集中型的数量逐渐增多。这说明集中型的使用有助于答话与问话吻合度的提升。优质会话模式的特征之一是以集中型为主要相关主位推进模式，这反映出集中型对于会话优质率的作用。集中型的这一特性在非优质会话模式中得到了再一次的证实。

以上重点分析了非优质会话模式形成的原因，下面结合一个实例具体进行一下说明，如例（123）：

（123）**代**：那个我想问一下某区的副主任。在某校周边这样的餐饮企业非常多，‖ 您（T1）‖ 了解吗（R1）？‖

政：好，我（T2）‖ 回答您的问题（R2）。‖ 应该说啊校园周边的食品安全问题（T3）‖ 也是某市某区啊⊥食品（……）突出的问题（R3）。‖ 应该说某校体量（T4）‖ 肯定很大（R4），‖ 那么整个学生的对于餐饮的需求（T5）‖ 很大（R5）。‖ 确实这类某校的周边的这些呃店铺啊食品的店铺和外卖店的店铺（T6）‖ 不规范（R6），‖ 这些（T7）‖ 确实存在⊥大量的存在（R7）。‖ 这个事儿呢（T8）‖ 应该说我们呃---在今年国检的时候我们进行了检查（R8），‖ 包括这个---呃我们专项整顿检查（T9）‖ 也做了（R9）。‖ 但是现在（T10），‖ 我们这些工作落得都不实⊥落得都不实（R10）。‖

代：我想问的（T11）‖ 是您知不知道这些情况（R11）？‖ 你（T12）‖ 回答知道或不知道就可以了（R12）。‖

政：我（T13）‖ 知道这个情况（R13）。‖

代：啊……（2016 年 12 月 19 日）

例（123）为"Q-A-Qa-An-F"重问型问答对应，在这一问答对应中，首先将相关主位推进模式与非相关主位推进模式划分出来。这一问答对应中需要统计的主位为：T1"您"、T2"好，我"、T3"应该说啊校园周边的食品安全问题"、T4"应该说某校体量"、T5"那么整个学生的对于餐饮的需求"、T6"确实这类某校的周边的这些呃店铺啊食品的店铺和外卖店的店铺"、T7"这些"、T8"这个事儿呢"、T9"包括这个呃我们专项整顿检查"、T10"但是现在"、T11"我想问的"、T12"你"、T13"我"。"Q"语步的问话核心语为"您了解吗？"，"Qa"语步的问话核心语为"我想问的是您知不知道这些情况？"。这一问答对应的主位推进模式可用下式表示为：

T1—R1

T2—R2

T3—R3

T4—R4

T5—R5（＝R4）

T6—R6

T7（＝T6＋R6）—R7

T8（＝T6＋R6＋T7＋R7）—R8

T9—R9

T10—R10

T11—R11（＝R1）

T12—R12

T13—R13（＝R11）

在上式中，政府人员在"A"语步中的"T2—R2""T3—R3""T4—R4""T6—R6""T9—R9""T10—R10"这几个主位推进模式与各自之前的那些话语并无明显语义联系，政府人员的这些话语并没有直接针对"Q"语步中的问话核心语进行回答。问政代表在"Qa"语步中的"T12—R12"与前面的话语也无明显的语义关联，因而这几个主位推进模式为并列型主位推进模式。述位 R5"很大"，述位 R4"肯定很大"这两个述位的语义内容基本一致，都在表达"很大"，将 T4 与 T5 两个不同的角度都归结为一种情况"很大"，因而"T5—R5（＝R4）"为集中型主位推进模式。主位 T7"这些"指代的内容是"确实这类某校的周边的这些呃店铺啊食品的店铺和外卖店的店铺不规范"，因而"T7（＝T6＋R6）—R7"为整体推进型。T8"这个事儿呢"指代的是前文提到的"某校周边不规范的店铺大量存在"这方面内容，即"T6＋R6＋T7＋R7"所表述的内容，因而，"T8（＝T6＋R6＋T7＋R7）—R8"是整体推进型。在问政代表"Qa"重问语步中，由于政府人员在"A"语步中的答话没有直接针对"Q"语步的问话核心语进行回答，因而，问政代表重新进行问话，对"Q"语步中的问话进行了重述，R11"是您知不知道这些情况"与 R1"了解吗"，虽然字面的词语不一样，但其内涵基本是一样的，都在问对这种情况是否了解，T11 从"我想问的"的角度，T1 从"您"的角度，将问题归结为同一种情况，因而，"T11—

R11（＝R1）"是集中型主位推进模式。政府人员在"An"语步面对问政代表的重问，简明扼要、精准地进行了回答，在答话中的述位 R13"知道这个情况"是针对重问的核心语正反问话"我想问的是您知不知道这些情况"中的述位 R11"是您知不知道这些情况"的回答，述位"R13"与述位"R11"基本属于一种情况，因而，"T13—R13（＝R11）"是集中型主位推进模式。根据以上对例（123）主位推进模式的分析，可以看出相关主位推进模式为对"Q"语步问话核心语的重问"T11—R11（＝R1）"以及针对"Qa"语步问话核心语的答话"T13—R13（＝R11）"。非相关主位推进模式为"T2—R2""T3—R3""T4—R4""T6—R6""T9—R9""T10—R10""T12—R12""T5—R5（＝R4）""T7（＝T6＋R6）—R7""T8（＝T6＋R6＋T7＋R7）—R8"。因此，这个问答对应结构中答话与问话的吻合度为17%，吻合度等级为二级，属于非优质会话模式。

例（123）这一非优质会话模式产生的原因主要是较多地使用了非相关主位推进模式尤其是对并列型主位推进模式的使用。首先，针对问政代表的问题，政府人员没有直接作答。在政府人员"A"语步的答话中，政府人员先是对某校周边餐饮企业的一些情况的成因进行了分析，随后阐述了作为政府部门针对这些问题都做了哪些工作，最后指出工作中存在的问题。本书认为政府人员在回答时，其实已经是默认了对这些情况的了解，进而才能够做出这些表述。由于想尽快解决这些问题，因而在表述上力求全面，并把表述的重点放在想找出校园周边这些餐饮企业不规范的成因，以及通过政府针对这一情况所做的工作，从中找寻工作中还有哪些环节需要提升的，目的是找到解决问题的途径。这样就使政府人员所提供的信息量有些大，超出了问政代表所需要的信息量，而且还没有直接回答问题。在政府人员的答话中，非相关主位推进模式所占数量多，政府人员从多角度阐释问题，使用了一些并列型主位推进模式，因而致使问政代表在"Qa"语步对于"Q"语步的问题进行了重问，使这一问答对应的会话模式成了非优质会话模式。在"An"语步，政府人员在了解了问政代表急需想知道的事情后，进行了精准、到位的回答。

五、小结

本章透过电视媒体问政类话题会话结构的形式层面深入其语义层面，对此领域会话的语义关联进行了系统研究。首次将主位与述位理论、主位推进理论与伯明翰学派话语分析模式理论相结合，以主位推进模式为轴心，把构成每个问答对应中的话语视为一个单独语篇进行主位构成及主位推进模式的考察。不但考察问答对应里同一语步中话语的主位推进模式，更重要的是考察答话与问话跨语步的主位推进模式，进而第一次提出了优质会话模式与非优质会话模式，并制定了评价体系。通过研究，探寻到了相比于其他电视媒体领域会话，电视媒体问政类话题会话主位构成及主位推进模式所具有的特征；找到了检验答话与问话吻合度的途径；构建了此领域优质会话模式与非优质会话模式；揭示了优质会话模式的特征；找到了非优质会话模式产生的原因。研究成果尝试性地丰富了主位与述位理论及主位推进理论，同时为其他领域问答会话的研究提供了新的思路。通过研究，得到了如下具体结论：

第一，本书将简式主位与多重主位分为简式标记主位、多重标记主位、简式非标记主位、多重非标记主位，以往这样的分类较少，这是本书一次尝试性地对主位与述位理论的有益补充。与其他电视媒体领域会话相比，电视媒体问政类话题问答会话主位构成的总体特征为简式主位使用的数量多于多重主位使用的数量，以简式非标记主位为主。此领域会话中，简式非标记主位所选用的词语大部分不是第一人称代词"我"，这与其他电视媒体领域会话如"新闻口述语篇中大量存在的简式非标记主位'我'"（蔡玮，2004）等形成了鲜明对比。此领域各会话参与者话语中主位构成的特征为：问政代表以简式非标记主位为主；主持人以简式非标记主位为主；政府人员以简式标记主位为主；评论员以多重非标记主位为主；新媒体主播以简式标记主位为主。

第二，在对主位推进模式的论述中，综合借鉴各家说法，本书针对汉语提出了八种主位推进模式：延续型、并列型、集中型、平行型、交叉型、整体推进型、派生型、概括型。概括型主位推进模式各位学者提及得不多，本书对其进行了详细论述，以此尝试性地丰富了主位推进理论。

第三，电视媒体问政类话题问答会话主位推进模式的总体特征为：以并列型为主，集中型也大量存在，并列型的使用具有两面性。这也成为此领域会话与其他电视媒体领域会话相区别的又一特征，比如在新闻类谈话和访谈中，主要的主位推进模式相当于本文提出的平行型以及延续型。此领域各会话参与者话语中主位推进模式的具体特征为：政府人员以并列型为主，集中型位居第二；主持人也以并列型为主，集中型也大量使用；评论员以延续型为主，集中型所占数量也很多；问政代表和新媒体主播以并列型为主。本书对各会话参与者主位推进模式特征出现的原因进行了详细分析。

第四，本书首次提出了电视媒体问政类话题会话中的优质会话模式与非优质会话模式的概念，并制定了评价体系，将答话与问话的吻合度分为十个等级，指出优质会话模式与非优质会话模式的评价标准。利用这一评价体系，本书有效地将电视媒体问政类话题问答对应的会话模式划分出了优质会话模式与非优质会话模式，从而揭示出了此领域会话中优质会话模式特征，找寻到了产生非优质会话模式的原因。这一研究成果对于此领域会话参与者提高答话与问话吻合度具有借鉴意义；对于其他电视媒体领域会话以及相关领域会话在验证问答会话的有效性上提供了可资借鉴的检验途径；对于探讨何种问答会话模式是有效的，无效的问答会话模式产生的根源是什么意义重大；这是对运用主位推进理论研究问答会话一种有益的尝试，也是对主位推进理论研究领域的扩充。

第五，本书研究出了电视媒体问政类话题会话中优质会话模式的特征：

优质会话模式中以集中型主位推进模式为主，延续型也大量使用。

"Q-A-Fi + a-Fii-Fiii" 追问型问答对应与 "Q-A-F" 简短型问答对应是优质会话模式的代表性结构，在这两个问答对应中使用最多的是集中型主位推进模式。

在优质会话模式中，各会话参与者组织话语的特征为：政府人员、主持人以集中型主位推进模式为主；评论员以延续型主位推进模式为主；问政代表、新媒体主播以平行型主位推进模式为主。运用这些主位推进模式对于会话参与者提高答话与问话的吻合度会起到促进作用。

优质会话模式中非相关主位推进模式从总体看是以并列型主位推进模式为主，各会话参与者使用的非相关主位推进模式也以并列型主位推进模式为主。因而，少用并列型主位推进模式有助于优质会话模式的产生。

优质会话模式在主位构成方面是以简式标记主位为特征。在优质会话模式中，简式标记主位能够凸显信息、形成最佳关联、使会话者们更容易理解彼此话语的语义和重点，从而有助于提高答话与问话的吻合度。

　　第六，本书研究出了在电视媒体问政类话题会话非优质会话模式中，"Q-A-Qa-An-F"重问型问答对应结构为非优质会话模式的典型结构，并重点探讨了非优质会话模式出现的原因：并列型主位推进模式使用得多是非优质会话模式形成的主要原因。本书还从会话参与者会话的任务性、目的性、专业性、会话合作原则等角度分析了非优质会话模式中非相关主位推进模式出现的原因，进而探究出了非优质会话模式产生的深层次原因。

第五章
电视媒体问政类话题会话打断模式

美国社会学家 Harvey Sacks、Emanuel Schegloff & Gail Jefferson 在《会话中一个最简单的话轮转换机制》（*A Simplest Systematics for the Organization of Turn-taking for Conversation*） 一文中，提出了非常有影响的话轮转换机制。话轮转换机制能够有力地解释会话中的很多事实，根据此机制，话轮应该从一个会话者顺畅地转换到另一个会话者那里。但是，在实际的会话中，有很多例子是对话轮转换机制的违反，会话打断就是在某种程度上对以上话轮转换机制的违反。在电视媒体问政类话题会话中，由于其会话性质属于机构性话语，具有一定的正式性，同时，会话参与者们的话语并不是随意的，是在主持人的组织、协调下进行的。因而，这一领域的会话本应该趋于一种会话的理想状态，即会话参与者们的会话应按照话轮转换机制的规则轮流讲话，一个会话参与者说完话后，另一个会话参与者再开始说话。但实际情况并非如此，在电视媒体问政类话题会话中，经常出现会话打断现象，这一现象为何在此会话领域中大量出现？会话打断对优质会话模式的产生起到了推动作用还是阻碍作用？究竟是哪些会话参与者进行会话打断？与其他电视媒体领域会话相比，电视媒体问政类话题会话打断的特征是什么？为了解决上述问题，在此会话领域对会话打断现象的研究具有重要的意义。

需要说明的是，由于电视媒体问政类话题会话主要以问答会话为主，前文已有所论述，这里不再赘述。另外通过对本书语料的研究发现，会话打断现象绝大部分存在于此领域会话问答对应中。因此，本章讨论的范围为此领域会话中问答对应里的会话打断现象。这样一方面有助于深入研究此领域会话打断现象的本质；另一方面，可以通过会话打断现象进一步揭示、证实优质会话模式与非优质会话模式的一些特征，发掘会话打断在优质会话模式中所起的作用。下面，本章将从会话打断的界定、会话打断的方式、会话打断的结构、会话者之间的打断关系、会话打断的目的、会话打断在优质会话模式与非优质会话模式中的特征几个方面来构建电视媒体问政类话题会话打断模式。

一、会话打断的界定

要研究会话打断，首先要对会话打断进行界定。对于会话打断现象进行的系统研究应追溯到美国社会学家 Zimmerman 和 West 对其所做的研究。Zimmerman & West（1975）对打断的定义为：违反话轮转换机制中止正在讲话人的话轮，对其构建会话主题所做出的阻碍行为。Daigen & Holems（2007）将打断界定为：上一个讲话人还没有阐述完观点，当前讲话人就开口讲话的会话现象，会话重叠涵盖其中。Kollock 等人（1985）对打断的界定为：当前说话人在上一个说话人的话轮还没有结束时就开始说话，中止或暂时中止上一个说话人完成会话目的。本书认为这些定义有道理，但是涵盖的范围不是很全面。

首先在会话打断中，会出现两种现象。第一种现象是由于一方打断，另一方话语直接停止。如例（124）：

（124）**主**：除了这个地方▲

政：▼乡镇不是⊥不是除了这个地方，乡镇许多地方，我相信不只是某地，这个检测肯定不是正⊥经常的。……（2017 年 3 月 24 日）

在上例中，当主持人说到"这个地方"时，政府人员进行了打断，使主持人停止了话语。

第二种现象是由于一方的打断，造成双方话语的重叠，形成了会话重叠现象。会话重叠是指两个人或两个以上的人在说话时，其话语在时间上出现部分重合或完全重合。如例（125）：

（125）**政**：完了［我就］

主：［好］，一切的偶然……决不能落在城市建设速度的后面，我们也一起来共勉。好吗？（2016 年 6 月 27 日）

例（125）中，当政府人员说到"完了"的时候，主持人就进行了打断，但主持人的打断没有使政府人员的话语直接停止，政府人员接下来的话语"我就"与主持人的话语"好"在时间上出现重叠。

其次，在他人话轮还没有结束时就开始说话的情况里，有时候不一定是打断。因为当上一个说话者没有选择下一个说话者，听话者们通过自选的方式同时开始说话会造成重叠，这种重叠不是为了阻止对方完成话语，因而此种情况本书认为不是打断。如例（126）：

（126）**政**：呃这个国家有严格的规定，比如说刚才我提到的量化分级管理 A 级的，每年他必须去一次。如果他没有达到一次的话，那么他就是呃---失职，没有履责。

主：［我来］，我用……

代：［说］（2016 年 12 月 19 日）

在上例中，政府人员完成话轮后，没有选择下一个说话者，主持人和问政代表通过自选的方式同时开始说话，但他们彼此并不是为了阻止对方完成话语，因而，本书认为此时问政代表和主持人的会话重叠不属于打断。

再次，当一方打断另一方话语时，有时成功获得话轮，对方停止说话；有时并没有成功获得话轮，因而对方的话轮并没有中止，但这也属于会话打断现象。如例（127）：

（127）**主**：嗯，但现在看，您了解的这个漏水的多不多？（1s）您应该［了解］这个情况。

政：［应该］

政：应该呢⊥应该说是确实有，但是呢应该说也占的普⊥这个为数不少⊥确实是不少。……（2019 年 4 月 4 日）

在上例中，主持人在说到"您应该"想要继续往下说的时候，政府人员进行打断，说出了"应该"，造成了与主持人的话语重叠，但主持人并没有中止话轮，因而政府人员终止了自己的话语，等主持人把话说完后，再继续讲话。这种打断虽是要阻止对方完成话语，却没有成功获得话轮，但这也是打断现象的一种情况。

最后，会话重叠的情况比较复杂，打断有时候可以引起会话重叠，但会话重叠不都是打断，本书认为只有以夺取话轮为目的造成的会话重叠现象才属于打断。

因此，综合借鉴学者们对于打断的定义，本书把打断界定为：打断是当前说话人在上一个说话人话轮开始后和结束前之间开始讲话，试图阻止上一个说话人完成话语的会话现象。本书研究的会话打断是从打断者的角度来进行研究的。

二、电视媒体问政类话题会话打断方式

本节将从对电视媒体问政类话题会话打断方式进行分类以及考察此领域会话打断方式的特征两个方面进行研究。

（一）会话打断方式类型

根据匡小荣（2005）对于会话打断的研究可总结为："一个完整的打断行为通常由打断信号和目标话语两部分构成，打断信号是指打断者向对方发出的一种信号，以期引起对方的注意，让对方知道自己要打断他，希望对方停下来。打断信号之后的话语是目标话语。打断信号是目标话语的先导，目标话语是打断信号所要达到的目的。打断方式分为请求式、直言式、道歉式、压倒式。"周静（2010）"将访谈节目主持人打断的主要方式分为直言式、道歉式、请求式、谢幕式、零信号打断"。匡小荣在研究会话打断时主要以日常口语交谈为对象，周静对打断方式的研究以访谈节目中的话语为对象，而电视媒体问政类话题会话作为机构性会话，与日常口语交谈、访谈节目中的话语并不相同。在综合借鉴匡小荣（2005）、周静（2010）对打断分类的基础上，通过对本书问答对应中会话打断现象的考察，发现会话打断现象共出现201次。在对这些会话打断现象的打断方式进行深入考察时发现，有一些打断是没有打断信号的，因而，本节根据会话打断信号的不同，从形式上将电视媒体问政类话题会话打断方式分为以下6种类型：按铃式、道歉式、提醒式、赞同式、否定式、直接式。在以上打断方式的类型中，只有直接式是没有打断信号的，其他打断方式都由打断信号和目标话语构成。

1. 按铃式

在电视媒体问政类话题会话中，有些时候要求问政代表在打断时要按铃，虽然这种按铃式打断是非言语打断，但这种打断方式成了此领域打断的一种特色。所以，本书将其视为一种类型，按铃就是此类型的打断信号。如例（128）：

（128）**政：** 好，这个某局掌握这个事件情况是……其他的供热基本是达标的，那么我们▲

代： ▼（（问政代表按铃））我问一下……这两三年难道咱们市---某局

一点儿情况都不了解吗？（2s）（……）咱们市某局接没接到投诉？请你回答一下子。（2016 年 12 月 19 日）

上例中，由于问政代表对于政府人员答话中的部分内容存有疑问，因而按铃打断。按铃作为打断信号，提醒政府人员自己要进行打断，政府人员在接收到打断信号后，停止了话语，问政代表继而说出了目标话语。

2. 道歉式

道歉式是指打断信号是由道歉类的话语如"对不起"等构成的打断方式，此种打断方式首先以对打断行为进行道歉作为打断信号，之后开始对目标话语进行叙述。这一打断方式是对对方面子的一种保护。如例（129）：

（129）政：好，这个刚才呀，看到我们这个就是视频短片中曝光的特别是……那么下一步呢，我觉得要想解决这个问题的话，我想从以下这么几个方面入手，一个就是加大这个共治体系▲

主：▼对不起，我必须打断您一下，您时间已经到了哈，待会儿咱们在整改承诺环节，请您把您详细的整改措施可以给大家做一个介绍。（2016 年12 月 19 日）

在上例中，由于政府人员回答的时间已到规定的时间，因此主持人用"对不起"作为打断信号，随后说出目标话语，很有礼貌地对政府人员的话语进行了打断。

3. 提醒式

提醒式是指通过打断信号来提醒说话者时间、说话的内容等的打断方式。打断信号主要有："好""请您记住我们 90 秒的提醒""打断一下""我插一句""时间关系""提醒您一下""接下来还有 10 秒"等。提醒式打断是对打断信号的作用的充分发挥，通过提醒式打断，可以足够引起对方的注意，又使打断不冒失。如例（130）、例（131）：

（130）政：因为呀旧城改造是刚才那个片子上包括主持人都说了是我们某市的一种重大的这种惠民利民的民生工程，区里是非常重视的，……所以我们这个［工期才出现］

主：［时间关系］我得打断您一下啊，刚才您介绍这个情况其实这个片子里也都介绍了哈。……这么复杂的问题现在有没有找到解决的办法？（2017 年 9 月 22 日）

（131）政：最根本的一个就是加快最重要的基础设施的污水处理建设，

……呃这一点我们是可以<u>确保的</u>，呃这一［点］

主：［好］，谢谢，请坐。……（2018 年 10 月 12 日）

例（130）中，由于政府人员回答的时间有限，政府人员的答话中的内容与短片中介绍的内容有<u>一些</u>重复，因而主持人对其话语进行了打断。主持人用打断信号"时间关系我得打断您一下啊"进行了打断，提醒政府人员由于回答时间有限的原因要对其话语进行打断，之后说出了目标话语。例（131）中，主持人对政府人员的话语进行了打断，主持人先用打断信号"好"提醒政府人员要对其话语进行打断，之后说出了目标话语，成功打断。

4. 赞同式

赞同式是指打断信号由表示赞同上一话轮内容的话语构成的打断方式，打断信号有"对""是"等。赞同式这一打断方式能够起到缓和打断强硬语气的作用。如例（132）：

（132）**主**：也就是说，从 10 年到上个月之前它都是 > ［有效］<

政：［对］，它是生效的啊。好，我先来回答那么现在它已经废止了。……那么特许经营可以说是我们迈出⊥废止特许经营可以说是我们迈出的第一步，好，我回答完了。(2016 年 12 月 19 日）

在上例中，政府人员对于主持人的话语用"对"作为赞同式的打断信号，之后说出目标话语。通过赞同式打断，先赞同，在某种程度上既缓和了打断别人话语的这种强硬的语气，同时又顾及了对方的面子。

5. 否定式

否定式是指打断信号由否定上一话轮内容的话语构成的打断方式。打断信号为"……没……""……不是这样的"等，否定式打断对于对方的面子的损伤程度是比较大的。如例（133）：

（133）**政**：嗯，刚才说的⊥看到的这些违法行为确实触目惊心，让人不能容忍。我们在这方面一定加强调查，严肃处理。……还有一些盲点，嗯刚才片子呢▲

代：▼您还没正面回答我的问题。这么我问一下，如果说那些没有证的黑窝点我们不了解，但是刚才主持人说了……（2016 年 12 月 19 日）

在上例中，问政代表用"您还没正面回答我的问题"作为打断信号，通过否定政府人员的答话，继而说出目标话语。这样的打断方式对对方面子损伤程度较大。

6. 直接式

直接式指的是在打断时直接说出目标话语，之前没有打断信号。直接式这种打断方式有助于提高会话的效率以及打断的成功率。如例（134）：

（134）**政**：呃---这个旱厕这个情况呢可能是由于最近工程施工，个别的一些这个施工队在那块是▲

主：▼您了解吗？（2016 年 9 月 26 日）

例（134）主持人针对政府人员答话中关于旱厕情况的分析，直接进行打断发问，没有打断信号。主持人通过直接式这种打断方式，使政府人员在下一个话轮中的答话所提供的信息能够更加符合问话者所需。直接式打断使会话效率提高，进而有利于提高答话与问话的相关性。

（二）会话打断方式特征

与其他电视媒体领域会话相比，电视媒体问政类话题会话打断方式有其独有的特征，下面将从此领域会话打断方式的总体特征以及各会话参与者会话打断方式特征进行研究。

1. 会话打断方式总体特征

根据对电视媒体问政类话题会话问答对应中出现的 201 次会话打断的统计，发现打断方式的分布如下：

表 5 - 1　各类型会话打断方式出现的次数

打断方式	按铃式	道歉式	提醒式	赞同式	否定式	直接式	合计
次数	2	1	51	4	1	142	201

通过表 5 - 1 可以看出，此领域会话打断方式的总体特征体现为以直接式为主，同时提醒式也是此领域常用的打断方式，这与此领域会话性质有关。电视媒体问政类话题会话的问政性使得此领域会话就像一场考试，问政内容由群众定，问政考卷由群众出，问政效果由群众评，问政代表是"主考官"，政府人员是"考生"，主持人是考试的"组织者"，问政类话题会话体现出直言发问、精炼作答、直击主题的特征。因此，直接式这种打断方式体现的就是直击问题，不需要过多地使用委婉、修饰性话语。提醒式出现的次数较多说明问政类话题会话参与者在打断对方之前，还是很顾及对方面子，注重对于 Leech（1983）指出的礼貌原则的运用以及遵循了 Brown &

Levinson（1978）提出的面子保全论。赞同式出现次数不多是因为在电视媒体问政类话题会话中，一般会话打断大多是不认同对方的话语时才出现的。按铃式这种打断方式是此领域会话中专为问政代表设置的，但设置的时间不长。这一打断方式体现出政府人员在回答问题时，有一些回答可能没有达到问政代表的满意程度，进而使得问政代表进行打断，而通过按铃的方式，既保护了双方的面子，同时又能使双方遵守规定，打断后能很好地进行沟通，尽可能避免一方在被打断后继续说话。否定式出现的次数不多是由于打断行为的本身就是对对方说话者面子的一种损伤，而在用否定式打断时，对于对方面子的损伤程度就加倍了。道歉式次数最少是因为此领域会话与其他电视媒体领域会话很大的一个不同之处在于它是以解决切实的问题为导向，无论是问政代表还是政府人员、主持人等这些会话参与者都想通过这个电视媒体问政平台把一些有待于解决的问题通过"问"与"答"，尽快地予以解决。进而当对方的话语并没有起到解决问题的效果时，如出现所答非所问等情况时，容易出现打断，此时会话参与者通过打断来使问得更明确或答得更到位。对于这种打断，并不是以损伤对方的面子为目的，而是以解决问题为前提，所以大部分都没有道歉这种打断信号。

2. 各会话参与者的会话打断方式特征

根据对此领域问答对应中出现的 201 次会话打断的统计，此领域各会话参与者采用的各类型会话打断方式的次数如下：

表 5-2　各会话参与者采用的会话打断方式出现的次数

会话参与者	打断方式						合计
	按铃式	道歉式	提醒式	赞同式	否定式	直接式	
主	0	1	42	0	1	78	122
代	2	0	2	0	0	8	12
政	0	0	3	4	0	50	57
评	0	0	0	0	0	4	4
新主	0	0	4	0	0	2	6

首先，通过上表可以看出，从会话参与者的角度体现出的电视媒体问政类话题会话打断特征之一为：主持人是此领域会话打断的主要执行者。在此领域会话打断中，主持人的打断次数是最多的，达到了 122 次，因而，对于

主持人会话打断的深入分析有利于进一步揭示此领域会话打断的特征。在电视媒体问政类话题会话中，主持人作为会话现场的组织者，对问政的进度、问政的话题、问政对于解决问题的时效、问答的精准度等要做统筹管理，进而需要对现场的会话进行操控、随时调整，因而打断次数最多。

其次，通过表5-2可以分析出各会话参与者的会话打断方式的特征。主持人采用的会话打断方式特征为以直接式为主，提醒式运用得也较多，并不采用按铃式和赞同式进行打断。这说明在组织现场问政会话过程中，主持人要通过最快捷的方式去掌握整场会话的话题、环节、效率与节奏。当会话参与者的话语对于本场会话的话题、效率等不是很恰当的时候，主持人就采用直接式进行打断，以高效率来使会话各环节紧密衔接，话轮分配有度，问话与答话吻合度提高。如例（135）：

（135）政：不是这样的，我了解不是全部这样。那么我们某市▲

主：▼不是全部这样？（2016年12月19日）

例（135）中，针对政府人员话语中"不是全部这样"这一关键信息，主持人直接进行打断，对"不是全部这样"通过问话进行确认，以此快捷、高效地直指问题的关键，进而使政府人员接下来的回答既具有针对性，又具有相关性。除了直接式，主持人常采用的打断方式还有提醒式。主持人作为整场会话的调控者，对于各会话参与者所持话轮时间，所说内容的恰切性都要进行掌控。如例（130）中，主持人通过打断除了提醒政府人员要控制回答问题的时间外，同时也是提醒政府人员回答的关键点在哪儿，这样既能控制时间，又能提高回答的恰切性，进而提高会话效率。

问政代表的会话打断方式特征是以直接式为主要打断方式。问政代表在此会话领域的会话任务是进行问政，因此大部分的语步都是问话语步。问政代表作为此领域会话的主体之一，带着问题来听回答，注重答话与问话的吻合度，如果对答话所提供的信息有质疑等情况出现时，通过直接式的打断方式能够有助于获得更确切的所需信息。

在此会话领域，政府人员的会话打断方式特征为以直接式作为主要打断方式。政府人员是此领域会话中被问政的主体，政府人员为了尽可能准确、全面地回答现场会话参与者们的问题，以此来促进问题的解决，这就使得他们在回答时不断通过直接式打断来更迅速、更有效地争取更多的话轮，争取更多的阐释机会，进而把问题回答清楚，推进问题的解决进度。

评论员会话打断方式特征是以直接式为主要打断方式。评论员以专家的身份对电视问政的相关问题进行点评，有相对足够的时间进行剖析问题、查找原因、提出策略等。他们一般不进行提问，同时也很少与其他会话参与者争夺话轮。但有时当主持人对评论员的话语进行打断或与评论员就评论的相关内容进行讨论时，评论员为了将评论话语阐释得详尽、到位、清楚，有时会运用直接式来打断主持人的话语，以相对高效的方式尽可能完成会话任务。

新媒体主播的会话打断方式特征以提醒式为主。新媒体主播在此领域会话中，由于话轮的数量不多，因而在每次获得话轮时，都尽可能在有限的时间里精准地获得所需要的信息。在提问后，当对方提供的信息过量或者与问话的吻合度不高时，就会采用提醒式进行打断，以此来提高问答的效率。

三、电视媒体问政类话题会话打断结构

电视媒体问政类话题会话打断结构是指在出现会话打断现象的每个问答对应中打断与打断之间的组成结构，这主要考察在每一个问答对应中打断是单独出现的还是多次出现的。如果在一个问答对应结构中出现多次打断，那么这些打断之间又是如何构成的。本节对电视媒体问政类话题会话打断结构的研究将从其类型以及特征两个方面进行。

（一）会话打断结构类型

根据电视媒体问政类话题会话中在每一个问答对应里打断是单独出现的还是多次出现的，可将会话打断结构分为单独型打断结构与多次型打断结构。

1. 单独型打断结构

在一个问答对应结构中出现一次的会话打断称为单独型打断结构。如例（136）：

（136）**主**：嗯，那我想知道刚才看到的这些现象对水源地的影响、对你们的影响会有多大？你们处理这样的水要把它们变成合格的水（2s）困难大不大？

政：呃---肯定大，呃针对呀刚才这个水库水质的这个状况啊，我们集团呢一直以来都高度重视，呃制定了各种这个关于水质的应急预案。呃这个也有相应的这个措施，你比如在水质⊥在水源水质波动的时候⊥就是水库水质波动的时候，那么我们呢就增加检测频率。由过去的一个月一次我们变成一天一次啊，然后呢这个---呃采用▲

主：▼我想知道刚才这样的现象越多，你们的压力会不会越大？

政：＝会大，那肯定是大的⊥那肯定是大的。（2017 年 6 月 23 日）

在例（136）问答对应结构中，只有一次打断，主持人用"我想知道刚才这样的现象越多，你们的压力会不会越大？"打断政府人员的话语，进行追问。此打断结构属于单独型打断结构。

2. 多次型打断结构

在一个问答对应结构中出现多次的会话打断称为多次型打断结构。如例（137）：

（137）主：好，又一个时间表出来了。……其实违建的治理啊恐怕不光在咱们某市的各个城区，在国内的各大城市可能都是个问题，这也是一个在城市发展过程当中必然会出现也必须解决的问题。因为现在问题出现的时间已经够长，程度已经够深，那么究竟应该如何解决？请咱们的评论员，听听他的观点。

评：那个客观地讲啊，拆违（1s）是城市管理的第一难，我非常理解各位区长的难处。……那么从---这个违建的刚才这个情况看哪，我们今天所看到的不过是冰山一角，那么实际情况呢可能要比这要严重得多。

主：您了解的实际情况是什么样的？

评：这个---也曾经做过统计吧，这个---全市这个---城区、开发区（1s）可能存在的违⊥这个违章建筑……第二呢就是关键是现场制止，（1s）现在我们现场制止的这个（1s）法律武器用得不够。那么从程序上看啊是⊥当然是比较复杂，那么发现这个违章建筑之后，规划部门要现场调查，要呢出具▲

主：▼某主任▲

评：▼这个啊要依法认［定等］

主：［时间］关系我插［一］

评：［行］了，我就（1s）这个哈⊥我再［简单］

主：［没有］⊥没有，您说得非常好。我想插一句哈，就是您刚才说到的这个关键啊，现在这个关键上咱们有什么问题吗？

评：这个关键上啊，实际上就是我们这个发现不及时，另外就是现场制止不力，制止不力呢这里边这个原因哪也是多方面的。（2016 年 6 月 27 日）

例（137）问答对应中，共有五次打断，第一次是主持人用"某主任"

对评论员的话语进行会话打断；第二次是随即评论员用"这个啊要依法认定等"打断了主持人；第三次是主持人用"时间关系我插一"再次打断评论员的话语；第四次是评论员用"行了，我就这个哈⊥我再简单"打断主持人的话语；第五次是主持人用"没有⊥没有，您说得非常好。……"又一次打断了评论员的话语。为了争夺话轮，主持人和评论员接连打断对方的话语，因而例（137）属于多次型打断结构。

　　在多次型打断结构中，根据多次打断之间的关系，本文将多次型打断结构进一步分为连续型打断结构、重复型打断结构、复合型打断结构。

　　（1）连续型打断结构

　　连续型打断结构是指在一个问答对应中，由两个会话者甚至更多的会话者他们之间接连相互打断彼此的话语形成的结构。在连续型打断中，比较常见的结构是甲打断乙的话语，随后乙打断甲的话语，之后有可能再次出现甲打断乙的话语等这样连续多个来回的相互打断。连续型打断结构是打断者们争夺话语权的一种体现。

　　如例（137）中，主持人与评论员之间的打断属于连续型打断结构。主持人先打断评论员，随后评论员再打断主持人，之后主持人再次打断评论员，然后评论员又一次打断主持人，最后，主持人再度打断评论员进行提问。主持人和评论员多次接连打断对方以争夺话语权来实现各自的打断目的。

　　（2）重复型打断结构

　　重复型打断结构是指在一个问答对应中，一方多次打断另一方话语而形成的结构。重复型打断结构很多时候都是在对某些内容进行追问、重问时产生的结构。如例（138）：

　　（138）**主**：（……）发现污水之后，止住排污，这当然是要做的事情，您作为河长这一点我个人认为您称职。但是，对于之前的排污怎么处理？作为河长您有考虑吗？

　　政：之前的排污刚才我提到两个字：（2s）揪心。主持人您也听到，我刚才也说到，<作为去年六月---⊥七月份开始啊>，作为安排在这个河的河长，呃我在现场看的画面呃---确实存在这样。但是呢▲

　　主持人：▼个人感受我们私下交流，在这个场合我想听作为（2s）公职角色对之前的这个排污您有考虑吗？

政：我们有考虑⊥有考▲

主：▼怎么考虑?

政：=最根本的一个就是加快最重要的基础设施的污水处理建设。……确保流入这儿的呃经过处理⊥就是流入到某河里的污水是经过处理的。呃这一点我们是可以确保的，呃这一点。(2018 年 10 月 12 日)

例（138）这一问答对应中，主持人两次打断政府人员的话语，第一次用"个人感受我们私下交流"对政府人员的话语进行打断；第二次用"怎么考虑"进行打断。这两次打断第一次是对之前问题所进行的重问，第二次是对政府人员话语中关于"考虑"这一内容进行的追问。

（3）复合型打断结构

复合型打断结构是指在一个问答对应中，综合运用了重复型打断结构和连续型打断结构所形成的结构。复合型打断结构体现出了此领域会话的复杂性。如例（139）：

（139）**主**：嗯，片子里头提到了阻碍治污工程的一些人其实恰恰也是污染的受害人。……呃咱们有没有对这些大棚进行认定到现在?

政：呃这个我到某区时间虽然不长哈，今天是第十个工作日，但是我沿线走了一圈，这个现象啊确实存在，个别地方 <还是很严重的> ⊥很严重的。刚才片子中放了，就是某水库周边某村。因为这次啊某河综合治理它是一个全市全河流的综合治理工程，那么区里主要承担的是征收任务。那么这块呢我们区里的任务量特别大，一期的这个工程里的项目涉及这个呃---某河的三个段 1200 户，就是▲

主：▼对不起，我得打断您一下。因为时间宝贵，今天主考官是各位人大代表、政协委员和群众代表，我只想请您简 [单回答我，> 咱们有没有开始认 <]

政：[哦---我就简单说一下]。第二个呢棚户区改造这个项目涉及 6400 多户，那今年市里让我们完成这个 3200 户。这样任务量特别大，我们区里呢做了一个安排。怎么安排呢，就是分四期去推进这个征收的工作，包括刚才抢建的这个呃这些大棚，都在我们将来征收和抢建哪一起呢这个▲

主：▼开始认定了吗现在?

政：=啊，我说的就是我们做四个攻坚战，第一个攻坚战就是某河中段呢，刚才已显示了某地▲

主：▼好▲

政：▼第二个呢▲

主：▼我明白了，时间宝贵，把时间留给人大代表、政协委员和群众代表。（2016 年 9 月 26 日）

例（139）是由连续型打断结构与重复型打断结构形成的复合型打断结构。首先，主持人用"对不起，我得打断您一下"对政府人员的话语进行了打断，随即政府人员没有等主持人把话轮完成，就用"哦我就简单说一下"对主持人的话语进行打断，二者构成了连续型打断结构。随后，主持人对政府人员的话语用"开始认定了吗现在"进行打断，当政府人员回答主持人的问题时，主持人又用"好"对政府人员的话语再次打断，因此这两次打断构成了重复型打断结构。之后政府人员用"第二个呢"对主持人的话语进行打断，接着主持人用"我明白了"打断政府人员的话语，此时的两次打断构成了连续型打断结构。综合来看，这一问答对应中的复合型打断结构为：首先是连续型打断结构，之后是重复型打断结构，最后又是连续型打断结构。这体现出了会话参与者们为了促进问政相关问题的解决，在问答会话中，各会话参与者通过打断来提高各自完成会话任务的效率，同时也体现出了会话结构的复杂性。

（二）会话打断结构特征

通过对本文语料中会话打断结构的统计，发现电视媒体问政类话题会话打断结构各类型出现的次数如下：

表 5 - 3　各类型会话打断结构出现的次数

单独型打断结构	多次型打断结构			合计
	连续型打断结构	重复型打断结构	复合型打断结构	
48	24	13	12	97

通过上表可以看出，电视媒体问政类话题会话打断结构的特征为以单独型打断结构为主，连续型打断结构也是常出现的打断结构。Brown & Levinson（1978）提出的"面子保全论"中指出面子分积极的面子（positive face）和消极的面子（negative face）。积极的面子指的是渴望获得他人的认同和喜爱；消极的面子指的是不愿意他人强迫于自己，不希望他人干预、阻碍自己的行为。会话打断本身就是对对方面子的一种损伤，无论是对于积极

的面子还是消极的面子，而且对于消极的面子损伤更大。在此会话领域中，单独型打断结构出现的次数最多说明会话参与者们比较重视彼此的面子，因而能用一次打断就解决的问题尽量不用多次打断，这也是对彼此面子的一种保护。连续型打断结构出现的次数较多体现出了此领域会话的互动性、问政性、机构性。会话参与者们在问政的会话现场对于完成各自的会话任务具有真诚性、迫切性，面对一些具体的问题在问答时就难免会为了争夺话语权以更好地问清问题、阐释问题、剖析原因、发表见解、控制话轮等而出现相互连续打断的会话现象。

四、电视媒体问政类话题会话打断关系

电视媒体问政类话题会话打断关系是指会话参与者之间由打断者与被打断者构成的关系。电视媒体问政类话题会话参与者们的会话任务、机构身份各不相同，因而会话参与者之间存在着多种打断关系。对会话参与者打断关系的研究能够进一步揭示此领域会话打断所具有的特征。通过对语料的分析，此领域会话参与者之间的打断关系情况如下：

表 5-4　电视媒体问政类话题会话打断关系情况

会话打断关系	打断次数
主打断政	111
主打断代	7
主打断评	4
政打断主	48
政打断新主	6
政打断代	3
代打断政	6
代打断主	6
新主打断政	6
评打断主	4
合计	201

上表电视媒体问政类话题会话打断关系清晰呈现，其中，主持人与政府人员之间、主持人与问政代表之间、主持人与评论员之间、新媒体主播与政

府人员之间、政府人员与问政代表之间分别存在着相互打断的关系。不同打断关系中打断的次数反映出此领域会话打断关系的特征为以主持人打断政府人员为主，政府人员也频繁地打断主持人。主持人多次打断政府人员的话语充分体现出了主持人在此会话领域的机构身份以及会话任务。主持人作为整场会话的组织者、协调者，与政府人员的问答会话对于问政相关问题解决的程度、落实的效率至关重要。主持人在与政府人员进行问答会话中，对于政府人员的答话的内容、方向、时间等都要进行适度调节，同时还要对问政的相关问题与政府人员通过问答进行深入的沟通，而打断便是这种调节、沟通的一种途径。政府人员为了更有效、更全面、更深入地回答问政的相关问题，同时由于主持人作为对政府人员的答话进行追问、重问的主体，因而在问答会话中政府人员对主持人话语打断的次数也较多。这是政府人员作为整场会话的被问政者、答话者的充分体现，通过打断来获得更多的话语权，进而有助于将要表达的内容阐释清楚，提供更多问话所需信息。

五、电视媒体问政类话题会话打断目的

前文已分析出电视媒体问政类话题会话打断是如何进行的。那么此领域会话打断为什么要这样进行？这就涉及了会话打断的目的。为了解决上述问题，本节首先将对会话打断按其目的进行分类，进而更深入地研究会话打断模式。

（一）会话打断目的类型

刘虹（2004）从打断的动机将打断分为故意打断和非故意打断，从打断的效果将故意打断分为合作型故意打断和非合作型故意打断。Murata（1994）根据打断的不同功能，把非合作型打断分为转换话题型、争夺话语权型和不赞同型，把合作型打断分为帮助型、赞同型以及解释型。以上学者分别从会话打断的动机、效果、功能对其进行了分类，在综合借鉴以上学者对打断研究的基础之上，本节根据电视媒体问政类话题会话打断的特征，从会话打断目的的角度对会话打断进行分类，划分出的类别统称为会话打断目的类型。首先将会话打断分为非合作型打断与合作型打断。非合作型打断是指打断者为了阐述自己的看法，或者迫切了解某些信息，或者对对方话语进行调控等对讲话者的话轮进行强行打断。合作型打断是指打断者为了通过打

断修正说话者的话语或引导说话者提供所需信息等进行的打断，这种打断的目的是通过打断帮助说话者更好地完成会话，使其话语更加精准、到位而进行的，是合作性的。其次，本节将非合作型打断分为追问型、控制话轮型、争夺话语权阐释型、评论型；合作型打断分为帮助型和引导型。下文将对这些会话打断目的类型进行详细论述。

1. 追问型

追问型是指通过打断以达到对说话者话语中的某些内容进一步进行追问的目的。如例（140）：

（140）主：嗯这是从什么时候升级？

政：我们就从今年开始，去年做了前期，这条［路］

主：［今］年升级的？

政：＝呃对，今年开始升级。（2017年3月24日）

例（140）中，主持人对第一次提问后所得到的信息中有些内容存有疑虑，因而当政府人员说到"路"的时候，主持人为了了解"这条路是不是今年升级的"这方面的信息，对政府人员话语中的"今年开始"这部分内容进一步地进行追问，进行了会话打断。

2. 控制话轮型

控制话轮型是指通过打断以达到对说话者话轮的时间、话轮的转换、会话进行的环节、话题等进行控制的目的。如例（141）：

（141）政：好，我回答这个问题。您刚才谈到掌不掌握当前的情况，我可以用一组数据反过来说明这个情况啊。……刚才我也讲了，这是我们下一步努力的方向，我回去之后会就相关的情况▲

主：▼请您记住我们90秒的提醒，还有请人大代表发问。（2016年12月19日）

上例中，政府人员为了更好地回答问题，在其话轮中的话语量较大，因而，主持人对政府人员的话语进行了打断，运用控制话轮型打断来控制政府人员把持话轮的时间。

3. 争夺话语权阐释型

争夺话语权阐释型是指通过打断以争取更多的话语权，进而阐释自己的观点。如例（142）：

（142）**主：**这个［时］限是什么时候？您还［记得］

政：［程］

政：［程序是这样］，这个---我们（……）执行，<u>因为这个建筑特殊</u>，刚才说了是地下室。……我们预计在（2s）两个月左右全面完成。因为这个施工有一个阶段啊，这个施工它得按照设计来。(2016 年 6 月 27 日)

例（142）中，政府人员两次打断主持人的话语，第一次用"程"进行打断，但没有成功，主持人继续把持话轮；第二次用"程序是这样"进行打断，夺得了话轮。政府人员的这两次打断的目的都是为了争夺话语权，从而能够阐释自己的想法，将事情表述清楚，提高问政效率。

4. 评论型

评论型是指通过打断以达到对某些情况或内容进行评论的目的。如例（143）：

（143）**代：**出现这种问题，又是漏点和盲点的问题，那么出现了是不是在意料之中？

主：请回应。

政：呃---这个问题的出现▲

主：▼这是一个问心，也需要用心回答的问题哈。（2018 年 12 月 28 日）

例（143）中，当政府人员进行回答时，主持人进行了打断，其目的是进行评论，用"这是一个问心，也需要用心回答的问题"来评论问政代表提出的问题。

5. 帮助型

帮助型是指通过打断以达到对话语内容进行补充、修正，使得话语更加确切的目的。

在帮助型打断中，经常会出现会话修正现象。在绪论中，"会话修正"这一小节已对会话修正现象有所论述，这里不再赘述。在帮助型打断中主要出现的是他人启动他人修正这一会话修正现象。他人启动他人修正是指发话人表述后，由他人发现发话人话语中的问题源后发起修正，并对问题源进行了修正。如例（144）：

（144）**代：**我接着说啊，我想啊---就刚才的问题，看了两个片子，一

个是学校的，一个是居民。最<u>核心</u>的问题就是<u>不达标</u>问题，怎么能把不达标作为工作目▲

主：▼把解决不达标问题哈。（2016 年 12 月 19 日）

例（144）主持人采用的是帮助型会话打断。在问政代表的话语中出现了问题源"不达标作为工作目"，随即，主持人进行了打断。在主持人的话轮中，主持人启动了修正的同时进行了修正，将问题源修正为"把解决不达标问题"，这样通过打断，主持人进行了他人启动他人修正，帮助问政代表使其话语的语义表述准确。

6. 引导型

引导型是指通过打断来引导说话者的话语不偏离话题或是提供更符合会话所需的信息。如例（145）：

（145）**主：**那么着急把某主任给领出来哈。来某主任到您了，您牵头的这个区域到底打算怎么个治理法？

政：某河呀是一个---城建重点工程，更是一个关乎着重大的民生工程啊。历届的市委市政府啊都高度关注这个某河的综合⊥综合治理，那个多年来对城市绿化⊥对这个绿化、对道路、房屋工程都做了一些包括截污工程。另外 15 年呢市委市政府啊发起了总攻令，那个对某河整个的这个全⊥全区⊥全流域，整个的刚才说某河的主河道，某湖、某河包括刚才的某河、某河，这是全流域的，呃---同时又结合着国家对海绵城市的这种解决这个水缺⊥水资源短缺的问题，结合了海绵城市理念，又根据国家要求 2017 年底消除城市黑臭水体这个要求呢把某市建城区内的黑臭水体又纳入到综合治理范围。所以说从客观上说，某河的整个的某市治理不是光河流的治理，是整个全呃---⊥<u>全城区内</u>的建城区内的水系的综合治理，这是说的这个全区域⊥全流域。二是这个全方位，那么不仅是景观和这个这个▲

主：▼嗯，打断您某主任，关于整个综合治理工程让大家了解得更仔细，我们也有责任，待会儿我们还要做这方面的工作。现在请您回应的问题是在未来您所负责的这个区域内的工作到底将怎么样开展？什么时候能让大家看到切实的成效？包括现在有没有什么难点？有没有什么工程滞后的地方？

政：好，我们某委呢除了牵头整个流域的综合治理的协调，负责呢⊥直接负责某湖和某河。目前呢这两个流域的综合治理工作呢已经完成了招标采购，前面的方案论证和这个呃---整个治理的这些这个这个前期的设计，这个立项等已经都完成了，采取总承包。呃期限呢是定在⊥按照市委市政府的要求呢期限是定在 17 年底消除黑臭水体，完成截污治污，基本完成。18 年（……），整个这个呃---它的难点还是水从哪来，这个水能不能臭，这个这块呢⊥这是前期这块。现在呢整个的进展除了这个---基础问题经过几次论证专家，呃可能还是一些建污水处理厂。因为水的来源⊥咱们季节性河流水的来源只能是用常态的这个呃污水做一个资源化的生态补充，所以污水处理厂的选址建设它是作为一个河流治理常态保持水计量、水流动性的、保持水清治理的一个关键因素，这是一个难点。二（……）在实施过程中就是征拆的难点，那么我相信哪在各区在市委市政府高度重视下，在各区共同的努力下，在部门协同作用下，这个任务是按期能够完成。(2016 年 9 月 26 日)

例（145）中，主持人第一次问话的核心语为"您牵头的这个区域到底打算怎么个治理法？"，而政府人员想更全面地回答问题，因而回答的角度从介绍综合治理工程开始。由于其答话目前主要集中在介绍综合治理工程上，与主持人在第一个语步中的问话核心语吻合度不高。随后，主持人对政府人员的话语进行了打断，其目的是引导政府人员重点针对主持人在第一个语步中提出的问题进行回答，帮助政府人员提高答话与问话的吻合度。

值得注意的是，主持人对于政府人员进行引导型打断的时候，很多时候会出现会话修正中的他人启动自我修正的现象。他人启动自我修正是指发话人表述后，由他人发现发话人话语中的问题源，并启动了修正，之后由发话人自己对话语中的问题源进行修正。

主持人在进行引导型打断时，对上一语步中政府人员答话里的问题源启动了修正，之后在主持人启动会话修正所在语步的下一个语步，政府人员对自己在之前话语中的问题源进行了修正，这种会话现象属于他人启动自我修正。如例（145）中，问题源为政府人员在第二个语步中对综合治理的介绍，在第三个语步中，主持人对政府人员的话语进行了引导型打断，启动了会话修正，指出介绍整个综合治理工程有必要，但是现在更希望政府人员针对主持人在第一个语步提出的相关问题进行回答。因此，主持人对其在第一个语步中的问话进行了重问，并将问题问得更加具体，以帮助政府人员能够更好地进行自我修正。在第四个语步中，政府人员对自己在第二个语步中的问题源进行了修正，分别从工作是怎么开展的、让大家看到切实的成效的时间、工程滞后的地方、现在的难点这几个方面回答了主持人重问的问题，与主持人问话的吻合度高，很好地进行了会话自我修正。

（二）会话打断的总体目的

电视媒体问政类话题会话打断目的类型出现的次数能够体现出此领域会话打断的总体目的，因而，本节对问答对应中的会话打断目的类型进行了统计分析，得到如下结果：

表 5-5　会话打断目的类型出现的次数

会话打断目的类型	次数
追问型	42
控制话轮型	23
争夺话轮阐释型	92
评论型	9
帮助型	7
引导型	28
合计	201

在上表会话打断目的类型中，争夺话轮阐释型出现的次数最多，达到了92次，其次是追问型，出现了42次。因此，通过对会话打断目的类型出现的次数的分析可以看出电视媒体问政类话题会话打断的总体目的为争夺话轮进行阐释，其次是进行追问。首先，此领域会话打断以争夺话轮进行阐释为总体目的这说明在阐释问题时，无论是政府人员还是其他会话参与者，都想竭尽所能地把问政的相关内容表述好，通过问答会话进行沟通，来解决问题。之所以打断，是想得到更多的话语权来把问政的相关问题的方方面面通过提问、阐述、解释、分析等力争尽快解决，落到实处。如例（146）：

（146）代：某路啊这个当街屠宰，呃---无检疫售⊥嗯无检疫销售，这个现象呢已经存在两年多，媒体也曾多次曝光，请问您知不知道这个事情？

　　政：这个事情▲

　　代：▼嗯，您知不知道这件事情？

政：这件⊥ ［这件事情］

代：［您准备怎］么解决这个问题？

政：啊，谢谢，这件事情我清楚，确实已经存在两年多啦。我们在这个两年当中也多次地通过这个专项的打击啊这个日常的监管进行取缔过。但是由于这个地方这个位置比较特殊，人群比较复杂，极易反弹，也是我们工作的难点啊。下一步呢，我们要成立专门的队伍啊落实镇街包括村的责任，呃---特别是在重点的时节啊呃来进行处理。我想呢这将是一个长期的过程，但是我们有决心一定把这个地方根除掉。

主：您（1s）还要问吗？

代：满意。(2016 年 12 月 19 日)

通过上例可看出，对于问政代表问话的核心语"请问您知不知道这个事情"，当政府人员进行回答时，问政代表进行了两次打断，其目的只有一个，就是想夺得话语权，急于把问题阐释得清楚、详尽，进而能够获得所需要的信息。在第二次打断时，问政代表还补充了一个问题"您准备怎么解决这个问题？"，通过打断，提高了获得全面、精准、有效信息的可能性。通过最后一个语步，也可看出问政代表对于政府人员的回答是满意的，这种打断也起到了良好的效果。

其次，追问也是此领域会话打断总体目的之一。电视媒体问政类话题会话最核心的是通过问政来解决问题，而对于某些曝光出来的有关民生等的问题，需要一步步地针对答话中的某些内容进行追问才能得到满意的信息，如例（140）中，通过打断进行追问，得到了"这条路是今年开始升级"这一准确信息，从而有利于答话与问话吻合度的提高。

（三）各会话参与者打断的目的

电视媒体问政类话题会话中，各会话参与者在进行会话打断时又有着各自的目的。本节通过会话打断目的类型以及会话者之间的打断关系来综合考察电视媒体问政类话题会话中各会话参与者打断的目的。不同的电视媒体领域会话中参与者的会话打断目的也不尽相同，如谈话类会话中，主持人打断的主要目的是转移话题，那么在电视媒体问政类话题会话中各会话参与者打断的目的又是什么呢？通过对此领域会话参与者打断目的类型出现的次数以及打断关系的统计，得到如下结果：

表 5 – 6   各会话参与者打断目的类型出现的次数

打断关系	打断目的类型						合计
	追问型	控制话轮型	争夺话语权阐释型	评论型	帮助型	引导型	
主打断政	38	18	21	6	5	23	111
主打断代	0	1	1	2	2	1	7
主打断评	1	1	2	0	0	0	4
政打断主	0	0	48	0	0	0	48
政打断新主	0	0	6	0	0	0	6
政打断代	0	0	3	0	0	0	3
代打断政	0	0	3	0	0	3	6
代打断主	2	0	4	0	0	0	6
新主打断政	1	3	0	1	0	1	6
评打断主	0	0	4	0	0	0	4

通过上表可以看出各会话参与者打断的对象是谁，打断对方的目的是什么。下面具体对各会话参与者的打断目的进行详细分析。

1. 主持人打断的目的

通过表 5 – 6 可以看出在所有会话参与者中，主持人打断的次数是最多的，达到了 122 次。主持人会话打断的对象为政府人员、问政代表和评论员，其中主要是打断政府人员的话语，达到了 111 次，而打断问政代表、评论员话语的次数分别只有 7 次和 4 次。通过对表 5 – 6 中打断目的类型的分析，发现主持人打断政府人员话语最主要的目的为追问，其次是引导和争夺话语权进行阐释，控制话轮也是打断政府人员话语的一个主要目的。主持人打断问政代表话语的主要目的为评论和帮助，打断评论员话语的主要目的为争夺话语权进行阐释。主持人对于问政代表的打断通常都是当问政代表的话语不是很恰当的时候主持人通过打断以帮助问政代表，使其话语更加精准。还有的时候主持人觉得对于问政代表话语中的一些内容有必要发表一下评论，因而进行了打断。主持人打断评论员有时是为了通过打断来争夺话语权以阐释自己对于评论员某些评论内容的看法等。主持人作为此领域会话打断的主要执行者，其打断目的是本节重点研究的对象。

（1）追问

表 5 – 6 中，追问型打断在主持人打断目的类型中出现次数是最多的，因而，主持人进行会话打断最主要的目的是追问。同时，追问也是主持人打断政府人员最主要的目的。追问是电视媒体问政类话题会话典型特征之一，是此领域会话互动性的生动体现。主持人在进行打断追问时，其话语主要是出现在追问型问答对应如"Q-A-Fi + a-Fii-Fiii"追问型问答对应、"Q-A/Q-A-Fi + a-Fii-Fiii"追问型问答对应、"Q-A-Fi + a-Fii-Fii + a-Fiii-Fiiii"追问型问答对应、"Q-A-Fi + a-Fii-Fii + a-Fiii-Fiii + a-Fiiii-Fiiiii"追问型问答对应、"Q-A-Fi + a-Fii-Fii + a-Fiii"追问型问答对应中的追问语步里。① 当主持人对对方话语所提供的信息存有疑虑，或是想尽快得到所需信息，又或者想通过进一步的追问使对方对于答话内容进行扩充等时，会适时地进行打断。通过打断、对对方话语进一步地追问，使对方答话所提供的信息与问话吻合度提高，使会话结构更加紧凑，使问政的效果显而易见。如例（79）中，主持人对政府人员进行了三次打断。此例是"Q-A-Fi + a-Fii-Fii + a-Fiii-Fiii + a-Fiiii-Fiiiii"追问型问答对应，主持人分别在"Fi + a""Fii + a""Fiii + a"三个追问语步中对政府人员的话语进行打断。在"Fi + a"语步，主持人对于政府人员在"A"语步中的"已经结案"产生了疑问，因此当政府人员用"另外"想继续说其他的情况时，主持人打断了政府人员的话语进行了追问。在"Fii + a"语步，主持人对政府人员在"Fii"语步中的"停了"又产生了疑问，进而对政府人员的话语又一次进行打断，进一步追问。在"Fiii + a"语步，主持人对于政府人员在"Fiii"语步中的"大门紧锁"以及"当时叫了 15 分钟"产生疑问，随即马上打断进行追问，急于想了解必要的信息。通过主持人打断进行的追问，使"这个黑加工点查处完之后是怎么处理的"这一情况通过政府人员的答话得以清晰解释，通过不断地打断追问，使回答更加明晰、更加有效。

---

① 上述追问型问答对应中，其追问语步分别为"Fi + a"追问语步、"Fii + a"追问语步、"Fiii + a"追问语步。

（2）引导

通过表 5–6 可以看出，引导型打断在主持人会话打断中出现的次数也很多，因而引导也是主持人打断的一个重要目的，这同时也是主持人打断政府人员的一个重要目的。引导型打断属于合作型打断，由于对方话语的内容不够恰当，因而主持人通过打断来引导对方话语朝着更精准、更恰当的方向发展，进而提高答话与问话的吻合度。主持人为了引导而进行打断时，其打断话语经常出现在此领域会话的重问型问答对应中的重问语步里。例（145）是 "Q-A-Qa-An" 重问型问答对应，由于政府人员在 "A" 语步中的答话与主持人在 "Q" 语步中的问话核心语吻合度不高，因而主持人在 "Qa" 重问语步中对政府人员的话语进行了打断，其目的是引导政府人员在 "An" 语步中的答话与问话吻合度高，答话精准、有效、到位。

（3）争夺话语权加以阐释

表 5–6 中主持人争夺话语权阐释型打断出现了 24 次。这反映出主持人会话打断的另一重要目的是争夺话语权进行阐释。有时由于政府人员话语量有些多，或者主持人认为有必要在某些问答会话过程中阐释一些想法，因而打断对方话语，夺得话语权加以阐释。

（4）控制话轮

表 5–6 中控制话轮型打断出现了 20 次，因而，控制话轮也是主持人打断的一个主要目的。这与主持人作为整场会话组织者的角色有着密切关系，也体现出了在此领域会话中主持人的话语权势。"批判语言学关注话语中的权力关系。"（赵洪芳，2009）"Fairclough 提出了话语是一个行使和实现权力关系的场所这个论断。"[①] 主持人在电视媒体问政类话题会话中对于各话语角色、话轮的转换、问政会话各环节的时间的掌控以及话题的主导等，显示出了相对于其他会话参与者来说具有更高的话语权势。由于要对话题的内容、会话环节进行调控，当会话中出现各细节的偏离时，主持人就需要通过打断来达到控制话轮的目的，以组织协调整场会话。对于政府人员话语的打断有些时候是出于这种控制话轮的目的。

2. 政府人员打断的目的

通过对表 5–6 的分析发现，政府人员的打断次数为 57 次，在此领域会

---

① 转引自胡壮麟. 新编语篇的衔接与连贯 [M]. 上海：华东师范大学出版社，2017：21.

话中位居第二。政府人员的会话打断目的类型只有一种——争夺话语权阐释型，因而，政府人员的打断目的只有一种，那就是争夺话语权以进行阐释。政府人员会话打断的对象有主持人、新媒体主播、问政代表，其中主持人是政府人员主要的打断对象，打断他们话语的目的是一样的——争夺话语权以进行阐释。

政府人员在此领域会话中的会话任务之一是回答，回答各方包括问政代表、主持人等提出的问题。在电视媒体问政类话题会话这一类似考试的语境里，政府人员充当的角色是"考生"，他们的话语权势地位在这里排在了"考官"——问政代表，"组织者"——主持人之后，这也体现出了政府人员为人民服务的宗旨。在做"考生"的角色时，政府人员一方面尽职尽责力图精准、详尽地回答"考官们"和"组织者"的问题；另一方面由于很多问政的相关内容都是政府人员的本职工作范围之内的，因而政府人员对很多内容的了解相比于其他会话者来说可能更加全面。所以，政府人员通过打断以争夺更多的话语权来阐释问政的相关内容，通过自己对业务的了解，尽可能提高答话与问话的吻合度。

3. 问政代表打断的目的

根据表 5 - 6 可以看出问政代表共有 12 次打断，打断目的类型为争夺话语权阐释型、引导型以及追问型。其中争夺话语权阐释型出现的次数最多，共有 7 次，这反映出问政代表主要的会话打断目的为争夺话语权以进行阐释。问政代表会话打断的对象有主持人和政府人员。问政代表对主持人打断的主要目的为争夺话语权以进行阐释，对政府人员打断的目的为争夺话语权以进行阐释以及引导。

在电视媒体问政类话题会话中，问政代表主要的会话任务是就每场会话的话题代表公众进行发问。同时，在这一会话领域中问政代表相当于"考官"，因而，虽然没有主持人的话语权势大，但也具有第二话语权势的地位。问政代表对于主持人的会话打断主要是当主持人对政府人员进行发问或分配话轮时，问政代表通过打断来获得话语权以进行阐释，有时是对主持人的提问进行补充，有时是对政府人员的回答的内容做出一些提醒等。问政代表打断政府人员以争夺话语权进行阐释主要出现在向政府人员提问后，有时想到还需要补充一些问话的内容，因而当政府人员刚开始进行回答时，就对其进行了打断。问政代表以引导为目的打断政府人员的话语时，主要是帮助政府人员使其答话与问话的吻合度更高。问政代表的会话打断行为也是对于其问政的会话任务负责任的一种体现。

4. 新媒体主播打断的目的

通过对表 5-6 的考察发现，新媒体主播的打断次数只有 6 次，相对是比较少的。新媒体主播主要的打断目的类型为控制话轮型，因而，这体现出了其会话打断的主要目的为控制话轮。新媒体主播会话打断的对象为政府人员，在与政府人员的问答会话中，新媒体主播本身所持话轮的机会就不多，因而为了提高问答会话效率，尤其当政府人员的话语量有些大时，新媒体主播进行打断以对会话的时间以及会话环节加以控制。

5. 评论员打断的目的

通过表 5-6 可以看出，评论员的打断次数是最少的，只有 4 次。评论员打断的主要目的类型是争夺话语权阐释型，这反映出评论员打断的主要目的是争夺话语权以进行阐释。评论员会话打断的对象为主持人，一般是当主持人与评论员就评论的内容进行简短的讨论或主持人对其进行打断时，评论员有时会对主持人的话语进行打断，以此来争夺更多的话语权进行阐释，将所评论的话语能够完整、详尽地呈现出来。

六、优质与非优质会话模式中会话打断特征

前文对电视媒体问政类话题会话中优质会话模式与非优质会话模式进行了深入研究，本节将从会话打断的角度进一步揭示这两种会话模式所具有的一些特性，同时对会话打断也进行更为深入的考察，探讨这两种会话模式中出现的会话打断现象有何区别，会话打断在优质会话模式中究竟是起到了推动作用还是阻碍作用。前文对于优质会话模式与非优质会话模式的研究主要是针对电视媒体问政类话题会话中"Q-A-F"简短型问答对应、"Q-A-Fi + a-Fii-Fiii"追问型问答对应、"Q-A-Qa-An-F"重问型问答对应这三种问答对应进行的，因此，本节对这两种会话模式中会话打断现象的考察也是针对"Q-A-F"简短型问答对应、"Q-A-Fi + a-Fii-Fiii"追问型问答对应、"Q-A-Qa-An-F"重问型问答对应这三种问答对应中的会话打断现象进行的。

（一）优质与非优质会话模式中会话打断分布特征

对会话打断现象在"Q-A-F"简短型问答对应、"Q-A-Fi + a-Fii-Fiii"追

问型问答对应、"Q-A-Qa-An-F"重问型问答对应这三种问答对应中优质会话模式与非优质会话模式中的分布特征的考察，主要是通过研究会话打断现象出现的次数及频率来揭示分布特征。由于以上三种问答对应中优质会话模式与非优质会话模式各自总体的数量是不同的，因此，对于优质会话模式与非优质会话模式中会话打断现象出现的频率的计算方法为：某一类型会话模式中会话打断出现的总次数除以其所在会话模式的总数。通过对语料中"Q-A-F"简短型问答对应、"Q-A-Fi + a-Fii-Fiii"追问型问答对应、"Q-A-Qa-An-F"重问型问答对应这三种问答对应中会话打断现象的考察，发现会话打断在这三种问答对应里优质会话模式与非优质会话模式中出现的频率为：

表 5 – 7　优质与非优质会话模式中会话打断出现的频率

会话模式	总数	打断次数	频率
优质会话模式	124	44	35%
非优质会话模式	85	25	29%
合计	209	69	33%

表 5 – 7 中，优质会话模式与非优质会话模式中会话打断现象一共出现 69 次，频率为 33%，其中优质会话模式中出现了 44 次，频率为 35%，非优质会话模式中出现了 25 次，频率为 29%。通过这些数据可以总结出优质与非优质会话模式中会话打断分布特征为：会话打断在优质会话模式中出现的频率高于非优质会话模式。这一分布特征体现出了会话打断的出现对于优质会话模式的产生并没有起到阻碍作用，反而适当的会话打断对于优质会话模式的产生能起到一定的促进作用。那么，究竟怎样的会话打断能对优质会话模式的产生相对起到一定的促进作用呢？本书将从优质会话模式与非优质会话模式中打断方式的特征、打断目的类型的特征来进行研究。

（二）优质与非优质会话模式中会话打断方式特征

优质会话模式与非优质会话模式中会话打断方式的特征可以通过会话打断方式出现的频率有所反映。优质与非优质会话模式中会话打断方式出现的频率的计算方法为：某种打断方式出现的次数除以所在会话模式中所有打断方式出现的总次数。通过对优质与非优质会话模式中会话打断方式的考察，发现各类型会话打断方式出现的频率为：

表 5 - 8　优质与非优质会话模式中会话打断方式出现的频率

打断方式	优质会话模式		非优质会话模式	
	次数	频率	次数	频率
按铃式	0	0%	0	0%
道歉式	0	0%	1	4%
提醒式	10	23%	5	20%
赞同式	0	0%	1	4%
否定式	0	0%	0	0%
直接式	34	77%	18	72%
合计	44	100%	25	100%

通过表 5 - 8 可以看出，电视媒体问政类话题会话中优质会话模式与非优质会话模式里，直接式出现的频率都是最高的，这说明优质会话模式与非优质会话模式中会话打断方式特征均是以直接式为主。直接式在优质会话模式中出现的频率要高于在非优质会话模式中出现的频率，这说明适当地使用直接式这种打断方式对于优质会话模式的产生能起到一定的促进作用。如例（147）：

（147）主：嗯，您刚才说的这些长效措施在两年的时间里似乎好像没有完全生效，也没有完全地建立起来。那在<u>未来</u>您预计大概会要多长时间能建立起来？

政：啊---我们想这个---在两周之内啊我们▲

主：▼两年办不到的事，两周之内就能办到吗？

政：呃我们这个要进一步地完善这个机制啊。

主：好，我们期待。……（2016 年 6 月 27 日）

例（147）为"Q-A-Fi + a-Fii-Fiii"追问型问答对应中的优质会话模式，吻合度等级为十级。在这个优质会话模式中，主持人对政府人员在"A"语步答话中的"两周之内"产生疑问，进而在"Fi + a"追问语步对政府人员的话语采用直接式的打断方式进行追问。这样的打断方式直截了当，直击问题，成功率高，不需要过多地使用委婉、修饰性话语。而且在出现关键信息的地方当机立断进行打断，一方面能够使会话紧密围绕着重要信息的所需与提供进行，另一方面有助于会话者提供符合需求的信息。从而，恰当地使用直接式打断，有助于优质会话模式的产生。

（三）优质与非优质会话模式中会话打断目的类型特征

优质会话模式与非优质会话模式中会话打断目的类型出现的频率能够反映出优质与非优质会话模式中会话打断目的类型的特征。优质与非优质会话模式中会话打断目的类型出现频率的计算方法为：某一打断目的类型出现的次数除以其所在会话模式中所有打断目的类型出现的总次数。通过对优质与非优质会话模式中会话打断目的类型的考察，发现其会话打断目的各类型出现的频率为：

表 5 - 9　优质与非优质会话模式中会话打断目的的类型出现的频率

会话打断目的类型	优质会话模式		非优质会话模式	
	次数	频率	次数	频率
追问型	6	14%	3	12%
控制话轮型	8	18%	3	12%
争夺话语权阐释型	23	52%	12	48%
评价型	3	7%	2	8%
帮助型	1	2%	2	8%
引导型	3	7%	3	12%
合计	44	100%	25	100%

通过对表 5 - 9 进行分析发现优质会话模式与非优质会话模式中的会话打断目的类型的特征均以争夺话语权阐释型为主，此外，控制话轮型、追问型是优质会话模式重要的打断目的类型，控制话轮型、追问型和引导型是非优质会话模式的重要打断目的类型。在优质会话模式中的争夺话语权阐释型、控制话轮型、追问型所出现的频率都超过了非优质会话模式中这三种追问目的类型的频率。通过以上的分析可以看出一方面，优质会话模式与非优质会话模式中打断的主要目的均为争夺话语权以进行阐释。另一方面，适当地使用以争夺话语权从而进行阐释为目的的会话打断对于优质会话模式的产生具有促进作用；恰当地运用以控制话轮、追问为目的的会话打断对于优质会话模式的产生能起到一定的辅助作用。优质会话模式中以争夺话语权进行阐释为目的的会话打断如例（148）：

（148）**主**：嗯，那通过前期咱们做这些工作有经验，但实事求是讲可

能也有教训哈,给您有没有什么启发和思考?<u>后续有没有什么样的有针对性</u><u>的做法</u>?(2s)

　　政:呃---这▲

　　主:▼<u>刚才我听到一条</u>,比如说像这里头的 > 这个农村厕所改造问题 <,宜旱则旱,宜厕呃就则厕⊥呃宜旱则旱,宜水则水啊,这个是实事求是的,还有吗?

　　政: > 还有就是搞好模式的选择 <。就是我们无论哪项工作,一定要选择最好的模式啊。当然这种模式不能是一个,啊---有的地区情况不同啊,群众<u>需求</u>不同,所以我们搞好模式的选择和推广,这是非常重要的。<u>再就是搞</u>好这个---长效机制的建立啊,做完工作之后不能(……)啊,扔⊥干完了啊,这个这个<u>又出</u>问题。就是我们要坚决要<u>吸取教训</u>,嗯保持工作这个---<u>连续性</u>。

　　主:嗯,好……(2019 年 4 月 4 日)

　　上例为 "Q-A-F" 简短型问答对应,答话与问话吻合度为九级,因而是优质会话模式。当主持人在 "Q" 语步提完问题后,政府人员刚开始回答,由于主持人对于自己在最开始提出的问题有些内容需要补充以便能在答话中得到更精准的信息,因而主持人进行了打断,其目的是争夺话语权以进行阐释。通过对 "农村厕所改造问题" 的进一步阐释,进而问 "还有吗",使得政府人员回答的方向更加明确,这样有助于政府人员的答话与问话吻合度的提高。因此,适当地使用以争夺话语权进行阐释为目的的会话打断能有助于优质会话模式的产生。

　　优质会话模式中以控制话轮为目的的会话打断如例(149):

　　(149)**主**:压力大吗?

　　政:压力非常大,因为啊整个某公园它属于啊我们某河综合治理的一个重点项目,既是生态工程同时呢也是民生工程。那么某区作为征拆主体,保证([zhài])⊥保证([zhèng])这个征拆的进度责无旁贷。那么年初以来,因为某公[园]总共关涉到▲

　　主:[好]

　　主:▼我还是要打断您⊥打断您。宝贵的时间,需要留给人大代表、政协委员和居民代表哈。……(2016 年 9 月 26 日)

　　例(149)为 "Q-A-F" 简短型问答对应,其吻合度等级为八级,是优质会话模式。政府人员在"A"语步最开始就对主持人的问话"压力大吗"进行了回答，指出"压力非常大"。由于想对"压力大"进行更全面、深入的阐释，政府人员在随后说明了压力大的原因。当政府人员说到"因为某公园"时，主持人运用"好"进行打断，目的是控制话轮，但没有成功。随后主持人再次用"我还是要打断您"对政府人员的话语进行打断，这次打断成功，达到了控制话轮的目的。本书认为主持人进行两次打断一方面是由于政府人员用"压力非常大"已清楚地回答了主持人的问题，之后阐释的原因有必要，但是有可能需要占用较长的时间才能阐释清楚，由于回答时间有限，因而主持人为了控制会话时间进行打断。另一方面及时地打断也会避免政府人员再往下说有可能出现提供的信息与问话的吻合度不高的情况，因而主持人进行打断以控制话轮。通过以上分析可看出恰当地使用以控制话轮为目的的打断能够调节会话的效率，促进答话与问话吻合度的提高，对于优质会话模式的产生能起到辅助作用。

优质会话模式中以追问为目的的会话打断如例（147），这一优质会话模式中，主持人在"Q"语步中的问话核心语为"那在未来您预计大概会要多长时间能建立起来？"，随后政府人员在"A"语步进行了回答，主持人对政府人员在"A"语步答话中的"两周之内"这一时间产生疑问，进而在"Fi＋a"语步对政府人员的话语进行了打断，其目的是对"两周之内"这一时间进行追问。通过追问，政府人员在"Fii"语步进行了恰当的回答。因而，此例中主持人恰当地运用以追问为目的的会话打断对于优质会话模式的产生能起到推动作用。

七、小结

本章从会话打断模式的角度对电视媒体问政类话题会话进一步地深入研究，会话打断实则是对美国社会学家 Harvey Sacks、Emanuel Schegloff & Gail Jefferson 提出的话轮转换机制在某种程度上的违反，通过本章对电视媒体问政类话题会话打断现象的研究发现话轮转换机制的解释力是有限的。本章分别从会话打断方式、会话打断结构、会话打断关系、会话打断的目的、会话打断在优质会话模式与非优质会话模式中的特征这几个方面构建了此领域会话打断模式。从会话打断方式、会话打断结构、会话打断关系这几个方面发掘出了此领域会话区别于其他电视媒体领域会话的打断特征，从会话打断目的类型方面阐释此领域会话打断目的，进而对优质会话模式与非优质会话模式中的会话打断特征进行分析，揭示会话打断对于优质会话模式所产生的作用，具体结论如下：

第一，从会话打断方式、会话打断结构、会话打断关系体现出的电视媒体问政类话题会话打断特征为：以直接式打断为主；主持人是会话打断的主要执行者；主持人与政府人员之间的打断互动最为频繁；评论员在问答会话中所进行的会话打断最少；打断结构以单独型打断为主。

第二，电视媒体问政类话题会话打断的总体目的是争夺话语权以进行阐释。而各会话参与者又有其各自的目的，其中主持人会话打断最主要的目的为追问，其次是引导和争夺话语权进行阐释，控制话轮也是其会话打断的一个主要目的；政府人员、问政代表和评论员会话打断的主要目的均为争夺话语权加以阐释；新媒体主播会话打断的主要目的为控制话轮。

第三，在对电视媒体问政类话题会话打断目的类型的研究中发现，在引导型会话打断中经常出现他人启动自我修正的会话修正现象，即打断者在打断时对被打断者话语中的问题源启动修正，在随后的语步中被打断者进行自我修正，通过修正，使答话与问话吻合度提高。而在帮助型会话打断中经常出现他人启动他人修正的会话修正现象，即打断者对被打断者话语中的问题源启动了修正并进行了修正，从而使被打断者的话语更加精准。

第四，通过对优质会话模式与非优质会话模式中会话打断特征的研究，发现会话打断现象在优质会话模式中出现的频率高于在非优质会话模式中出现的频率，进而总结出适当地使用会话打断对于优质会话模式的产生能够起到一定的促进作用。具体而言，在打断方式上适当使用直接式打断有助于优质会话模式的产生。另外，恰当使用分别以争夺话语权进行阐释、控制话轮、追问为目的的会话打断能够有助于提高答话与问话的吻合度，进而促进会话模式成为优质会话模式。

第六章
电视媒体问政类话题会话策略

　　人们在使用语言进行会话时，总会面临着对各种各样语言形式的选择，对语言形式选择的不同，达到的会话目的及效果也有可能不同。"语言选择不是机械地或按照严格的形式—功能间的固定关系做出的，而是根据具有高度灵活性的原则和策略做出的。"① 廖美珍（2002）认为"话语策略就是怎么选择、利用话语资源最有效地达到自己的目的"。本书认为会话策略就是会话者为了达到一定的会话交际目的而选择各种各样语言形式的方式。前文已研究出了电视媒体问政类话题会话中的优质会话模式，并对其进行了详尽的分析，那么，接下来本章要解决的问题是：此领域会话参与者们采用何种会话策略能够促进会话成为优质会话模式。为了解决这一问题，本章对此领域会话策略的研究将从会话者问话策略、答话策略、会话打断策略三个方面进行，揭示有效的会话策略。

一、电视媒体问政类话题会话中问话策略

　　问话策略是指会话者在问话中为达到会话交际目的而选择的会话方式。由于优质会话模式的评价指标为答话与问话的吻合度，因而，会话者在进行提问时，需要选择能够有助于提高答话与问话吻合度的问话形式，这种对于问话形式的选择其实就是在选择问话的会话策略。那么，选择问话策略的目的实际就是为了提高答话与问话的吻合度，吻合度越高，说明会话者所采用的问话策略越有效。因此，本节将深入分析优质会话模式中会话者所采用的

---

　　① 转引自耶夫·维索尔伦. 语用学诠释［M］. 钱冠连，霍永寿，译. 北京：清华大学出版社，2003：70.

问话策略，进而研究出高效、实用、恰当的问话策略。前文对于优质会话模式的研究主要是针对电视媒体问政类话题会话中"Q-A-F"简短型问答对应、"Q-A-Fi＋a-Fii-Fiii"追问型问答对应、"Q-A-Qa-An-F"重问型问答对应这三种问答对应进行的，因而，本节对于问话策略的研究是在考察优质会话模式中的"Q-A-F"简短型问答对应、"Q-A-Fi＋a-Fii-Fiii"追问型问答对应、"Q-A-Qa-An-F"重问型问答对应这三种问答对应里问话的基础上进行的。本节首先对优质会话模式中问话策略进行分类，进而从总体上考察优质会话模式中有效的问话策略；其次，具体探究各会话参与者所使用的有效的问话策略。

（一）问话策略类型

本节根据电视媒体问政类话题会话优质会话模式中问话所在的不同语步，将问话策略分为首问策略、追问策略以及重问策略三种类型。

1. 首问策略

首问策略指的是作为问答对应第一个问话语步"Q"语步中问话所采用的策略。"Q"语步作为问答对应结构中第一次发问的语步，此语步运用何种首问策略直接影响着答话所提供的信息的数量以及质量，进而影响着"A"答话语步之后的语步的性质。本节分别从"Q"语步中的单式问话与复式问话两个方面考察首问策略。通过对优质会话模式中"Q-A-F"简短型问答对应、"Q-A-Fi＋a-Fii-Fiii"追问型问答对应、"Q-A-Qa-An-F"重问型问答对应这三种问答对应中"Q"语步分别进行考察，一方面能够更细致地观察分别与"Fi＋a"追问语步以及"Qa"重问语步对应的"Q"语步中所采取的首问策略；另一方面有助于更全面地揭示"Q"语步的首问策略。通过对优质会话模式里以上三种问答对应中"Q"语步问话的考察，发现"Q"语步中各类型单式问话与复式问话所占的数量分别为：

表6-1 "Q-A-F"问答对应中"Q"语步问话类型及数量

"Q"语步问话类型		数量
单式问话	特指问话	36
	正反问话	9
	是非问话	8
	选择问话	1
	合计	54

（续表）

"Q"语步问话类型		数量
复式问话	特特式问话	17
	特是式问话	3
	是正式问话	1
	是是式问话	1
	正正式问话	1
	正特式问话	5
	特正式问话	3
	附是式问话	1
	特特特式问话	3
	正正正式问话	1
	附是特特式问话	1
	特正正正式问话	1
	是正正特是式问话	1
	合计	39

表 6 - 2　"Q-A-Fi + a-Fii-Fiii" 问答对应中 "Q" 语步和 "Fi + a" 语步问话类型及数量

问话类型		"Q"语步问话数量	"Fi + a"语步问话数量
单式问话	特指问话	5	8
	正反问话	4	2
	是非问话	5	12
	选择问话	3	0
	合计	17	22
复式问话	是是式问话	1	1
	正特式问话	2	0
	特正式问话	1	0
	特特式问话	2	1
	正正式问话	1	1
	选式问话	1	1
	特是式问话	1	1
	是正是式问话	1	1
	特特特式问话	1	0
	合计	11	6

表6－3 "Q-A-Qa-An-F"问答对应中"Q"语步和"Qa"语步问话类型及数量

问话类型		"Q"语步问话数量	"Qa"语步问话数量
单式问话	特指问话	3	2
	合计	3	2
复式问话	是是式问话	0	1
	合计	0	1

首先来看一下在单式问话方面有效的首问策略。通过表6－1、表6－2、表6－3中优质会话模式里的"Q-A-F"简短型问答对应、"Q-A-Fi＋a-Fii-Fiii"追问型问答对应、"Q-A-Qa-An-F"重问型问答对应这三种问答对应中"Q"语步单式问话类型及数量分别进行的考察发现，"Q"语步中使用最多的单式问话为特指问话。作为以上三种问答对应结构中的首发问话，其对于信息量的需求是比较大的，特指问话这种以索取大量信息量为目的，对答话的支配力小，疑问度高的问话形式在有限的会话时间里能够获得相对足够多的信息量，从而使这些信息中与问话核心语吻合的概率提高了。因而在"Q"语步中恰当地使用单式问话中的特指问话这一问话形式是有助于会话者通过提问索取更多的信息，在某种程度上增加了提高吻合度可能性的一种首问策略。如例（150）：

（150）**主**：刚才（1s）临坡的时候我们看到有很多农田⊥农地在耕种，化肥农药都在使用，这样对水的这个影响会有多大？

评：这个农药、化肥的使用也主要是涉及面源污染的问题。面源污染呢实际上现在来讲农药这个化肥这个使用主要会影响到我们水体的这种氮磷，这些污染物，那么这个农药呢，可能就更严重一些。呃（……）就是说在前些年应该是我们某水库也好，或是某水库也好，这个水源地里面氮磷污染都是非常严重的，但是这些年实际上有所好转了。所以尽管有所好转，实际上我们依然更希望能够看到我们的这个水源地保护区这个水质应该有持续的提高和改善。

主：不能松懈哈。（2017年6月23日）

例（150）是"Q-A-F"简短型问答对应，答话与问话的吻合度等级为六级，因而是优质会话模式。主持人的问话为特指问话，通过问话核心语

"这样对水的这个影响会有多大?"给评论员以较大的自由度去回答,进而能够获得相对多的信息量。评论员在答话中提供了大量的信息,对于农药、化肥对水的影响究竟有多大进行了详细、到位的论述。在"Q"语步会话者恰当地使用特指问话这一首问策略对这一问答对应成为优质会话模式起到了推动作用。

其次,来看一下在复式问话方面有效的首问策略。通过对表 6 – 1、表 6 – 2、表 6 – 3 中优质会话模式里"Q"语步复式问话类型及数量的考察发现,"Q-A-F"简短型问答对应中"Q"语步问话使用最多的是特特式问话,其次是正特式问话。在"Q-A-Fi + a-Fii-Fiii"追问型问答对应中,"Q"语步使用相对较多的是正特式问话和特特式问话。在"Q-A-Qa-An-F"重问型问答对应中,"Q"语步没有使用复式问话。综合来看,特特式问话在三种问答对应中所占数量在总数上是最多的。正特式问话所占数量在总数上位居第二。特特式问话中其问话核心语在句法上由两个特指问句构成,用两个特指问句进行提问,不但使所获得的信息量的数量有所扩充,同时两个特指问句可以相互补充,能够使问话在角度、话题等方面更加全面,进而有助于实现对答话的信息量挖掘得较详尽,答话与问话的吻合度提高的概率增加。正特式问话首先通过正反问句提高对答话的控制,使答话能够更有针对性。随后通过特指问句在之前正反问句锁定的答话范围内进一步深入、全面地得到所需信息,这样从广度与深度上对答话信息进行索取,有助于答话与问话吻合度提高。因而,在问答对应中的"Q"语步复式问话中,恰当地采用特特式问话或正特式问话是能够提高问话效率的一种首问策略。如例(151):

(151)**主:**好,请坐。来,问一下呃咱们南关区的某局长哈,咱们处理了多少?罚了多少?

政:我们处理了十三四起,这个罚款呢大约是---1.8 万元。

主:1.8 万这个好⊥多一些哈。(2018 年 12 月 28 日)

例(151)是"Q-A-F"简短型问答对应,答话与问话的吻合度等级为十级,此问答对应是优质会话模式。在"Q"语步中,主持人通过由两个特指问句构成问话核心语的特特式问话,从"处理"和"罚"两个方面引导政府人员提供全面、精准的信息,政府人员在"A"语步提供了问话所需信息。会话者在"Q"语步采用特特式问话这一首问策略提高了问话的效率。

2. 追问策略

追问策略指的是在问答对应中追问语步里问话所采用的策略。在 "Q-A-Fi + a-Fii-Fiii" 追问型问答对应中，"Fi + a" 语步作为追问语步，其问话策略尤为重要，直接关系到能否成功地追问到位，关系到追问后所获得的信息在多大程度上能够满足问话的需要。而且，通过第四章表4 - 7 对于优质会话模式中问答对应的数量及优质率的统计发现，"Q-A-Fi + a-Fii-Fiii" 追问型问答对应优质率最高，这也在一定程度上说明了 "Fi + a" 追问语步中所进行的追问对于优质会话模式产生的重要作用。通过表6 - 2 可以看出，在优质会话模式中，"Fi + a" 追问语步中的单式问话比 "Q" 语步多，复式问话没有 "Q" 语步多。在 "Fi + a" 追问语步中，单式问话的数量远远超过了复式问话的数量，而且在复式问话中，是是式问话、特特式问话、正正式问话、是正是式问话、选特式问话、特是式问话所占数量相等，均为1个，并没有哪个复式问话突出成为重点问话形式。因而，在优质会话模式中，单式问话是 "Fi + a" 追问语步主要选择的问话形式。这说明对于追问来说，直击重点、简明扼要地发问能够提高问话效率，节省问话时间。在单式问话中，是非问话所占数量是最多的。使用是非问话时，其实问话者所掌握的信息量比较多，对答话的支配力比较大，答话者的自由度不高，用这一问话进行追问，能够精准锁定所要追问的事实、时间等，而且使答话者在 "Fii" 语步的回答具有针对性，所提供的信息与所需信息吻合度高，推动优质会话模式的产生。因此，适当地使用是非问话进行追问是一种有效的追问策略。如例（152）：

（152）**代**：请问某局长⊥某区长，呃既然通过了验收有手续，呃---为什么还会这样呢？

政：呃---某小区这个情况啊，我还是比较了解。它这个房屋顶部的建筑结构啊非常复杂，它有结构性的挑檐，而且呢它把这个排水的铸铁（……）呢放到了---楼房的阴面。这样呢在北方生活我们都知道，极易产生啊这个结冰（1s）⊥啊积水现象。呃同时呢在施工结束之后呢，有一部分居民对露台进行了装饰装修，还外挂了呃太阳能热水器等设备。那这些呢如果不在专业人士的指导下呢，很容易对防水的结构啊进行破坏，呃---造成呢呃---漏雨这个情况⊥啊这种情况。

主： 呃---我听的意思就是这个---旧改之后不是⊥暖房子之后出现这个漏水似乎是居民自己造成的？

政： 不是这样⊥啊不是这样。还有一部分呢---就是当时在做暖房子⊥在做暖房子施工的过程中呢，＜有一部分居民＞<u>不配合拆除他的</u>（1s）露台的装饰⊥装修和装饰的这个---设施，这样呢给我们的施工呢也造成难度。面对这个问题呢，我们是⊥态度是积极的。同时呢我也为呀我们刚才受理热线电话的同志的态度啊＞表示抱歉啊＜。我们呢这块呢采取了呃---这样的几个措施：第一个呢设置了专业的⊥专门的服务热线电话。第二个呢，成立了专业的（1s）维修队伍。第三个呢，派专人督查督办。第四个（3s）业主签字确认。这种办法来解决这个问题。

主： 嗯，好……（2018 年 3 月 30 日）

例（152）为"Q-A-Fi + a-Fii-Fiii"追问型问答对应，答话与问话吻合度等级为六级，因而此问答对应为优质会话模式。主持人在"Fi + a"追问语步中利用是非问话对于政府人员在"A"语步答话中的"漏水"这一内容进行了追问，并利用问话核心语中的是非问句将"漏水"这一情况精准地锁定在对"似乎是居民自己造成的"的确认上。主持人通过是非问话，使政府人员在"Fii"语步答话的自由度不高，可以明确答话的重点。随后，政府人员在答话中对于主持人要确认的情况进行了明确的回答，并进一步对造成"漏水"的原因进行了详述，所提供的信息与主持人追问所需要的信息吻合度高。同时通过主持人利用是非问话这一追问策略，政府人员提供的信息对于问政代表在"Q"语步问话核心语"为什么还会这样呢？"所需的信息进行了一定的补充和深化，使得这一问答对应成了优质会话模式。由此可见会话者恰当地采用是非问话这一追问策略会取得成效。

3. 重问策略

重问策略是指在问答对应中重问语步里所采用的问话策略。在"Q-A-Qa-An-F"重问型问答对应中，"Qa"语步作为重问语步，其功能是对"Q"语步的问题进行重问，这一语步的问话主要是在答话者所答非所问时出现的。会话者选择何种重问策略，对于问答对应能否成为优质会话模式起到了关键作用。因为本身在"A"语步已经出现了所答非所问，如果"Qa"语步的问话策略选择不当，有可能影响着"An"语步中答话的有效性。通过对表6-3中"Q-A-Qa-An-F"重问型问答对应中"Q"语步和"Qa"语步的问话类型及数量的考察发现，"Q"语步和"Qa"语步的问话在单式问话形式选择上，都选择的为特指问话；在复式问话中，"Qa"语步选择的为是是问话，所占数量只有1个。因而，此领域会话参与者在进行重问时，有效的重问策略为可以选择与"Q"语步相同的问话形式，而且是以单式问话为主，优先选择特指问话。"Qa"语步与"Q"语步采用相同的特指问话形式的作用在于一方面对于重问的问题起到了强调作用，引起答话者的注意；另一方面，由于"Qa"语步的问话为重问，这就相当于问答对应中进行的首次问话一样，特指问话，能给答话者较大的自由度，使答话者能够提供相对多的信息，从而有助于提高答话与问话的吻合度，产生优质会话模式。如例（153）：

（153）**主**：……嗯对于刚才这样的违法的这些个线索，咱们平时是怎么处理的？

政：主持人好，呃---刚才我看到片中啊，有涉及很多商业的野广告，还有一些办证［刻章］

主：［片中］⊥片中您［看到］

政：［违法］广告▲

主：▼打断一下，片中您看到的大家都看到了，不需要再重复。您直接回答我平常是怎么处理的？

政：对这个非法广告啊公安机关依照《中华人民共和国治安管理处罚法》第五十二条第二款，还有《中华人民共和国刑法》第二百八十条，（……）对行为人特别是买卖、变造、伪造或者使用（2s）国家机关、人民团体、企事业单位或其他组织的证件、文件还有印章的，公安机关可以依照这两个法律对他进行（2s）拘留十日至十五日的处罚，并处以（……），呃---情节（……）可以判处三年以下有期徒刑、管制或者拘役，情节严重的也可以处（……），呃---公安机关主要是加大这方面的依法打击力度。

主：=我不知道坐在旁边的咱们某同志有没有紧张哈，感谢您给我们的普法。……（2018年12月28日）

例（153）为"Q-A-Qa-An-F"重问型问答对应，答话与问话的吻合度等级为六级，因而此问答对应为优质会话模式。主持人在"Q"语步运用特指问话提出了"咱们平时是怎么处理的"，随后政府人员想对这一问题进行详细的回答。但由于回答时间有限，主持人为了控制话轮，打断了政府人员的话语，并在"Qa"语步运用特指问话对"Q"语步的问题进行了重问。这样通过相同的问话形式一方面有助于强调"Q"语步问话的重点；另一方面运用特指问话在随后"An"语步中，得到了政府人员对于"怎么处理"进行的详细、深入、到位的回答。运用特指问话这一重问策略，使政府人员的答话与问话的吻合度提高，进而使这一问答对应成为优质会话模式。

（二）各会话参与者问话策略

电视媒体问政类话题会话中，各会话参与者为了更好地完成各自的会话任务，实现各自的会话目的，会认真选择适合自己机构身份的问话策略。电视媒体问政类话题会话中，主要的发问者为主持人、问政代表，新媒体主播进行提问的次数很少，而政府人员以及评论员基本是没有进行发问的，这正符合了此领域会话的特征以及各会话参与者的机构身份。主持人和问政代表作为进行发问的主体，在问答会话中，主持人除了通过问话进行问政外，还肩负着推动会话按流程发展、调控会话话题的走向等会话任务。问政代表主要的会话任务就是通过问话来进行问政。新媒体主播主要是在新媒体平台与公众就问政的一些内容进行互动，也承担着少部分问政的会话任务，因而问话的次数不多。而政府人员是被问政者，主要的会话任务是回答问政的相关问题；评论员的会话任务是就问政的相关问题进行点评，所以政府人员与评论员基本不进行发问。下面主要研究、分析主持人、问政代表、新媒体主播所采用的有效的问话策略。

1. 主持人的问话策略

主持人作为整场会话的组织者、协调者，其问话策略的选择对于整场会话的成效来说至关重要。通过对优质会话模式中"Q-A-F"简短型问答对应、"Q-A-Fi + a-Fii-Fiii"追问型问答对应、"Q-A-Qa-An-F"重问型问答对应这三种问答对应里主持人在"Q"语步、"Fi + a"追问语步以及"Qa"重问语步中使用各类型问话数量的统计分析，能够研究出主持人具体可以采用何种有效的首问策略、追问策略以及重问策略。主持人在这三个语步中使用各类型问话的数量为：

表6-4　优质会话模式中主持人的问话类型及数量

问话类型		"Q"语步问话数量	"Fi＋a"语步问话数量	"Qa"语步问话数量
单式问话	特指问话	28	7	1
	正反问话	11	2	0
	是非问话	10	12	0
	选择问话	3	0	0
	合计	52	21	1
复式问话	特特式问话	12	1	0
	特是式问话	3	1	0
	是正式问话	1	0	0
	是是式问话	2	1	0
	正正式问话	2	1	0
	正特式问话	4	0	0
	附是式问话	1	0	0
	是正是式问话	1	1	0
	特特特式问话	3	0	0
	正正正式问话	1	0	0
	合计	30	5	0

表6-4清晰呈现出了主持人在"Q"语步、"Fi＋a"追问语步以及"Qa"重问语步所使用的单式问话与复式问话的类型以及数量，这为揭示主持人有效的首问策略、追问策略以及重问策略奠定了基础。

（1）主持人采用的首问策略

通过表6-4可以看出，在优质会话模式中，主持人使用单式问话的数量超过了复式问话的数量，这也是主持人在选择问话策略时力求达到语言精练效果的一种反映。在"Q"语步中，主持人使用最多的单式问话为特指问话，使用最多的复式问话为特特式问话。这说明在优质会话模式中，主持人在首次问话时使用特指问话或特特式问话通过获得相对足够多的信息从而得到比较满意的答话。因而主持人采用的有效的首问策略为恰当地使用特指问话或特特式问话来提高答话与问话的吻合度。主持人运用特指问话的首问策略如例（150），运用特特式问话的首问策略如例（151），采用这两种首问策略，使答话者提供了主持人所需的信息，主持人达到了其会话目的，完成了会话任务，提高了会话效率。

（2）主持人采用的追问策略

"Fi + a"追问语步主要的持有者是主持人，在此领域会话中，主持人是追问的主体，主持人通过追问，以使"Fii"语步的答话对于"Q"语步的问话所需信息起到补充、深化的作用。在优质会话模式中"Fi + a"追问语步里，主持人使用最多的单式问话为是非问话，在复式问话的使用上，特特式问话、特是式问话、是是式问话、正正式问话、是正式问话所占数量一样，都是一个。所以，主持人没有重点选择的复式问话形式。因而主持人采用的有效的追问策略为选择以单式问话为主要问话形式，在单式问话中，优先选择是非问话进行追问，以达到缩小答话范围，提高答话的精准度、吻合度等目的，使答话提供的信息对于"Q"语步的问话在广度和深度上做有益的扩充。主持人采用的追问策略如例（152），运用是非问话进行追问，使问话充分发挥了作用，提高了答话与问话的吻合度。

（3）主持人采用的重问策略

在"Qa"重问语步中，主持人的问话中只出现了一次单式问话中的特指问话。通过前文的统计发现在优质会话模式中"Q-A-Qa-An-F"重问型问答对应所占的数量只有三个，因而才出现了以上情况。通过对语料的统计分析发现，在优质会话模式中，主持人在"Qa"重问语步中的特指问话与其所在的问答对应中"Q"语步问话所选形式相同，均为特指问话。主持人利用与"Q"语步相同的特指问话这一问话形式强调了重问的内容，进而提高了答话人所答与所问的吻合度，从而使问答对应成为优质会话模式。因而，倾向于采用与"Q"语步相同的问话形式，优先使用特指问话进行重问是主持人有效的重问策略。主持人使用重问策略如例（153），采用这一问话策略，使重问问得到位，答话答得精准，推动了优质会话模式的产生。

2. 问政代表的问话策略

问政代表作为电视媒体问政类话题会话中问政的主体，选择合适的问话策略能够有助于问政代表得到所需信息，提高问政效率。通过对优质会话模式中"Q-A-F"简短型问答对应、"Q-A-Fi + a-Fii-Fiii"追问型问答对应、"Q-A-Qa-An-F"重问型问答对应这三种问答对应里问政代表在"Q"语步、"Fi + a"语步以及"Qa"语步中使用各类型问话的数量的考察，能够探究出其采用的有效的首问策略、追问策略以及重问策略。问政代表在这三个语步中使用的问话类型及数量为：

表 6 - 5　优质会话模式中问政代表的问话类型及数量

问话类型		"Q"语步问话数量	"Fi + a"语步问话数量	"Qa"语步问话数量
单式问话	特指问话	12	0	0
	正反问话	2	0	0
	是非问话	2	0	0
	选择问话	1	0	0
	合计	17	0	0
复式问话	特正式问话	4	0	0
	正特式问话	3	0	0
	特特式问话	7	0	0
	特是式问话	1	0	0
	选特式问话	1	1	0
	是是式问话	0	0	1
	特特特式问话	1	0	0
	附是特特式问话	1	0	0
	特正正正式问话	1	0	0
	是正正特是式问话	1	0	0
	合计	20	1	1

表 6 - 5 全面呈现出了在优质会话模式中，问政代表在"Q"语步、"Fi + a"追问语步以及"Qa"重问语步所使用的单式问话与复式问话的类型以及数量，这为研究问政代表有效的首问策略、追问策略以及重问策略提供了基础性数据。

（1）问政代表的首问策略

通过表 6 - 5 可以看出问政代表在优质会话模式中，在问话策略的选择上，对于复式问话的选择优于对单式问话的选择。这是由于问政代表作为问政的主体，想通过多个疑问句构成问话核心语所进行的提问能够得到全面、深入、细致、到位的答话。在"Q"语步中，问政代表使用最多的单式问话是特指问话，使用最多的复式问话为特特式问话，这与主持人在"Q"语步中所使用的问话情况有相似的地方，这也反映出了问政代表同主持人作为发问主体在会话任务上有相同之处，即通过提问来尽可能详尽地、精确地获得有助于问题解决的信息。由于问政代表在优质会话模式中大量使用特指问话和特特式问话，说明这两种问话形式对于问政代表达到会话目的，完成会话任务具有促进作用。因此，恰当地使用特指问话或特特式问话是问政代表有效的首问策略。问政代表使用特指问话的首问策略如例（152），采用这一问话策略，有助于作为问政主体的问政代表完成会话任务，提高会话效率。问政代表采用特特式问话的首问策略如例（154）：

（154）**代**：某局长，我想问一下，对于刚才这个问题⊥这个漏洞你该如何堵？再一个，这个这家企业的生产行为涉嫌（2s）违法，再一个，如何⊥你如何处罚？

政：刚才的这个行为是一个严重的违法行为，而且涉嫌犯罪。我们在这个节目之后，会在第一时间到这个黑加工点去（3s）端掉和取缔它。而且我们要对它的产品进行追踪，无论它卖到哪，我们都要追到来控制这个产品，使它不对我们的百姓造成进一步的这个危害。然后对于这个黑窝点，我们坚决要打掉它。对于他的涉嫌犯罪，我们在调查清楚后要移交公安机关，呃---（2s）涉嫌犯罪要让他受到刑法的处理。我们在今年已经有 14 起案件（1s）和公安机关在联合办。

主：嗯，好……（2016 年 12 月 19 日）

上例为"Q-A-F"简短型问答对应，答话与问话的吻合度等级为九级，因而此简短型问答对应是优质会话模式。问政代表在"Q"语步运用特特式问话，其问话核心语为两个特指问句"对于刚才这个漏洞你该如何堵？""你如何处罚？"，从"堵"和"罚"两个方面进行提问，以保证对于出现的问题在政府人员"A"语步的答话中能够获得全面的相关信息。随后，政府人员在"A"语步分别从"堵"和"罚"两个方面进行了清晰、透彻、全面的回答，提供了问政代表所需信息，答话与问话吻合度高，使这一问答对应成为了优质会话模式。因而，问政代表恰当地运用这一首问策略有助于实现其会话目的，达到很好的会话效果。

（2）问政代表的追问策略

问政代表持有"Fi＋a"追问语步的次数是比较少，在电视媒体问政类话题会话中，问政代表的话语大部分出现在"Q"语步中。一般当问政代表问完问题，政府人员进行回答以后，主持人如果觉得有必要的话就进行适当的追问，而问政代表很少进行追问。在表6－5中，问政代表在"Fi＋a"语步中的问话只有一次，为复式问话中的选特式问话。选特式问话其问话核心语由选择问句与特指问句构成，问政代表在进行追问时，先用选择问句锁定追问的内容，以便于答话者有针对性地回答，随后用特指问句将锁定的追问内容从深度上进行发问，以能够精准地获得所需要的信息。因而，在追问时恰当地运用选特式问话以促进会话目的实现是问政代表的追问策略。

（3）问政代表的重问策略

问政代表在优质会话模式中的"Qa"重问语步里，没有单式问话，只有一个是是式复式问话。是是式复式问话核心语是由两个是非问话构成，是非问话的疑问度低，但对答话的控制度高，通过两个是非问话，可以使要重问的问题相对于"Q"语步的问题来说更能够强调问话的重点。而且这一问话形式还具有提醒的作用，提醒答话者在"A"语步所答非所问时没有回答的部分，进而使得答话与问话的吻合度高，促进优质会话模式的产生。因而，恰当地运用是是式问话进行重问是能够起到强调重问重点的重问策略。

3. 新媒体主播的问话策略

在电视媒体问政类话题会话中，新媒体主播的话轮数比较少，在其有限的持有话轮的机会里，有效的问话策略对于其所要达到的会话目的就显得非常重要。通过对优质会话模式中"Q-A-F"简短型问答对应、"Q-A-Fi＋a-Fii-Fiii"追问型问答对应、"Q-A-Qa-An-F"重问型问答对应这三种问答对应里新媒体主播在"Q"语步、"Fi＋a"语步以及"Qa"语步对问话形式的选择，分析出其使用的有效的首问策略、追问策略和重问策略。通过对语料的统计，新媒体主播在以上三个语步中使用问话的类型及数量为：

表 6-6 优质会话模式中新媒体主播的问话类型及数量

问话类型		"Q"语步问话数量	"Fi+a"语步问话数量	"Qa"语步问话数量
单式问话	特指问话	4	1	1
	正反问话	0	0	0
	是非问话	1	0	0
	选择问话	0	0	0
	附加问话	0	0	0
	合计	5	1	1

通过表 6-6 可以看出新媒体主播在优质会话模式中，使用的只有单式问话，没有复式问话，这说明新媒体主播的问话追求的是简短、高效。在新媒体主播的单式问话中，"Q"语步、"Fi+a"追问语步以及"Qa"重问语步这三个语步中使用最多的问话类型均为特指问话。这反映出新媒体主播运用特指问话不但能够有助于获得丰富的信息，同时还能够满足其追求简短、高效问话的要求。因而，新媒体主播有效的首问策略、追问策略、重问策略均为恰当地选择特指问话以高效地完成其会话任务，推动会话模式成为优质会话模式。

如第四章中"关于统计符合反映答话与问话吻合度要求的主位推进模式的几点说明"这一小节里的例（118），例（118）为"Q-A-Qa-An-F"重问型问答对应，答话与问话的吻合度等级为八级，因而此重问型问答对应为优质会话模式。首先在"Q"语步，新媒体主播采用以特指问话进行发问的首问策略，其问话核心语为"您如何选择?"。随后，政府人员在"A"语步进行了回答，由于政府人员进行的是多项选择，而新媒体主播实际在"Q"语步希望政府人员做出单项选择，因而在"Qa"语步，新媒体主播运用重问策略——使用与"Q"语步的问话相同类型的特指问话进行了重问。这样一方面强调了重问的内容，另一方面又给答话者以较高的自由度，有利于获得所需信息，随后政府人员在"An"语步进行了精准的回答。新媒体主播通过选用特指问话这一问话形式的首问策略和重问策略，推动了优质会话模式的产生，提升了会话的效率。

二、电视媒体问政类话题会话中答话策略

答话策略是指会话者在答话中为达到会话交际目的而选择的会话方式。在电视媒体问政类话题问答会话中，问答双方都是以解决问政的相关问题为目的而进行的会话，问答双方有着共同的目的。问话者通过提问以获得有关问政相关问题的所需信息，而答话者通过回答尽可能地提供问话所需要的信息，那么，会话者在答话中所要达到的会话交际目的也就是尽量提供符合问话所需要的信息。因而，为了提高答话与问话吻合度所选择的答话方式便是此领域会话者所采用的答话策略。答话与问话的吻合度越高，说明会话者所选择的答话策略越有效。优质会话模式中答话与问话的吻合度较高，会话者选择的答话策略属于相对有效的答话策略。因此，本节将对优质会话模式中的答话策略进行考察，研究出有效的答话策略。在优质会话模式的答话中，会话者对于主位推进模式的选择、主位的选择、对于会话合作原则的运用、对于所持话轮保持的方式都是答话策略运用的体现。前文对于优质会话模式的研究主要是针对电视媒体问政类话题会话中"Q-A-F"简短型问答对应、"Q-A-Fi + a-Fii-Fiii"追问型问答对应、"Q-A-Qa-An-F"重问型问答对应这三种问答对应进行的，因而，本节对于答话策略的研究是在考察优质会话模式中的"Q-A-F"简短型问答对应、"Q-A-Fi + a-Fii-Fiii"追问型问答对应、"Q-A-Qa-An-F"重问型问答对应这三种问答对应中答话的基础上进行的。

（一）运用主位推进模式的答话策略

在第四章研究主位推进模式时，对于优质会话模式中的主位推进模式的研究中涉及了反映吻合度的相关主位推进模式、各会话参与者话语组织、非相关主位推进模式这几方面，在以上这几个方面中会话者对于主位推进模式优先选择的方式便是对于答话策略的运用。

1. 运用相关主位推进模式的答话策略

通过对第四章表4 - 8优质会话模式中的相关主位推进模式数量的分析发现，电视媒体问政类话题会话中，主要运用的相关主位推进模式为集中型，延续型使用也较多。表4 - 8对于优质会话模式中的相关主位推进模式数量的统计里包括了"Q-A-F"简短型问答对应、"Q-A-Fi + a-Fii-Fiii"追问型问答对应、"Q-A-Qa-An-F"重问型问答对应这三种问答对应中的"Fi +

a"追问语步、"Qa"重问语步中的相关主位推进模式的数量，由于本节研究的是答话的会话策略，因而需要在表4－8统计结果的基础上去除"Fi＋a"追问语步、"Qa"重问语步中的相关主位推进模式的数量，得到的就是优质会话模式中所有答话里的相关主位推进模式数量。[①] 通过重新统计，在优质会话模式中答话里的相关主位推进模式数量仍是以集中型为主，延续型的数量位居第二。这反映出了在答话中，集中型主位推进模式与延续型主位推进模式有助于提高此领域会话的吻合度，进而使会话模式成为优质会话模式。因而，从总体上来说，会话者在答话时适当地运用集中型主位推进模式来组织话语这一答话策略，能够突出重要信息，增强答话的核心内容与问话核心语吻合度。恰当地选择延续型主位推进模式这一答话策略能够使答话的内容呈链式发展，逐层深入，不断带出新信息，进而促成优质会话模式的产生。

2. 各会话参与者组织话语的答话策略

电视媒体问政类话题会话中，各会话参与者有着各自的机构身份、目的、任务。主持人、新媒体主播、问政代表在此领域会话中，其机构身份决定他们主要充当的是提问者，很少充当答话者，在优质会话模式中，主持人与新媒体主播没有答话，问政代表仅有两次答话。因而，本节主要考察政府人员、评论员选择何种相关主位推进模式来组织话语的有效的答话策略。政府人员、评论员由于有着各自的机构身份、目的、任务，其选择的答话策略也有所不同。根据第四章中表4－12、表4－14中对政府人员、评论员优质会话模式中的相关主位推进模式数量的统计，其中去除"Fi＋a"追问语步、"Qa"重问语步中相关主位推进模式的数量，所得到的便是各会话参与者优质会话模式中答话里的相关主位推进模式的数量。通过统计，由于"Fi＋a"追问语步、"Qa"重问语步中相关主位推进模式的数量不多，对于各会话参与者答话中的相关主位推进模式的数量影响不大，所得结论与表4－12、表4－14中政府人员、评论员优质会话模式中出现数量最多的相关主位推进模式类型一致，下面具体来看一下政府人员、评论员运用相关主位推进模式来组织话语的答话策略。

---

① 在"Q-A-F"简短型问答对应、"Q-A-Fi＋a-Fii-Fiii"追问型问答对应、"Q-A-Qa-An-F"重问型问答对应里，答话所在的语步指的是"A"答话语步、"Fii"答话语步以及"An"答话语步。

（1）政府人员组织话语的答话策略

政府人员优质会话模式中答话里集中型相关主位推进模式的数量是最多的，政府人员通过集中型主位推进模式能够使答话重点突出，具有切合性，有助于提高答话与问话的吻合度。因而，恰当地使用集中型主位推进模式来组织话语是政府人员有效的答话策略之一。

（2）评论员组织话语的答话策略

评论员优质会话模式中答话里延续型相关主位推进模式的数量是最多的。评论员的话语一般都具有较强的层次性及深度，延续型主位推进模式使评论员话语中的语句衔接顺畅，语篇句与句之间前后呼应，话语发展脉络清晰。因而，适当地使用延续型主位推进模式来组织话语是评论员有效的答话策略之一。

3. 有关非相关主位推进模式的答话策略

在第四章表 4 – 17 中对优质会话模式中的非相关主位推进模式的情况进行了统计，为了考察优质会话模式中答话里的非相关主位推进模式的数量，在表 4 – 17 统计结果的基础上去除"Fi + a"追问语步、"Qa"重问语步中非相关主位推进模式的数量，去除之后，得到的优质会话模式答话中所占数量最多的非相关主位推进模式为并列型。并列型主位推进模式体现出了语句间无明显的语义联系，当在答话中并列型出现得多时，那么答话与问话的吻合度就会降低。因而，在答话中，为了使问答对应中的会话模式成为优质会话模式，会话者应采用尽量少用并列型这种非相关主位推进模式的答话策略。

（二）对于主位选择的答话策略

答话者对于话语中主位的选择直接关系到了语篇是否具有相关性、连贯性、层次性，话语表达是否具有顺畅性。因而，会话者在答话中如何选择主位组织话语所采取的策略对于答话能够脉络清晰地提供问话所需的信息至关重要，从而有助于促进优质会话模式的产生。在第四章表 4 – 19 中总结的优质会话模式主位构成的基础上，去除"Fi + a"追问语步、"Qa"重问语步中相关主位推进模式与非主位推进模式中主位的数量后，得到的优质会话模式答话中所占数量最多的主位构成类型为简式标记主位。简式标记主位能够起到凸显信息的重要功能的作用，同时能够使听话者以相对小的努力来处理所接收的信息，有助于形成最佳关联，进而使会话双方的话语关联度强。简式标记主位在优质会话模式中大量存在说明会话者在答话时恰当地采用简式标记主位来组织话语这一答话策略能够有效地提高答话与问话的吻合度，进而促进优质会话模式的产生。

（三）运用会话合作原则的答话策略

Grice（1975）的会话合作原则分为四条准则：数量准则（quantity maxim）、质量准则（quality maxim）、关联准则（relation maxim）、方式准则（manner maxim）。在对电视媒体问政类话题问答会话优质会话模式的考察中发现，会话参与者们的答话中很多时候都在执行着 Grice 的会话合作原则中的某一条或某几条准则，这说明会话者对于 Grice 会话合作原则的执行有助于使话语的关联度增强，所说内容符合实际情况，具有可信性，表述清晰，进而有助于优质会话模式的产生。因而，会话者在答话中合理地运用会话合作原则成了有效的答话策略之一。

1. 执行"关联准则"的答话策略

在此领域会话中，会话者执行"关联准则"的答话策略是指会话者使自己的答话所提供的信息符合问话核心语所需求的信息，使二者具有关联性。执行"关联准则"的答话策略是相对于执行其他准则来说会话者在答话中采用的最重要的一项策略。答话与问话的关联性越强，吻合度就越高，产生优质会话模式的可能性越大，说明所采用的答话策略越有效。

2. 执行"数量准则"的答话策略

在此领域会话中，会话者执行"数量准则"的答话策略是指会话者使自己答话所提供的信息量达到了问话核心语所需求的信息量的详尽程度，不会出现过量或不充足的情况。会话者通过执行"数量准则"的答话策略一方面能够避免所提供的信息量不足的情况，进而使答话与问话吻合度提高；另一方面是通过提供合适的信息量，能够避免因提供信息量过多而造成所说话语偏离话题的情况。

3. 执行"质量准则"的答话策略

在此领域会话中，会话者执行"质量准则"的答话策略是指会话者在回答时说出自认为是真实的话语，其所提供的信息具有真实性。会话者通过执行"质量准则"的答话策略能够使所提供的信息具有真实性，增强会话双方的信任度，体现了答话者的真诚性，有助于会话目的的实现。

4. 执行"方式准则"的答话策略

在此领域会话中，会话者执行"方式准则"的答话策略是指会话者使自己的答话简明扼要、有逻辑性，避免使用让人难理解的晦涩词语。会话者通过执行"方式准则"的答话策略有助于会话者们对彼此话语的理解，抓住主要信息，减轻听话者处理信息所做出努力的程度，从而使问答会话连贯顺畅，同时能够节约答话所占用的时间，提高问政的效率。

5. 会话者执行会话合作原则的答话策略的综合分析

在电视媒体问政类话题问答会话中，会话者在答话中对于以上执行"关联准则""数量准则""质量准则""方式准则"的答话策略经常综合运用，通过对优质会话模式中会话者采用以上四种答话策略的考察，发现对于以上四种答话策略运用的种类越多，越有助于提高答话与问话的吻合度。如例（155）：

（155）**新主**：下一步对这一处违建打算怎么办？

政：呃下一步呢马上呃进入工作程序。呃履行司法程序之后呢，依法按时限进行拆除。

新主：嗯，请坐。……（2017 年 6 月 23 日）

例（155）为"Q-A-F"简短型问答对应，答话与问话吻合度等级为十级，因而此问答对应为优质会话模式。首先，对于"Q"语步新媒体主播提出的问题，政府人员在"A"语步进行了回答，最开始就非常明确地回答了新媒体主播下一步对于这处违建要做的事情，随后，又进一步详细地进行说明，指出"履行司法程序之后，依法按时限进行拆除"。政府人员的答话每一句都是针对新媒体主播的问话核心语进行的回答，所提供的信息与问话所需要的信息吻合度高。因此，政府人员采用了执行"关联准则"的答话策略。其次，对于新媒体主播的提问，政府人员的答话所提供的信息在数量上不多不少，没有多余信息，符合问话所需，这体现出了政府人员采用了执行"数量准则"的答话策略。再次，政府人员真诚地回答了新媒体主播的问题，将下一步对于这一处违建所采取的措施客观地表述出来，答话具有真实性，政府人员对待问题真诚的态度使新媒体主播的问题得到了有效的解决，此时政府人员采用了执行"质量准则"的答话策略。最后，政府人员对于新媒体主播的答话在语言使用上通俗易懂，没有使用晦涩的词语，逐层深入地从"进入工作程序"到"履行司法程序"，表述条理清晰，简明扼要，具有逻辑性，这体现出了政府人员在采用执行"方式准则"的答话策略。这一答话策略的运用有助于新媒体主播对于答话的理解，使问答双方沟通顺畅，从而有助于推动问政相关问题的解决。因此，通过上例可以看出答话者综合运用了执行"关联准则""数量准则""质量准则""方式准则"的答话策略，达到了提高答话与问话吻合度的交际目的，实现了会话任务，促成了优质会话模式的产生。

（四）保住话轮的答话策略

电视媒体问政类话题会话的特征之一是很多时候答话者的话语量是比较大的，一般答话者希望通过详尽的表述将问题阐述得更为全面、深入、清晰。但当答话者在所持话轮中话语量大时，容易出现的一种情况就是被对方打断话语。如果答话者在回答时认为有必要将自己的思想完整地表述出来，那么就要采取一些策略保住话轮，防止其他会话者进行打断。本书将会话者在答话中为了保住话轮所采取的策略称为保住话轮的答话策略。保住话轮的答话策略的核心是防止话轮被其他会话者夺走。会话者的答话一般由一个以上到若干个句子组成，在每个句子结束的时候，答话者都有可能面临着话轮被其他会话者夺走的可能。这里首先涉及了一个概念——话轮构建成分（turn-construction component），话轮构建成分指的是将话轮构建起来的成分。刘虹（2004）指出："话轮只能由单句、复句或句群构成。"本书赞同刘虹的观点，将话轮构建成分分为单句、复句、句群。一个话轮可以由一种或一种以上话轮构建成分组成。另一个概念为话轮转换相关处（transition relevance place）。Hutchby & Wooffitt（1998）指出"在话轮构建成分的末尾会出现话轮转换相关处，这是由于在此处话轮有可能在会话者之间发生转换"。所以，话轮构建成分的末尾处就是话轮转换相关处。关于话轮构建成分以及话轮转换相关处在绪论中"话轮和话轮转换机制"这一小节里已有详述，这里不再赘述。

由于在一个话轮中出现的每一个话轮转换相关处，不是一定要发生话轮转换，只是有可能发生话轮转换，因此，会话者在答话中如果想保持住话轮，就需要采取会话策略以越过每个话轮转换相关处，从而使话语继续。保住了话轮，才能使答话者针对问话核心语进行全面、清晰、完整的表述，进而有助于答话与问话吻合度的提高，加大优质会话模式出现的可能性。通过对优质会话模式中会话者在答话中保持话轮所采取的策略的研究，以及综合借鉴何兆熊（2000）、刘森林（2007）对于会话者保住话轮策略的研究，总结出电视媒体问政类话题会话参与者保住话轮的有效的答话策略有以下四种。

1. 使用"话语未结束语"保住话轮的答话策略

在电视媒体问政类话题会话中，会话者在答话时为了保住话轮，可以"采用被 Sacks 称为'话语未结束语'的一些词项"（何兆熊，2000），例如"而且、但是、并且、所以、然而"等词语。当这些"话语未结束语"出现在会话者的答话时，其功能在于使其他会话者知道答话者至少还有一句话需要说，话语还没有说完，目前答话者的话语可能在话轮转换相关处，但并不会出现话轮转换。答话者运用"话语未结束语"保住话轮的策略能够有助于保持住话轮，从而能够对问政的相关问题进行完整的阐述。如例（156）：

（156）**主**：刚才在片子里头看到两次挖坑把污物排到里头的这个情况，一次我印象如果没记错是在某水库边上，一次是刚才的这个畜禽⊥呃养猪场。这样的处理是不是能够真正做到避免污染？

评：呃---这种处理方式第一来讲非常不科学，而且带有巨大的这种潜在的风险。那么我们把污染物这个垃圾或者是各种这个污染源⊥它这种污染源你不清理出这个保护区，它的这个风险始终是在的。那么当你挖坑把它放进去的时候，呃---地表水渗进去或者是大气降雨降落下来之后，会把这些垃圾也好粪便也好它的这种有毒有害的物质溶滤渗滤到这个地下水里面，所以它可能会造成对地下水的这种污染。而且对地下水体一旦污染，它的治理的难度和成本要远远高于对地表水体的污染。

主：也就是说危害会更大。（2017 年 6 月 23 日）

上例是"Q-A-F"简短型问答对应，其答话与问话的吻合度等级为九级，因而此问答对应为优质会话模式。在这一优质会话模式中，评论员在回答主持人的问话时，使用了"话语未结束语"保住话轮的答话策略。评论员的话语量是比较大的，当对主持人的问题基本回答完的时候，这个时候如果评论员还想继续占有话轮，那么保住话轮的策略就显得尤为重要。当评论员说到"会把这些垃圾也好粪便也好它的这种有毒有害的物质溶滤渗滤到这个地下水里面"时，对于主持人的问话核心语"这样的处理是不是能够真正做到避免污染?"已经基本回答清楚了，在此处的末端是一个话轮转换相关处，有可能发生话轮转换。但是评论员还想深入、详细地阐述一些信息，因而评论员使用"所以"表明话语未结束，进而这个话轮转换相关处并不会发生话轮转换。随后，评论员用"而且"再次表明话语仍未结束，进一步地对"地下水体污染"进行了更为深入的阐释。评论员通过使用"话语未结束语"保住话轮的答话策略，使评论的话语完整、详尽，有助于答话与问话吻合度的提高。

2. 使用"未完成标记语"保住话轮的答话策略

"未完成标记语"是指说话者用于表明当前自己话轮中的话语量比较大，在第一个可能实现话轮转换的话轮转换相关处之前，至少还会出现两个分句的话语。"未完成标记语"如"首先""下面我从……个方面……""……有……点"等。在电视媒体问政类话题会话中，通过使用"未完成标记语"，会话者在答话中表明自己的答话话轮的话语量较多，提醒其他会话者不要轻易打断，进而使答话者能够将话轮顺利展开。会话者运用"未完成标记语"保住话轮的答话策略很适合当答话者针对问话核心语准备用大量话语进行回答时使用。如例（157）：

（157）代：旧城改造这么大的工程量，究竟是---采取什么措施呃保证工程质量?

政：呃---这个啊我想就是---应该是从这么---呃以下这么几个方面：那么我认为第一个呢，首先要严把这个设计关。在设计这个施工图纸期间呢，就要达到质量的标准，这是第一个。第二个呢，就严把这个---材料关。那么所有这个旧改的用材，都要进行质检合格后才能使用。第三个就是要严把这个管理关。管理关作为我们区呢采取了这么两条：第一个，所有的这个施工这个企业都聘任了这个监理公司，那么加强对监理公司的管理，要求它认真履职。第二个呢，我们区财政这个拿出一部分钱聘任了工程管理公司全程进行监督。这是我觉得这三方面呢是过程中需要加强的。第四方面呢，我觉得就是应该在这个过程中，加强这个后期的质---⊥工程验收的管理。那么这块要设定标准，呃---严格进行 > 验收把关 < 。

主：好……（2018 年 3 月 30 日）

例（157）是"Q-A-F"简短型问答对应，答话与问话的吻合度等级为十级，因而此问答对应为优质会话模式。政府人员针对问政代表的问题，在答话中最开始就使用了"未完成标记语"——"从以下这么几个方面"，表明自己的答话话语量较多，向其他会话者表明在第一个可能实现话轮转换的话轮转换相关处之前至少有两个分句。当政府人员说到第三个方面时，由于话语量大，又使用了"未完成标记语"——"采取了这么两条"，进而继续保持话轮，将第三个方面进行了详述。政府人员通过使用"未完成标记语"保住话轮的答话策略，从四个方面完整地阐述了为了保证工程质量所采取的措施，使答话不但能够对问话核心语的问题进行了详细、完整的论述，同时表述层次分明、逻辑性强，使答话与问话的吻合度高。

3. 使用"搪塞语"保住话轮的答话策略

搪塞语是指当会话者一时不知道如何表达时，利用"呃、啊、这个、你看、你知道"等词语将句法单位之间可能出现的停顿填满。在此领域会话中，会话者在回答时通过使用"搪塞语"保住话轮的答话策略，不但提醒其他会话者自己的话语还没有说完，而且能够为答话者争取思考的时间，同时又不至于被其他会话者抢走话轮，进而达到了保住话轮的交际目的，使答话者将自己对于问政相关问题进行的分析、提出的措施等完整的表述出来。

如例（157）中，政府人员在答话快结束的时候，当说到"那么这块要设定标准"之后，接下来的语言还没有太组织好，由于已经占有话轮比较长的时间了，为了不被夺去话轮，使用了搪塞语"呃"保住话轮的答话策略。这样一方面在"那么这块要设定标准"这一句法单位与接下来的"严格进行验收把关"这一句法单位的中间通过搪塞语"呃"将两个句法单位之间的停顿填满，同时又为答话者争取了思考时间，想到了合适的表达，保持住了话轮，答话者将这一话语量较大的答话顺利完成。

4. 通过加快语速或是加重语音或是延长语音保住话轮的答话策略

在此领域会话中，会话者在持有话轮的时候，也可以通过采用加快语速、加重语音或是延长语音的答话策略以达到保住话轮的会话交际目的。当会话者在答话时，通过加快语速、加重语音或是延长语音的答话策略能向其他会话者传递还需要继续讲话的信号，因而有助于避免话轮被抢走，使答话者能够完整表述。

　　如例（157）中，首先，政府人员在自己的答话接近尾声的时候，说到"加强这个后期的质"时，出现了会话修正现象中的问题源"质"。由于一时还没有考虑出如何修正，因而将其进行语音延长以争取思考如何修正的时间，保持住了话轮。随后，政府人员将"质"修正为"工程"，实现了自我启动自我修正。其次，当说到"那么这块要设定标准"之后，这里是话轮转换相关处，有可能出现话轮转换，但是由于政府人员还想进一步说明，又没有组织好语言，因而一方面运用搪塞语"呃"，另一方面将搪塞语"呃"进行了语音延长，使搪塞语"呃"对于保持话轮的功能得到了更大、更有效的发挥。这样不但向其他会话者传递了自己的话轮还需要继续的信号，保持住了话轮，而且也为自己组织语言争取了时间。随后，当政府人员运用搪塞语"呃"以及语音延长这两个答话策略来保持住话轮后，当说到"呃---严格进行验收把关"时，将"验收把关"加快语速，目的是防止在答话的最后被其他会话者打断，从而保住了话轮。

　　例（156）中，评论员的话语接近尾声的时候，为了保持住话轮，当说完"它的治理的难度和成本"后，对"要远远高于"采取了语音加重的答话策略来保住话轮，以此传递出话语还没有结束的信号，从而将答话完整、清晰地表述出来。

　　在电视媒体问政类话题问答会话的答话中，会话者在使用以上四种保持话轮的答话策略时，很多时候都是综合运用其中的几种或全部运用。对这几种答话策略运用得越多，保住话轮的概率就越高。如例（157）中，政府人员在答话中为了保住话轮，分别使用了"未完成标记语""搪塞语""延长语音、加快语速"这几种保持话轮的答话策略。综合运用保持话轮的答话策略使答话者能够进行完整的表述，有利于优质会话模式的产生。

三、电视媒体问政类话题会话打断策略

　　会话打断策略是指会话打断者为了有效地实现会话打断目的而采取的策略。在第五章，本书对于电视媒体问政类话题会话打断进行了深入研究，分析出了此领域会话打断的特征、目的等，构建了会话打断模式。那么本节继

而要解决的问题是：此领域会话参与者们采取哪些会话打断策略能够更好地实现会话目的？会话参与者们如何进行会话打断是恰当的？用什么样的会话打断策略有助于提高答话与问话的吻合度，促进优质会话模式的产生？哪些会话打断策略有助于提高问政的会话效率？为了解决这些问题，本节将从遵循"面子保全论"、采用恰当的会话打断方式、选择恰当的会话打断时机这三个方面对电视媒体问政类话题会话打断策略进行研究。

（一）遵循"面子保全论"的会话打断策略

Brown & Levinson（1978）提出的"面子保全论"中指出"面子分积极的面子和消极的面子。积极的面子指的是渴望获得他人的认同和喜爱；消极的面子指的是不愿意他人强迫于自己，不希望他人干预、阻碍自己的行为"。会话打断本身就是对对方面子的一种损伤，无论是积极的面子还是消极的面子都是一种损伤，尤其是对消极面子损伤更大。因此在电视媒体问政类话题会话中，各会话参与者在根据各自的机构身份实现各自的会话目的、完成各自的会话任务的过程中，如果需要对说话者进行打断，那么在打断时应采取遵循"面子保全论"的会话打断策略。这一会话打断策略是指在进行会话打断时，要重视彼此的面子，要把打断所导致的对对方面子损伤的程度尽量降低。运用这一会话打断策略能够使会话者们的沟通更加顺畅，既有利于会话各环节的顺利进行，同时又有利于发挥会话打断的功效。

（二）采用恰当打断方式的会话打断策略

电视媒体问政类话题会话参与者采取何种恰当的会话打断方式更有利于实现会话目的，有助于优质会话模式的产生？对这一问题的解决要借助于对会话参与者们会话打断成功率的研究。李悦娥、范宏雅（2002）指出"如果打断者得到了话轮并阻止了当前说话人结束话轮，这一打断被认为是成功的，第一次尝试就成功的打断是成功的一次性打断，第一次尝试不成功是不成功的一次性打断"。本书赞同李悦娥、范宏雅以上关于打断成功与不成功的论述。成功的一次性打断如例（158）：

（158）**政：**对，也挺多的。因为呢就是说我们呢在这个⊥因为这项工作啊应该说▲

主：▼挺多，大概占到多少？你了解的漏了的、修了的占了多少？（2019 年 4 月 4 日）

例（158）中，当政府人员说到"应该说"的时候，主持人进行了打断，随后对问政代表话语中的"挺多"进行了追问。主持人成功地夺得了话轮，阻止了政府人员结束话轮，使政府人员没有把话说完。因而此类型会话打断属于成功的一次性打断。

不成功的一次性打断如例（159）：

（159）评：是。政府呢就像我刚才说的应该这个加强这样的一个引导，引导这个---呃---市场的这样一个力量参与进来。也就是像我刚才说的培育这样一条呃---粪污呃农家肥，还有这样的一个绿色能用的这样的产业链。然后通过▲

主： ▼好▲

评： ▼市场运输这样一个……

主： ＞好，好，＜谢谢。……（2019 年 4 月 4 日）

评论员在之前已经对问政的相关问题进行了一些评论，例（159）是评论员再次回答主持人的问话。当评论员在这一话轮中已把问题回答清楚后，由于时间的关系主持人为了控制话轮，在评论员说到"通过"时，主持人使用目标话语"好"进行打断。但此次打断没有成功，随后评论员夺回话轮，将话语阐释完整。因而，主持人的这一次会话打断属于不成功的一次性打断。

由于电视媒体问政类话题会话以问答会话为主，而且会话打断现象主要存在于问答会话中，因而，本节对于会话参与者们采用恰当打断方式的会话打断策略的探究主要是在对问答对应中出现的 201 个会话打断现象进行研究的基础上进行的。根据对此领域会话中问答对应里 201 个会话打断现象的考察，按照会话打断方式类别统计出了各会话参与者成功的一次性打断的数量和成功率，以此来考察出各会话参与者采用恰当打断方式的会话打断策略。按照会话打断方式类别统计各会话参与者一次性打断成功率的计算方法为：在每种会话打断方式的类别里，用各会话参与者成功的一次性打断的次数除以在每种打断方式中各会话参与者会话打断出现的总次数即为一次性打断的成功率。为了能够更清晰地呈现各会话参与者成功的一次性打断的数量以及成功率，本书制定了表格。为了便于清晰呈现统计结果，在表格中将成功的一次性打断简称为成功打断，具体统计结果如下表：

表 6-7   各会话参与者成功的一次性打断出现的次数及成功率

会话者	统计对象	按铃式	道歉式	提醒式	赞同式	否定式	直接式	合计
主	成功打断	0	1	20	0	1	58	80
	打断总次数	0	1	42	0	1	78	122
	成功率	0%	100%	48%	0%	100%	74%	66%
代	成功打断	2	0	1	0	0	4	7
	打断总次数	2	0	2	0	0	8	12
	成功率	100%	0%	50%	0%	0%	50%	58%
政	成功打断	0	0	1	1	0	23	25
	打断总次数	0	0	3	4	0	50	57
	成功率	0%	0%	33%	25%	0%	46%	44%
评	成功打断	0	0	0	0	0	2	2
	打断总次数	0	0	0	0	0	4	4
	成功率	0%	0%	0%	0%	0%	50%	50%
新主	成功打断	0	0	1	0	0	2	3
	打断总次数	0	0	4	0	0	2	6
	成功率	0%	0%	25%	0%	0%	100%	50%

通过上表可以看出各会话参与者运用不同类别的会话打断方式进行打断时成功的一次性打断的数量以及成功率。其中主持人一次性会话打断的总体成功率最高,达到了66%,这说明主持人作为整场会话的组织者、协调者,会话打断策略运用得比较多,作为此领域会话打断的主体,其所运用的策略是本节需要重点研究的,下面具体来分析各会话参与者运用恰当打断方式进行打断的策略。

1. 主持人采用恰当打断方式的会话打断策略

通过表6-7可以看出,主持人运用道歉式、否定式这两种打断方式的成功率最高,都达到了100%,主持人常用的直接式的成功率位居第二,达到了74%,另一常用的打断方式提醒式的成功率只有48%。首先,从"面子保全论"的角度来看,为了使会话打断对对方的面子损伤程度降到最低,主持人相对恰当的打断方式为道歉式。主持人作为会话的组织者,在实行一些对对方面子损伤较大的打断行为时,可以适当选用顾及对方面子程度最高的打断策略道歉式进行打断。其次，运用否定式进行打断对对方面子威胁极大，虽然这种强势打断方式一般能使对方马上放弃话轮，成功率高，但本书建议采用尽量少用否定式进行打断的策略。再次，从主持人会话打断对于提高电视媒体问政类话题会话效率、促进优质会话模式产生的角度来看，主持人恰当的打断方式是直接式打断。采用直接式打断是主持人通过此种方式打断以进行追问、引导、争夺话语权进行阐释以及控制话轮等从而实现提高问政的会话时效、答话与问话的吻合度的有效打断策略。直接式打断的成功率较高，但这是一种很强势的会话打断方式，在使用时应从顾及对方面子的角度出发。因为没有打断信号，因而目标话语尽可能避免让听话人有被干涉、被阻碍、被强加的感觉。最后，采用提醒式打断的策略是主持人对各会话参与者话轮长度、话轮分配、各会话环节的时间、进度、话题内容等进行掌握、调整不可缺少的打断策略，也是对对方面子维护程度较高的一种打断策略。在此领域会话中，主持人运用此种打断策略的成功率不高，要想提高成功率，在打断信号的选择上，可少用"好"，取而代之的是更多使用具有提醒功能的"提醒一下""请您注意""打断一下"等这种音节较长、有助于成功夺得话轮的打断信号。

2. 问政代表采用恰当打断方式的会话打断策略

问政代表一次性打断的总体成功率达到了 58%，位居第二。问政代表作为问政的主体，其有效地运用打断策略能够践行此会话领域的"真问"，能够有助于提高问话精准地索取到所需信息的可能性。问政代表运用按铃式进行打断的成功率最高，达到了 100%，此外，提醒式和直接式的成功率位居第二，都为 50%。按铃式打断由于是电视媒体问政类话题会话中对会话环节的一种规定性的行为，当问政代表需要打断时按照规定可以进行按铃，这一规则也被其他会话参与者所了解。因而当问政代表进行按铃时，被打断方一般都会遵守这一规则，因而打断的成功率高。但由于运用这一打断方式进行的打断并不属于言语打断，而且所占数量很少，因而这并不能成为问政代表的会话打断策略。运用提醒式和直接式进行打断，能够有效地使问政代表争夺话语权以进行阐释，从而对于主持人的提问进行有益的补充以及对政府人员的回答内容做出一些提醒等，有助于优质会话模式的产生，因而恰当地运用这两种打断方式进行打断是问政代表有效的会话打断策略。但需要注意的是，在打断策略上要注意为了顾及对方的面子，尽可能缓解打断目标话语的犀利性。

3. 政府人员采用恰当打断方式的会话打断策略

政府人员一次性打断的总体成功率不高，只有44%。其中相比于其他打断方式，直接式打断的成功率最高，达到了46%，提醒式的成功率位居第二，达到了33%。由于政府人员在会话中很注重遵循"面子保全论"以及会话合作原则，因而，本书认为在需要进行会话打断的时候，政府人员可以优先选择运用提醒式进行打断的策略，在急需提供某些信息的时候可采用使用直接式进行打断的策略。政府人员作为电视媒体问政类话题会话中被问政的主体，其主要会话任务是解答问政的相关问题，提出相应的解决措施等。所以，有时为了争夺话语权以更好地阐释问题而进行打断，这也体现出了政府人员努力解决问政相关问题真诚的态度。由于政府人员很注重遵循"面子保全论"，因而在打断时，如果发现对方不想放弃话轮，那么政府人员就停止了打断行为，因而打断的成功率不高。但当政府人员想尽可能地将自己所掌握的信息及时、全面地表述出来，以有利于提供符合问话所需的信息，进而促进优质会话模式的产生时，可以采用优先选择提醒式打断，其次选择直接式打断的策略。运用提醒式进行打断在某种程度上减轻了打断对对方面子的损伤，但当采用提醒式打断时，为了提高成功率，可以将打断信号尽量延长。使用直接式进行打断时，其目标话语应尽量采用提高对对方面子维护程度的表达方式。

4. 评论员采用恰当打断方式的会话打断策略

评论员一次性打断的总体成功率为50%，评论员只采用了直接式这一种打断方式，其成功率为50%。评论员打断的主要目的是争夺话语权以进行阐释，运用直接式进行打断，能够提高评论员夺得话语权的概率，进而有助于将其评论的话语完整、到位地阐述出来。因而，评论员有效的会话打断策略为恰当地采用直接式进行打断。在运用直接式进行打断时，需要注意所选择的打断时机，合适的打断时机将有助于提高评论员打断的成功率。

5. 新媒体主播采用恰当打断方式的会话打断策略

新媒体主播一次性打断的总体成功率为50%，其中直接式打断达到了100%。新媒体主播进行会话打断的主要目的是控制话轮，新媒体主播通过直接式打断以对会话的时间以及会话环节加以控制，从而提高会话效率。因而，恰当地采用直接式进行打断是新媒体主播有效的打断策略。

（三）选择合适的时机有技巧性地进行会话打断的策略

电视媒体问政类话题会话中会话参与者在进行会话打断时，打断能否成功，能否有效地实现会话者打断的目的，是否运用得巧妙，这些都与会话者选择打断的时机息息相关。由于此领域会话打断现象主要出现在问答会话中，因而本节对于选择合适的时机有技巧性地进行会话打断策略的探究是在对此领域问答对应中出现的 201 次会话打断现象进行研究的基础上开展的。通过对这 201 个会话打断现象中会话参与者们对于打断时机的选择的分析发现，会话参与者们选择打断对方话语的时机有时接近对方话轮中的话轮转换相关处，有时在对方话轮里相对中间的位置，有时离对方话轮中的话轮转换相关处较远。但通过本书对其中 117 个成功的一次性会话打断的研究发现，会话参与者们成功打断时在选择打断的时机上呈现出了两极分化的状态。大部分会话者打断对方话语的位置要么选在离对方话轮中话轮转换相关处较近的地方，要么选择离对方话轮中话轮转换相关处较远的地方。而且当会话者将打断位置选在离对方话轮中话轮转换相关处较近的地方时，其成功的打断次数相对多些。

本书认为为了更好地实现会话打断的目的、效果，体现会话打断的技巧，提高会话打断的成功率，对于会话者选择的打断时机应进行综合考虑。一方面从"面子保全论"角度来说，对会话打断时机的选择应考虑尽量降低对对方积极面子与消极面子的损伤。另一方面从打断的效率来说，会话打断时机的选择应考虑提高打断成功的概率。因此，本书认为在电视媒体问政类话题会话中，会话者们选择合适的时机有技巧性地进行会话打断的策略应为将会话打断时机选择在越接近对方话轮中的话轮转换相关处越好。这样的打断策略一方面既能够有技巧性地维护对方的面子，又不显得唐突；另一方面既把损伤对方面子的程度尽量降低，又提高了打断的成功率，有助于会话目的的实现，进而促进优质会话模式的产生。如例（160）：

（160）**主**：您说的这几点，您觉得是共性问题吗？

评：我觉得这几个地区基本上表现的是同样的一个▲

主：▼存在<u>问题</u>的地方是有的？

评：对。

主：嗯，好，谢谢某教⌐谢谢教授的精彩点评哈。……（2017 年 3 月 24 日）

例（160）中，当评论员在回答主持人提出的第一个问题时，在答话中当说到接近话轮转换相关处"个"的时候，主持人在此时进行了打断，并成功取得了话轮，实施了成功的一次性会话打断。通过打断，主持人及时针对关键信息进行发问，从而使评论员提供了主持人所需要的精准信息，使答话与问话吻合度高。主持人选择了接近评论员话轮中话轮转换相关处进行打断的恰当时机，这样一方面在很大程度上顾及了对方的面子；另一方面又成功地实施了打断，提高了打断的成功率，实现了会话目的；同时又体现出了主持人的话语技巧，虽是打断，但语流相对顺畅，不冒失。所以，在此领域会话中，会话者要想成功地有技巧性地实施打断，可采用使打断的时机越接近对方话轮转换相关处越好的策略。这样的策略不但能提高打断的成功率，而且能尽量降低对对方面子的损伤程度，同时又能充分地体现出会话者的打断技巧及话语艺术，进而有助于实现会话打断目的，促进优质会话模式产生。

四、小结

本章在前文对电视媒体问政类话题会话整体结构、局部结构、主位构成、主位推进模式、优质会话模式、会话打断模式研究成果的基础上，从问话策略、答话策略以及会话打断策略三个方面对此领域会话参与者们使用的会话策略进行了研究，揭示了有助于会话参与者会话目的的实现、促进会话任务的完成、提高问政的会话效率、增加会话打断成功概率、推动优质会话模式产生的有效的会话策略。具体如下：

第一，本章从总体上对优质会话模式中的问话策略进行了研究。将问话策略分为首问策略、追问策略、重问策略。总体上揭示出了首问策略为：单式问话可以采用能够获得丰富信息的特指问话，复式问话可以选择能够扩充所获信息量的特特式问话或先紧后松的正特式问话。追问策略为：在追问时可倾向以单式问话为主，其中采用是非问话能够精准锁定所要追问的内容。重问策略为：重问时可倾向于选择与"Q"语步相同的问话形式，而且是以单式问话为主，优先选择特指问话。

第二，在从总体上考察出三种类型问话策略的基础上，本章进一步揭示出了各会话参与者具体应采用的有效的问话策略。首先，主持人采用的首问策略为：使用特指问话或特特式问话来提高答话与问话的吻合度。追问策略为：选择以单式问话为主要问话形式，优先选择是非问话进行追问。重问策略为：重问时可倾向于采用与"Q"语步相同的问话形式，优先选择特指问话这一问话形式以强调重问的内容。其次，问政代表采用的首问策略为通过使用特指问话或特特式问话尽可能详尽地、精确地获得有助于问题解决的信息。追问策略为采用能够促进追问目的实现的选特式问话进行追问。重问策略为：采用能够起到强调重问重点的是是式问话进行重问。最后，新媒体主播的首问策略、追问策略、重问策略均为采用特指问话以高效地完成其会话任务，推动会话模式成为优质会话模式。

第三，在答话策略方面，首先，本章先从总体上提出了会话者在答话中应适当地运用能够突出重要信息的集中型主位推进模式以及使话语逐层深入、不断带出新信息的延续型主位推进模式作为答话策略之一。进而，本章重点对于政府人员以及评论员采用的答话策略进行了具体分析，提出作为答话主体的政府人员可以适当采用集中型主位推进模式以提高答话与问话的吻合度的答话策略；评论员适当采用延续型主位推进模式以有助于其话语层次分明、逻辑性强的答话策略。其次，为了使问答对应成为优质会话模式，提出会话者应采用尽量少用并列型这种非相关主位推进模式的答话策略。再次，会话者在答话时应恰当地采用能够凸显信息、使问答双方话语关联度强的简式标记主位来构建话语这一答话策略。在答话中会话者合理、恰当地执行 Grice 会话合作原则也是答话策略之一。最后，为了完整、清晰、有效地进行回答，会话者在答话中可以采用保住话轮的答话策略，通过使用"话语未结束语"、使用"未完成标记语"、使用"搪塞语"、通过加快语速或是加重语音或是延长语音这些策略来达到保住话轮的目的。

第四，此领域会话打断者为了有效地实现会话打断目的，提高会话打断的成功率，进而推动优质会话模式的产生，可以恰当地采取以下会话打断策略：首先，应采用遵循"面子保全论"的会话打断策略。其次，会话参与者们应采用恰当的会话打断方式作为有效的打断策略，具体为：主持人主要采用道歉式、直接式、提醒式这些打断方式作为有效的打断策略；问政代表适合采用提醒式和直接式进行打断的策略；政府人员可采用优先选择提醒式进行打断，必要时选择直接式进行打断的策略；评论员和新媒体主播均可采用直接式这一打断方式作为有效的打断策略。最后，会话参与者们应采用在合适的时机有技巧性地进行会话打断的策略，恰当的打断时机应选在越接近对方话轮中的话轮转换相关处越好。

结　语

一、结论

本书运用会话分析理论、伯明翰学派话语分析模式理论、主位与述位理论、主位推进理论构建了电视媒体问政类话题会话模式，揭示了此领域会话特征，创建了适合此领域的会话分析模式，搭建了此领域会话研究的理论框架，同时验证了相关理论的普适性，并对相关理论进行了尝试性扩充，发掘了此领域会话与其他电视媒体领域会话的区别特征，为相关领域会话的研究提供了一些新的思路。通过对电视媒体问政类话题会话的研究，本书得到如下结论：

第一，本书在伯明翰学派话语分析模式理论的指导下，提出了以对应为基础的电视媒体问政类话题会话分析模式。此模式从整体上将此领域会话按照"问政→交往→对应→语步→行为"进行结构切分；从局部上对此领域核心会话问答会话以"对应"为单位进一步进行更为细致、深入的切分。按照这一会话分析模式进行研究，使电视媒体问政类话题会话的整体框架与局部框架清晰呈现出来。研究发现电视媒体问政类话题会话的典型结构"Q-A-F"简短型问答对应与伯明翰学派话语分析模式理论所提出的典型结构类型相符，证实了以问答对应为基础的电视媒体问政类话题会话分析模式对此领域会话的适用性以及伯明翰学派话语分析模式理论的普适性。

第二，本书从宏观的视角对电视媒体问政类话题会话结构进行了深入的研究。揭示了此领域会话的整体结构可分为不同的层次。依托于每一期电视问政的每场电视媒体问政类话题会话是最大的单位。每场电视媒体问政类话题会话开端和结尾分别为一个交往，会话本体部分的交往数量视其主题数量而定，围绕每个主题展开的若干个对应构成一个交往。电视媒体问政类话题会话整体构架是以问答对应为核心，这是此领域会话问政性、互动性在形式上的映射。

此领域会话对应类型的分布体现出了会话不同阶段的特征。构成会话本体部分的交往主要由问答对应构成，问答对应是此领域会话的核心结构，体现出了此领域会话较强的互动性，问政的实质性内容均出现在这里，本体部分的功能主要是问政。会话开端的交往主要由告知对应构成，指示对应占一小部分。在此领域会话里，指示对应的回应语步中除了有非言语回应以外，还有言语回应。对应的构成类型决定了会话开端主要具有问候、介绍以及界定功能。此领域会话结尾作为程式化会话结尾的一种，与刘虹（2004）认为的程式化会话结尾相对简单的结论并不一致。此领域会话结尾具有相对完整的结构，由结尾边界对应系列、前置结束对应系列和结束对应系列构成，主持人把会话按照步骤一步步推向尾声。这与其他电视媒体领域会话的非程式化会话结尾以及简单的程式化会话结尾形成了比较鲜明的区别。因而，根据会话领域的不同，有些领域会话的程式化会话结尾是比较完整的，尤其是有结尾边界对应系列。此外此领域会话结尾的边界对应系列和结束对应系列主要由告知对应构成，前置结束对应系列主要由指示对应构成。结尾部分对应类型的构成说明了此阶段会话参与者之间并无问政实质性的交流，其主要具有总结、告别、承诺功能。

此外，电视媒体问政类话题会话的性质体现在机构性、问政性以及互动性上。此领域会话具有明确的会话任务、会话参与者拥有机构身份、会话具有组织性、有特定的程式，因而此领域会话是机构性会话。此领域的会话性质决定了其作为机构性会话与作为半机构性会话的其他电视媒体领域会话存在着本质性的区别特征。

第三，本书从微观的视角对电视媒体问政类话题会话结构进行了系统研究。发现作为此领域会话核心的问答会话中，虽然单式问话所占数量最多，但复式问话也不在少数，这是此领域会话问政性的一种体现。各会话参与者选择自己偏好的问话类型与会话者掌握的信息量、问话的疑问度、问话对答话的支配力有着密切关系。其中主持人倾向于使用单式问话中的是非问话；问政代表首选复式问话中的特特式问话；新媒体主播首选单式问话中的特指问话；政府人员和评论员基本不进行提问。对于电视媒体问政类话题会话中问话的这些研究成果有利于拓宽对问话的研究领域。此领域会话中的答话体现出了话语量大、内容丰富的特征。

作为电视媒体问政类话题会话中的核心结构问答对应存在着三大类问答对应类型：简短型问答对应、追问型问答对应、重问型问答对应，每一大类问答对应类型中分别包含着由不同语步构成的问答对应结构。电视媒体问政类话题会话典型结构之一为存在数量最多的"Q-A-F"简短型问答对应，这与伯明翰学派话语分析模式理论中提出的典型结构类型相符，从而验证了伯明翰学派话语分析模式理论在此领域会话中的有效性及解释力。这一典型结构的大量存在也反映出了此领域会话参与者之间会话的合作度较高，对问政相关问题的解决具有高效性。

此外，追问是此领域会话的典型特征之一，是此领域会话互动性的生动体现。"Q-A-Fi + a-Fii-Fiii"追问型问答对应是此领域会话的典型结构之一。追问一般由主持人进行，追问能够得到更符合问话所需的精准信息，提高答话与问话的吻合度。追问型问答对应中出现的由七个语步、九个语步构成的问答对应是此领域特有的追问型问答对应类型。以"Q-A-F"简短型问答对应以及"Q-A-Fi + a-Fii-Fiii"追问型问答对应作为典型结构是此领域会话在局部结构上有别于其他电视媒体领域会话及问答会话占很大比例的相关机构性会话如法庭问答会话、商务谈判会话等的特征之一。比如两个语步构成的问答对应在电视媒体谈话类会话中、法庭问答会话中最为多见，四个语步构成的对应成了商务谈判会话的主要结构。

虽然此领域会话主流是具有较高合作度，但其中也存在着所答非所问的情况，研究发现"Q-A-Qa-An-F"重问型问答对应对于解决所答非所问具有一定效度。研究还发现，"A/Q"挑战语步是此领域会话的特色语步，在其他电视媒体领域会话以及相关机构性会话中涉及得很少。在此领域会话中，这一语步主要为主持人持有，其功能主要体现为分配话轮、提醒、衔接、评论、修正等，这一语步是此领域会话机构性的充分体现，也是主持人用于衔接会话各环节的策略之一。本书对问答对应进行的深入研究是对伯明翰学派话语分析模式理论尝试性的扩充。

第四，当透过电视媒体问政类话题会话结构形式层面，深入其语义层面进行研究后，本书将主位分为简式标记主位、多重标记主位、简式非标记主位、多重非标记主位，这是本书一次尝试性地对主位与述位理论的有益补充。与其他电视媒体领域会话相比，电视媒体问政类话题问答会话主位构成的总体特征为以简式非标记主位为主，这一结论证实了此领域会话的机构性与问政性。对于会话参与者的话语来说，主持人、问政代表以简式非标记主位为主，政府人员与新媒体主播以简式标记主位为主，评论员以多重非标记主位为主。会话参与者话语中主位构成特征是其机构身份、会话任务的反映。

本书提出了八种主位推进模式：延续型、并列型、集中型、平行型、交叉型、整体推进型、派生型、概括型。其中概括型主位推进模式学者们对其提及得很少，这一主位推进模式是此领域会话的一个特色主位推进模式，本书对其进行了详细论述，以此尝试性地丰富了主位推进理论。研究发现，反映此领域问答会话区别于其他电视媒体领域问答会话内部语义关联的主位推进模式总体特征为以并列型为主，集中型大量存在。这说明了会话参与者们在提问、回答、评论等会话环节，关注更多的是尽可能多地提供信息，但反之有可能在会话组织、发展推进过程中对于话语衔接与连贯考虑得相对少些。在会话参与者中，本书发现除了评论员以延续型主位推进模式为主外，其余的会话参与者均以并列型主位推进模式为主。这说明评论员的话语逻辑性较强，语篇信息分布得比较合理，语句衔接紧密，语义层层深入。

第五，为了研究出如何使答话提供的信息与问话所需信息吻合度高，本书首次构建了电视媒体问政类话题会话的优质会话模式与非优质会话模式，并制定了评价体系。这一研究成果在验证问答会话的有效性上提供了可资借鉴的检验途径，是运用主位推进模式研究问答会话一种有益的尝试，也是对主位推进理论研究领域的扩充。

对于电视媒体问政类话题会话中的优质会话模式来说，其主要特征体现在：首先，优质会话模式以集中型主位推进模式为主，延续型也被大量使用。其次，优质会话模式的典型代表结构为"Q-A-Fi + a-Fii-Fiii"追问型问答对应与"Q-A-F"简短型问答对应，在这两种问答对应中使用最多的均为集中型主位推进模式，说明适当运用这一主位推进模式有助于优质会话模式的产生。再次，在优质会话模式中，各会话参与者组织话语的特征为：政府人员、主持人以集中型主位推进模式为主；评论员以延续型主位推进模式为主；问政代表、新媒体主播以平行型主位推进模式为主。在会话中多运用这些主位推进模式对于会话参与者提高答话与问话的吻合度将起到促进作用。优质会话模式中非相关主位推进模式以并列型主位推进模式为主，因而，少用并列型主位推进模式有助于优质会话模式的产生。最后，优质会话模式中，在主位构成方面是以简式标记主位为特征，这充分体现出了简式标记主位在凸显信息、形成最佳关联、使会话者们更容易理解彼此话语的语义和重点等方面的优势。

对于电视媒体问政类话题会话中的非优质会话模式来说，"Q-A-Qa-An-F"重问型问答对应结构为非优质会话模式的典型结构。本书找寻到了并列型主位推进模式的大量使用是导致非优质会话模式形成的主要原因。此外，非相关主位推进模式所占数量大是非优质会话模式产生的另一原因，究其根源是由于回答时间受限带来的压力、提供过量信息、重点不突出、问话时所使用的铺垫性话语过多、表达上繁琐等这些深层次原因造成的。

第六，会话打断现象在电视媒体问政类话题会话中大量存在，本书构建了此领域会话打断模式。经过研究发现，电视媒体问政类话题会话区别于其他电视媒体领域会话的打断特征为：此领域会话打断以直接式这种打断方式为主；主持人是会话打断的主要执行者；主持人与政府人员之间的打断互动最为频繁；评论员在问答会话中所进行的打断是最少的；打断结构以单独型打断为主。

电视媒体问政类话题会话打断的总体目的是争夺话语权以进行阐释。而各会话参与者又有各自的目的，主持人会话打断最主要的目的为追问，之后是引导和争夺话语权进行阐释，控制话轮也是其会话打断的一个主要目的。政府人员、问政代表和评论员会话打断的主要目的均为争夺话语权加以阐释。新媒体主播会话打断的主要目的为控制话轮。在研究会话打断目的时发现此领域会话打断与会话修正现象密切相关，以引导为目的的会话打断经常出现他人启动自我修正的会话修正现象；而以帮助为目的的会话打断中经常出现他人启动他人修正的会话修正现象。

本书揭示了会话打断所起到的作用。通过对优质与非优质会话模式中会话打断特征的比较研究后发现适当地进行会话打断对于优质会话模式的产生能够起到一定的促进作用。具体来说，使用直接式打断有助于优质会话模式的产生。另外，恰当使用分别以争夺话语权进行阐释、控制话轮、追问为目的的会话打断能够有助于提高答话与问话的吻合度，进而促进会话模式成为优质会话模式。

第七，本书提出了有效的问话策略、答话策略以及会话打断策略，以对电视媒体问政类话题会话参与者们实现会话目的、完成会话任务、提高问政的会话效率、增加会话打断成功概率、推动优质会话模式产生等方面具有实践意义。

在问话策略方面，本书提出了首问策略、追问策略、重问策略三种问话策略类型，进而研究出了各会话参与者应采用的具体的有效策略。主持人采用的首问策略为使用特指问话或特特式问话来提高答话与问话的吻合度；追问策略为选择以单式问话为主要问话形式，优先选择是非问话进行追问；重问策略为重问时可以采用与"Q"语步相同的问话形式，优先选择特指问话这一问话形式以强调重问的内容。问政代表采用的首问策略为通过使用特指问话或特特式问话尽可能详尽、精确地获得有助于问题解决的信息；追问策略为可采用能够促进追问目的实现的选特式问话进行追问；重问策略为采用能够起到强调重问重点的是是式问话进行重问。新媒体主播的首问策略、追问策略、重问策略均为可采用特指问话以高效地完成其会话任务，推动会话模式成为优质会话模式。

在答话策略方面，从使用主位推进模式的角度来看，本书发现作为答话主体的政府人员可以适当采用集中型主位推进模式以提高答话与问话吻合度的答话策略；评论员适当采用延续型主位推进模式以有助于其话语层次分明、逻辑性强的答话策略。同时，此领域会话参与者们应采用尽量少用并列型这种非相关主位推进模式的答话策略。从选择主位的角度来看，会话者在答话时应恰当地采用能够凸显信息、使问答双方话语关联度强的简式标记主位来构建话语这一答话策略。从执行会话合作原则的角度来看，会话参与者们应采用合理、恰当地执行 Grice 会话合作原则的答话策略。从保住话轮以达到完整、清晰、有效地进行回答的角度来看，会话参与者们可使用"话语未结束语""未完成标记语""搪塞语"，通过加快语速或是加重语音或是延长语音这些策略来达到保住话轮的目的。

在会话打断策略方面，本书发现一方面会话参与者们可以采用遵循"面子保全论"的会话打断策略。另一方面，会话打断者可以采用恰当的会话打断方式作为有效的打断策略，具体为：主持人可采用道歉式、直接式、提醒式这些打断方式作为有效的打断策略；问政代表适合采用提醒式和直接式进行打断的策略；政府人员可优先采用提醒式进行打断，必要时采用直接式进行打断的策略；评论员和新媒体主播均可采用直接式进行打断的策略。

此外，会话参与者们应选择在合适的时机有技巧性地进行会话打断的策略，恰当的打断时机应选在越接近对方话轮中的话轮转换相关处越好。

第八，本书通过对电视媒体问政类话题会话进行的系统、深入的研究，发现此领域会话与其他电视媒体领域会话如谈话类会话、生活服务类会话、综艺娱乐类会话等存在着很多区别特征，具体如下：

在会话性质方面，电视媒体问政类话题会话是机构性会话，而其他电视媒体领域会话虽与日常会话有明显区别，但这些领域的会话为半机构性会话。

在会话整体结构方面，电视媒体问政类话题会话的整体会话流程围绕"问政"展开，有其特有的程式化。构成电视媒体问政类话题会话开端与结尾的对应类型中基本没有问答对应，而在其他电视媒体领域会话中有时会出现问答对应，如一些谈话类会话的开端具有互动性，因而会有问答对应的出现。此领域会话结尾属于比较完整的程式化会话结尾，而其他电视媒体领域会话中的结尾有的比较自由，形式也相对不固定，属于非程式化会话结尾，如一些电视媒体综艺娱乐类会话的结尾；有的是比较简单的程式化会话结尾，如一些电视媒体生活服务类会话、谈话类会话的结尾。

在会话局部结构方面，电视媒体问政类话题会话以问答会话为主，其典型结构为"Q-A-F"简短型问答对应以及"Q-A-Fi + a-Fii-Fiii"追问型问答对应。而其他电视媒体领域会话多数典型结构为由"问话—答话"两个语步构成的对应，如谈话类会话、综艺娱乐类会话等。而且，由六个以上语步构成的追问型问答对应、重问型问答对应是电视媒体问政类话题会话的特色结构，这是其他电视媒体领域会话所少有的。此外，"A/Q"挑战语步在其他电视媒体领域会话中涉及得很少，这说明在电视媒体问政类话题会话领域中，主持人作为机构性会话的组织者、协调者的作用有别于其他电视媒体领域半机构性会话中主持人的作用。

在主位构成及主位推进模式方面，电视媒体问政类话题会话中的主位构成与其他电视媒体领域会话有所不同，如此领域会话中简式非标记主位所选用的词语大部分不是第一人称代词"我"，这与其他电视媒体领域会话如谈话类会话形成了鲜明对比。此领域会话主位推进模式的总体特征为以并列型为主，集中型也大量存在，这与其他电视媒体领域会话中的主位推进模式呈现出了区别特征，比如在新闻谈话中，"主要的主位推进模式为主位同一型

和主述位延续型"。(蔡玮,2004)

在会话打断方面,电视媒体问政类话题会话打断在打断方式、打断结构、会话者之间的打断关系、打断目的上体现出了与其他电视媒体领域会话的区别。如电视媒体领域会话中主持人最主要的会话打断目的是追问,其次是引导和争夺话语权进行阐释;而谈话类会话中主持人进行打断很多时候是为了转换话题。

二、创新之处

本书对电视媒体问政类话题会话的研究共有以下五个创新之处:

第一,目前学者们对电视媒体问政类话题会话进行的研究非常少,从语言学角度对其进行的研究更是少之又少。在对其进行较详细研究的成果中,只有零星的几篇硕士论文和期刊论文。目前学术界对电视媒体问政类话题会话进行的研究处于起始阶段。因而,本书运用会话分析理论、伯明翰学派话语分析模式理论、主位与述位理论、主位推进理论对于此领域会话从整体结构、局部结构、主位推进模式、会话打断模式、会话策略这几个方面进行了系统、深入的研究。通过研究,构建出了电视媒体问政类话题会话模式,搭建了电视媒体问政类话题会话研究的理论框架,创建了电视媒体问政类话题会话分析模式,为相关领域会话研究提供了一些新的思路,尝试性地丰富了相关理论,力争使对此领域会话的研究得到发展。

第二,以往对于主位推进模式的考察主要是针对同一语步中的话语进行的,而本书在对此领域会话主位推进模式进行考察时,将主位与述位理论、主位推进理论与伯明翰学派话语分析模式理论相结合,以主位推进模式为轴心,把构成每个问答对应中的话语视为一个单独语篇进行主位推进模式的考察。不但考察问答对应里同一语步中话语的主位推进模式,更重要的是考察答话与问话跨语步的主位推进模式,运用此种方式有利于更深层次地揭示答话与问话的语义关联。

第三,本书创建了电视媒体问政类话题会话中的优质会话模式与非优质会话模式,制定了对优质与非优质会话模式的评价体系,将答话与问话吻合度为一级到五级的问答对应中的会话模式定为非优质会话模式,将答话与问话吻合度为六级到十级的问答对应中的会话模式定为优质会话模式。进而,揭示了优质与非优质会话模式的特征以及非优质会话模式产生的原因。优质与非优质会话模式的创建为检验答话与问话的有效性提供了可行性途径。

第四，在电视媒体问政类话题会话问答对应方面，本书将问答对应分为简短型问答对应、追问型问答对应、重问型问答对应。提出了可以由七个语步、九个语步分别构成的追问型问答对应，分别为"Q-A-Fi + a-Fii-Fii + a-Fiii-Fiiii"追问型问答对应、"Q-A-Fi + a-Fii-Fii + a-Fiii-Fiii + a-Fiiii-Fiiiii"追问型问答对应。同时还提出由五个语步、六个语步分别构成的重问型问答对应——"Q-A-Qa-An-F"重问型问答对应和"Q-A/Q-A-Qa-An-F"重问型问答对应。此外，本文还研究出了含有挑战语步"A/Q"的问答对应，如"Q-A/Q-A"简短型问答对应、"Q-A/Q-A-F"简短型问答对应、"Q-A/Q-A-Fi + a-Fii-Fiii"追问型问答对应。

第五，在对电视媒体问政类话题会话相关研究内容的分类方面，对于问话的分类，本书将问话分为单式问话与复式问话。对于主位的分类，本书将主位分为简式标记主位、多重标记主位、简式非标记主位、多重非标记主位。对于会话打断结构的分类，本书将会话打断结构分为单独型打断和多次型打断，其中多次型打断又分为连续型打断、重复型打断和复合型打断。以上分类有助于对此领域会话进行更为细致、深入的研究。

三、不足与展望

本书的不足之处主要体现在以下两个方面：第一，由于时间有限，本书没能对电视媒体问政类话题会话中所有的对应类型进行详细、深入的分析。第二，本书对电视媒体问政类话题会话中出现的会话修正现象只是部分有所提及，并没有对其进行全面的探究。

本书对电视媒体问政类话题会话的研究对于其在机构性会话研究中能占有一席之地，拓宽电视媒体领域会话的研究领域，验证相关理论并丰富相关理论等方面具有意义。鉴于本书的不足之处，同时为了使对此领域会话的研究具有长足性发展，在日后的研究中可以从以下几个方面做进一步的探究：首先，我们可以对电视媒体问政类话题会话中所有的对应类型进行深入研究，以期从横向和纵向上加深对此领域会话的研究，从更多的角度揭示此领域会话的特征并丰富此领域的会话模式。其次，对此领域会话中出现的会话修正现象进行详细研究，争取发现更多会话参与者们组建话语的方式、规律及特征。最后，通过对此领域会话进一步的研究，我们可以对相关理论进行更深层次的验证与充实。希望通过我们日后对电视媒体问政类话题会话更为系统的研究，此领域会话的研究能更上一层楼。

参考文献

一、著作

［1］胡壮麟．新编语篇的衔接与连贯［M］．上海：华东师范大学出版社，2017．

［2］胡智锋．电视节目策划学［M］．上海：复旦大学出版社，2006．

［3］何兆熊．新编语用学概要［M］．上海：上海外语教育出版社．2000．

［4］黄国文．语篇分析概要［M］．长沙：湖南教育出版社，1988．

［5］黄伯荣，廖序东．现代汉语（增订二版）（下册）［M］．北京：高等教育出版社，1997．

［6］刘虹．会话结构分析［M］．北京：北京大学出版社，2004．

［7］刘森林．语用策略［M］．北京：社会科学文献出版社，2007．

［8］吕叔湘．吕叔湘全集（第三卷）·汉语语法论文续集［M］．沈阳：辽宁教育出版社，2002．

［9］李悦娥，范宏雅．话语分析［M］．上海：上海外语教育出版社，2002．

［10］李捷，何自然，霍永寿．语用学十二讲［M］．上海：华东师范大学出版社，2011．

［11］邵敬敏．现代汉语疑问句研究［M］．上海：华东师范大学出版社，1996．

［12］于国栋．会话分析［M］．上海：上海外语教育出版社，2008．

［13］中国社会科学院语言研究所词典编辑室．现代汉语词典［M］．7版．北京：商务印书馆，2016．

［14］郑贵友．汉语篇章语言学［M］．北京：外文出版社，2002．

［15］赵明玉，王福顺. 广播电视辞典［M］. 北京广播电视学院出版社，1999.

［16］ATKINSON J M，HERITAGE J. Structures of social action：studies in conversation analysis［M］. Cambridge：Cambridge University Press，1984.

［17］BROWN P，LEVINSON S C. Universals in language usage：politeness phenomena［C］//GOODY E. Questions and politeness：strategies in social interaction. Cambridge：Cambridge University Press，1978.

［18］BURTON D. Dialogue and discourse［M］. London：Routledge & Kegan Paul，1980.

［19］CLAYMAN S，HERITAGE J. The news interview：journalists and public figures on the air［M］. Cambridge：Cambridge University Press，2002.

［20］CLAYMAN S. Footing in the achievement of neutrality［C］//DREW P，HERITAGE J. Talk at work：interaction in institutional settings. Cambridge：Cambridge University Press，1992.

［21］COULTHARD M. An introduction to discourse analysis［M］. London：Longman，1977/1985.

［22］DREW P. Contested evidence in cross-examination［C］//DREW P，HERITAGE J. Talk at work：interaction in institutional settings. Cambridge：Cambridge University Press，1992.

［23］DREW P，HERITAGE J. Analyzing talk at work：an introduction［C］//DREW P，HERITAGE J. Talk at work：interaction in institutional settings. Cambridge：Cambridge University Press，1992.

［24］GREATBATCH D. On the management of disagreement between news interviewees［C］// DREW P，HERITAGE J. Talk at work：interaction in institutional settings. Cambridge：Cambridge University Press，1992.

［25］GRICE H P. Logic and conversation［C］//COLE P，MORGAN J. Syntax and semantics，vol. 3：speech acts. New York：Academic Press，1975.

［26］HALLIDAY M A K. An introduction to functional grammar［M］. London：Edward Arnold，1985.

［27］TEN HAVE P. Doing conversation analysis：a practical guide［M］. London：Sage Publications，1999.

［28］HUTCHBY I，WOOFFITT R. Conversation analysis ［M］. Oxford：Polity Press，1998.

［29］LABOV W. The study of nonstandard English ［M］. Washington，D. C：The Center for Applied Linguistics，1969.

［30］LEVINSON S C. Pragmatics ［M］. Cambridge：Cambridge University Press，1983.

［31］LEECH G. Principles of pragmatics ［M］. London：Longman，1983.

［32］SACKS H. Lectures on conversation. vols. I. II. （JEFFERSON G.）［M］. Oxford：Blackwell，1992.

［33］STUBBS M. Discourse analysis ［M］. Chicago：University of Chicago Press，1983.

［34］TUSI B M. English conversation ［M］. Oxford University Press，1996.

［35］VAN DIJK T A. Text and context ［M］. London：Longman，1977.

［36］WIDDOWSON H G. Explorations in applied linguistics ［M］. Oxford：OUP，1979.

［37］ZIMMERMAN D H，WEST C. Sex roles，interruptions and silences in conversations ［C］// THORNE B，HANLEY N. Language and sex：differences and dominance. Rowley，MA：Newbury House，1975.

二、期刊论文

［1］程晟. 电视问政与善治政府的构建 ［J］. 青年记者，2017（8）.

［2］程永洁. 比较网络问政与电视问政 ［J］. 当代电视，2016（11）.

［3］程元元，王向东. 从合作原则的违反看电视访谈节目中会话隐含的产生 ［J］. 西南民族大学学报（人文社科版），2008（S2）.

［4］陈芳. 浅析《非诚勿扰》中过度礼貌现象 ［J］. 海外英语，2014（22）.

［5］陈晓婉. 电视交友节目的话轮特征分析：以《非诚勿扰》《我们约会吧》为例 ［J］. 新闻世界，2012（4）.

［6］陈燕. 喜剧综艺节目中跨界主持人"语用特点"的分析 ［J］. 艺术科技，2017（9）.

［7］陈蕴哲. 当前电视问政类节目火爆的冷思考 ［J］. 传媒，2014（17）.

［8］丁小芳．相亲节目主持人的会话打断现象分析：以"非诚勿扰"为例 ［J］．美与时代（下），2014（9）．

［9］董京．论电视问政节目的互动 ［J］．传播力研究，2018（13）．

［10］代树兰．电视访谈的话语特色 ［J］．扬州大学学报（人文社会科学版），2008（1）．

［11］邓旭东．介绍伯明翰学派的课堂对话描写体系 ［J］．现代外语，1988（4）．

［12］邓力．浅析求职类演播室真人秀节目的叙事策略：以天津卫视《非你莫属》为例 ［J］．新闻传播，2013（2）．

［13］邓琪，郭绪文．访谈节目的话语分析 ［J］．重庆大学学报（社会科学版），2004（3）．

［14］杜美琴．从电视问政浅谈服务型政府建设 ［J］．电视指南，2018（13）．

［15］方庆华，黄丹，秦雯．《非你莫属》中话轮转换技巧研究：从求职者的角度 ［J］．长春理工大学学报（社会科学版），2014（5）．

［16］付博．电视媒体领域会话文献述评 ［J］．中外企业家，2020（32）．

［17］付博．电视媒体综艺娱乐类会话研究文献综述 ［J］．魅力中国，2021（11）．

［18］付博．本土中文学习者线上学习能力专业知识维度评价 ［J］．新教育时代电子杂志（教师版），2024（43）．

［19］郭瑛霞，赵璐．中外电视情感调节类节目话语方式的对比分析：兼论文化语境和社会结构如何影响传播主体的话语策略 ［J］．现代传播：中国传媒大学学报，2018（11）．

［20］郭韬．从语言顺应论看电视节目主持人话语表达：以《中国诗词大会》董卿现场主持为例 ［J］．新闻研究导刊，2018（14）．

［21］龚琼兰．电视采访英语语篇分析与课堂教学 ［J］．西南民族大学学报（人文社科版），2005（12）．

［22］葛明驷，何志武．电视问政十年：文化效应与反思 ［J］．中州学刊，2015（3）．

［23］顾亦兵．电视问政：构建城市公共治理平台：武汉广播电视台《电视问政》实践中的思考 ［J］．新闻战线，2016（23）．

［24］黄国文，廖海青．电视访谈节目的言语功能及互动模式：以 Larry

King Live 为例 [J]. 外语研究, 2008 (4).

[25] 黄衍. 试论英语主位和述位 [J]. 外国语 (上海外国语学院学报), 1985 (5).

[26] 黄建伟, 陈玲玲. 公民问责与政务服务的同步创新: 我国地方电视问政的过去、现在和未来 [J]. 新视野, 2018 (2).

[27] 黄书亭. 对话与问责: 电视行风热线节目的新发展 [J]. 电视研究, 2016 (6).

[28] 黄燕. 商务访谈节目中的会话修正分析 [J]. 科教导刊 (中旬刊), 2011 (8).

[29] 何志武. 电视问政的协商理念及其实现保障 [J]. 中州学刊, 2017 (7).

[30] 胡建华. 语用策略在相亲类综艺节目中的运用: 以 2012 年至 2013 年的《非诚勿扰》为例 [J]. 现代语文 (学术综合版), 2013 (12).

[31] 海沫. 电视问政的发展现状及出路思考 [J]. 现代视听, 2018 (5).

[32] 海沫. 电视问政节目的主持技巧 [J]. 青年记者, 2014 (36).

[33] 姜洁冰. 电视问政中的政治传播现象与反思 [J]. 青年记者, 2013 (24).

[34] 金伟娇.《职来职往》节目话语的叙事分析 [J]. 贵阳学院学报 (社会科学版), 2018 (3).

[35] 金霞. 从《电视问政》看舆论监督平台的转型 [J]. 青年记者, 2016 (12).

[36] 贾晓东. 电视问政节目主持人风格浅析 [J]. 新闻传播, 2014 (11).

[37] 贾宏生. 电视问政中主持人的问话技巧 [J]. 科技传播, 2014 (18).

[38] 匡小荣. 口语交谈中的话语打断现象 [J]. 修辞学习, 2005 (4).

[39] 匡文波. "新媒体" 概念辨析 [J]. 国际新闻界, 2008 (6).

[40] 刘静敏. 电视访谈语篇中话语标记的功能分析 [J]. 山东师范大学学报 (人文社会科学版), 2018 (2).

[41] 刘畅, 刘泽江. 不平等关系场合下对不礼貌话语的回应策略研究: 以求职类节目《非你莫属》为例 [J]. 沙洲职业工学院学报, 2015 (3).

[42] 刘维. 幽默效果的语用分析: 看相亲节目《非诚勿扰》中的经典对白 [J]. 语文学刊, 2013 (13).

[43] 卢秋萍. 标记主位的语篇衔接模式研究 [J]. 陕西理工学院学报（社会科学版），2011（1）.

[44] 罗一丽.《非你莫属》中面子威胁行为研究 [J]. 学理论，2014（12）.

[45] 罗开眉. 求职节目《职来职往》中权利所引发的语言打断现象分析 [J]. 英语广场（学术研究），2013（8）.

[46] 林颖遂. 顺应论关照下《非你莫属》中"言语不礼貌"现象剖析 [J]. 陇东学院学报，2013（6）.

[47] 梁叶玲. 功能语法下国内电视相亲节目的会话模式浅析：以《非诚勿扰》第 252 期为例 [J]. 广东石油化工学院学报，2014（5）.

[48] 兰金梅. 明星导师话语的语用策略分析：以《中国好声音》第二季为例 [J]. 毕节学院学报，2014（7）.

[49] 吕明臣，李萌. 医患信息传递中"我看""我说"的作用分析 [J]. 华夏文化论坛，2018（1）.

[50] 吕值友. 电视问政下的武汉实践："行风连线 5 周年电视直播特别节目"的价值评析 [J]. 新闻前哨，2010（9）.

[51] 李珂娜. 顺应论视角下《朗读者》中董卿的语用身份建构研究 [J]. 湖北科技学院学报，2019（1）.

[52] 李道静. 话轮转换视角下主持群话语重叠现象浅析：以《快乐大本营》为例 [J]. 美与时代（下），2014（11）.

[53] 李烨辉，睢姣. 浅析电视综艺节目中的话语建构：对央视春晚小品《喜乐街》的个案分析 [J]. 传媒，2015（23）.

[54] 李尧，马东. 电视问政类节目的会话策略研究 [J]. 西部广播电视，2019（10）.

[55] 路扬. 伯明翰学派话语分析法及其发展 [J]. 外语研究，1996（4）.

[56] 廖莉娟. 电视问政：践行群众路线的有效途径 [J]. 领导科学论坛（理论），2013（8）.

[57] 毛芝春. 电视问政节目主持人度的把握 [J]. 新闻前哨，2018（3）.

[58] 马子惠. 新媒体时代问政类节目主持人素养提升策略探析 [J]. 视听，2018（6）.

[59] 倪力优. 问政类节目主持人素养提升探究 [J]. 新闻研究导刊，2018（21）.

［60］聂书江 . 论电视问政的内在逻辑及其发展路径［J］. 现代传播：中国传媒大学学报，2015（1）.

［61］冉永平，杨娜 . 新闻访谈话语中立场表述的语用分析［J］. 外语教学，2017（1）.

［62］石毓智 . 汉语的主语与话题之辩［J］. 语言研究，2001（2）.

［63］石艳华 . 电视谈话节目主持人跟踪话步的话语分析［J］. 电影文学，2010（23）.

［64］石磊 . 运用主位推进结构提高大学生段落写作连贯性［J］. 林区教学，2011（10）.

［65］沈芮妃 . 谈话节目《圆桌派》的会话结构［J］. 青年记者，2017（18）.

［66］邵敬敏 . 疑问句的结构类型与反问句的转化关系研究［J］. 汉语学习，2013（2）.

［67］盛永生 . 电视谈话节目的话回类别与功用［J］. 修辞学习，2005（2）.

［68］盛永生 . 电视谈话节目主持话语的基本话目分析［J］. 暨南学报（人文科学与社会科学版），2004（4）.

［69］唐斌 . 电视谈话节目结束阶段的会话分析研究［J］. 电影文学，2009（23）.

［70］陶甚健 . 构建政府联系群众的"立交桥"：城市台电视问政节目的实践与思考［J］. 中国广播电视学刊，2015（1）.

［71］汪明香 . 从"电视问政"看电视媒体的舆论监督模式与功能［J］. 现代视听，2013（11）.

［72］王洁 . 控辩式法庭审判互动语言探索［J］. 语言文字应用，2004（3）.

［73］王欢，马骐 . 电视谈话类节目主持人"话轮"控制分析：以《鲁豫有约》与《奥普拉脱口秀》为例［J］. 国际新闻界，2012（6）.

［74］王正 . 英语电视访谈的功能文体特征［J］. 长春理工大学学报（社会科学版），2009（3）.

［75］王倩倩 . 真人秀节目《极限挑战》中会话重复现象研究［J］. 文学教育（上），2019（10）.

［76］王倩 . 电视问政：话语权势的博弈与平衡［J］. 青年记者，2018

（20）.

[77] 王蕾，刘敏智．城市电视台节目创新"电视问政"促进公民政治参
与：以武汉台《兑现承诺，优化环境"十个突出问题"整改电视问
政》为例［J］．新闻知识，2012（10）.

[78] 王玥．综艺娱乐节目主持人语用策略综论［J］．文教资料，2017
（16）.

[79] 吴畅．伯明翰学派话语分析模式浅析：以《鲁豫有约》为例［J］．华
中人文论丛，2010（1）.

[80] 武建国，颜璐．求职节目话语中的话目结构及语用策略［J］．华南理
工大学学报（社会科学版），2013（6）.

[81] 伍海英．电视求职节目的话轮分析：以《非你莫属》为例［J］．疯狂
英语（教师版），2013（3）.

[82] 薛璐．从礼貌原则和面子理论看电视访谈会话的运用：以《首席夜
话》为例［J］．现代语文（语言研究版），2016（2）.

[83] 薛亚青．电视综艺节目语境变量对语篇生成的影响［J］．现代传播
（中国传媒大学学报），2015（3）.

[84] 邢福义．小句中枢说［J］．中国语文，1995（6）.

[85] 徐盛桓．主位和述位［J］．外语教学与研究，1982（1）.

[86] 谢蕊婷．基于中文相亲节目中拒绝策略的性别差异研究［J］．荆楚学
术论丛，2014（1）.

[87] 夏玉琼．《中国好声音》中导师身份建构的语用研究［J］．云南农业
大学学报（社会科学），2016（2）.

[88] 夏涤平．电视问政：以人民为中心的公共性构建［J］．新闻战线，
2017（23）.

[89] 于国栋．医患交际中回述的会话分析研究［J］．外语教学，2009
（3）.

[90] 于娇艳，姜占好．模糊限制语的交际语境顺应性研究：以《第三季中
国好声音》导师点评话语为例［J］．淮南师范学院学报，2015（4）.

[91] 俞春江．"电视问政"的社会协商功能及其实现路径：以杭州电视台
《我们圆桌会》为例［J］．中共杭州市委党校学报，2017（1）.

[92] 杨诗哲，田惠风，程文浩．电视问政：现状、问题与未来深化［J］．
长江论坛，2014（6）.

［93］杨瑛. 谈语用的模糊艺术：以综艺娱乐节目为例［J］. 内蒙古农业大学学报（社会科学版），2011（1）.

［94］杨锐. 法庭话语的机构性研究［J］. 云南社会主义学院学报，2012（1）.

［95］闫璐. 电视选秀节目导师抢人环节话语分析：以《中国好声音》为例［J］. 现代语文（学术综合版），2015（7）.

［96］叶兆燮."电视问政"必须解决"四度"问题：基于丽水电视问政发展现状的冷思考［J］. 视听纵横，2017（3）.

［97］朱永生. 主位推进模式与语篇分析［J］. 外语教学与研究，1995（3）.

［98］朱晓彧，汤云敏. 主持人口语的魅力：语用视域下《非诚勿扰》主持人孟非语言评析［J］. 东南传播，2012（1）.

［99］张娟. 电视谈话节目主持人附和类话目中重复现象的会话分析［J］. 中国集体经济，2009（36）.

［100］张文烨. 现场即席话语中"承诺"言语行为的多模态视角个案研究：以《非你莫属》职场招聘节目为例［J］. 农家参谋，2018（21）.

［101］张倩. 英汉拒绝策略的语用对比研究：以国内外相亲节目为例［J］. 新疆广播电视大学学报，2016（4）.

［102］张娜.《中国好声音》和《美国好声音》的打断话语探究［J］. 北方工业大学学报，2017（3）.

［103］张少元. 问政节目主持人应具备的"功夫"［J］. 青年记者，2017（3）.

［104］张岚. 浅析问政类节目中的话语打断现象［J］. 新闻传播，2014（1）.

［105］赵雪. 电视访谈节目的语篇组织模式［J］. 语言文字应用，2006（S2）.

［106］赵艺.《非你莫属》中男女求职者的会话特征分析［J］. 文教资料，2014（32）.

［107］赵俊. 主位理论在大学英语写作教学中的研究［J］. 科技信息，2014（14）.

［108］郑燕芳，路宝君."真人秀"类电视谈话节目中的互动言语行为分析：以《非诚勿扰》和《非你莫属》为例［J］. 新闻知识，2014（9）.

[109] CLAYMAN S E. The production of punctuality: social interaction, temporal organization, and social structure [J]. American journal of sociology, 1989 (3).

[110] DAIGEN V, HOLMES J. Don't interrupt! A good rule for marriage? [J]. Personal relationship, 2000 (7).

[111] DRASS K. Negotiation and the structure of discourse in medical consultation [J]. Sociology of health and illness, 1982 (3).

[112] DUNCAN S, NIEDEREHE G. On signaling that it's your turn to speak [J]. Journal of experimental social psychology, 1974 (3).

[113] GU Y G. Doctor-patient interaction as goal-directed discourse in Chinese sociocultural context [J]. Journal of Asian pacific communication, 1996 (3&4).

[114] GU Y G. Five ways of handling a bedpan: a tripartite approach to workplace discourse [J]. Text, 1997 (4).

[115] HERITAGE J, ROBINSON J. The structure of patients' presenting concerns: physicians' opening questing [J]. Health communication, 2006b (2).

[116] HILL A. Reality TV: audiences and popular factual television [J]. Journal of communication, 2006 (1).

[117] ILIE C. Semi-institutional discourse: the case of talk shows [J]. Journal of pragmatics, 2001 (2).

[118] KOLLOCK P, BLUMSTEIN P, SCHWARTZ P. Sex and power in interaction: conversational privileges and duties [J]. American sociological review, 1985 (1).

[119] MURATA K. Intrusive or cooperative? A cross-cultural study of interruption [J]. Journal of pragmatics, 1994 (4).

[120] REISS S, WILTZ J. Why people watch reality TV [J]. Media psychology, 2004 (4).

[121] ROBINSON D, STIVERS T. Achieving activity transitions in physician-patient encounters from history taking to physical examination [J]. Human communication research, 2001 (2).

[122] SACKS H, SCHEGLOFF E A, JEFFERSON G. A simplest systematics for

the organization of turn-taking for conversation［J］. Language, 1974（4）.

［123］SCHEGLOFF E A, SACKS H. Opening up closings［J］. Semiotica, 1973（4）.

［124］SCHEGLOFF E A, JEFFERSON G, SACKS H. The preference for self-correction in the organization of repair in conversation［J］. Language, 1977（53）.

［125］WINTER J. Gender and the political interview in an Australian context ［J］. Journal of pragmatics, 1993（20）.

［126］WOODBURY H. The strategic use of questions in court［J］. Semiotica, 1984（3/4）.

三、学位论文

［1］崔智英. 电视访谈的语体特征研究［D］. 上海：复旦大学, 2011.

［2］蔡玮. 新闻类语篇研究的语体学意义［D］. 上海：复旦大学, 2004.

［3］代树兰. 电视访谈话语研究［D］. 上海：上海外国语大学, 2007.

［4］贺小聃. 中国法庭互动中的修正序列研究［D］. 武汉：华中师范大学, 2015.

［5］江玲. 庭审话语中的法官身份构建［D］. 上海：上海外国语大学, 2012.

［6］刘佳音. 汉语作为第二语言的学习者课堂会话修正研究［D］. 长春：吉林大学, 2016.

［7］刘萍. 电视访谈节目中打断现象研究［D］. 广州：暨南大学, 2015.

［8］林琳. 谈话类节目会话机制研究［D］. 武汉：华中师范大学, 2005.

［9］李梅. 半机构性话语中的他人修正：以汉语电视访谈为例［D］. 上海：上海外国语大学, 2008.

［10］李丽. 娱乐脱口秀节目《天天向上》的话轮控制策略研究［D］. 武汉：华中师范大学, 2016.

［11］李萌萌. 电视户外亲子真人秀节目的会话研究：以《爸爸去哪儿》为例［D］. 长春：东北师范大学, 2015.

［12］廖美珍. 问答：法庭话语互动研究［D］. 北京：中国社会科学院研究生院, 2002.

［13］马春燕. 汉语多人会话结构分析与性别建构研究：以电视谈话节目为

例［D］. 杭州：浙江大学，2014.

［14］宋小菡. 研究生英语作文议论文文体中主位推进和作文质量关系研究 ［D］. 兰州：兰州大学，2008.

［15］田笑. 二语课堂会话身份建构研究［D］. 武汉：武汉大学，2017.

［16］王晓艳. 社会认知视域下的课堂会话协商特征研究［D］. 济南：山东 大学，2014.

［17］王芳.《快乐大本营》中的面子策略研究［D］. 武汉：华中师范大 学，2013.

［18］薛瑞环. 互动与博弈：电视问政话语建构研究：以南宁电视问政节目 为例［D］. 南宁：广西民族大学，2017.

［19］谢群. 商务谈判话语互动研究［D］. 武汉：华中师范大学，2013.

［20］杨迎春. 媒体访谈的引发与应答研究［D］. 哈尔滨：黑龙江大学， 2012.

［21］杨婕. 回避：汉语财经访谈中受访者的语用策略［D］. 广州：广东外 语外贸大学，2007.

［22］姚俊. 汉英言语反讽的形式与功能一项基于电视辩论语料的语用研究 ［D］. 上海：上海外国语大学，2005.

［23］曾范敬. 警察讯问话语批评分析［D］. 北京：中国政法大学，2011.

［24］周静. 访谈节目主持人言语打断现象分析［D］. 广州：暨南大学， 2010.

［25］张津. 公共空间视域下《电视问政》创新政府信息传播的机制探究 ［D］. 武汉：华中科技大学，2014.

［26］张泷予. 政治传播视野下湖南经视《电视问政》研究［D］. 湘潭： 湘潭大学，2015.

［27］赵洪芳. 法庭话语、权利与策略研究［D］. 北京：中国政法大学， 2009.

后 记

本书是在我的博士学位论文基础上修改而成的。本书于我而言像是朋友，形影不离地伴我左右，我用心血和汗水来让彼此共同成长。在成长的过程中，我深刻体会到了恩情、亲情、友情、爱情的可贵；我对在知识的海洋里努力求索的学者们更加地敬畏；我真切领悟到了有所得必有所失，失去是为了让人懂得拥有的美好；我有了更大的热情与勇气在语言学的殿堂中向前迈步。在成长的过程中，离不开帮助、关心、爱护我的人，是这些人让我前行的道路走得更加顺畅。

感谢对我有教导、引领之恩的东北师范大学金晓艳教授。我的导师用她的学识、她的素养、她的眼界、她的睿智、她的耐心引领我一步步从论文选题走到框架初构再到论文完成，这一过程凝聚着她太多的心力。对于我的问题，她总是耐心地回答；对于我的不足，她都能够包容理解；对于我的进步，她及时地给予鼓励。我的导师用她的高水准帮我架构了一个新的平台，无私地传授着丰富的知识与经验。我将怀着这份恩情以导师为榜样，不断提升自我。

感谢我的硕士生导师东北师范大学李勉东教授。从我踏进大学的校门开始，就承蒙李老师的教诲。一路走来，老师高尚的人格、渊博的知识感染着我。在我写作遇到困难的时候，李老师向我伸出了援助之手。他在生活上教导我成为一个豁达的人，在学习上教育我拥有严谨的治学态度。李老师对我的恩情我会铭记在心。

感谢我的朋友们，特别感谢我的朋友刘佳音、陈鸿瑶、谭中华。在写作推进过程中，遇到的很多细节、琐碎的问题在和刘佳音的商讨中得以解决并获得了很多灵感；在对某些章节捉摸不定时，是陈鸿瑶为我开辟了新的思路；在对写作的规范等问题迷惑时，谭中华给了我很大的帮助。

感谢我的父母给予我生命，让我能够领略世间的美好；辛苦地抚育、教导我，使我能够有幸攻读博士学位；对我倾尽全力地付出，使我能够专心写作。感谢我的婆婆和公公对我无微不至的关心与爱护，在我需要他们的时候，总是能够挺身而出，默默地守护着我，鼓励着我，使我的心里倍感温暖。感谢我的先生对我无私的爱，既能与我同甘，亦能与我共苦。在我劳累的时候为我舒缓心情，在我写作出现困惑的时候给我出谋划策，为我搭建了一个安心的港湾。感谢我的孩子来到我的身边，让我成为幸福的妈妈，使我想努力成为优秀的人。

最后，感谢我朝夕相伴的朋友——我的这本书。随着岁月的流逝它在逐渐成熟，我也随之长大。治学的态度有所严谨、追求知识的欲望大有增加、独立研究的能力有所提升、性情上的浮躁有所减少、对钻研的学问多了几分执着、对自己所拥有的更加珍惜。我将怀着一颗感恩的心，不辜负帮助、支持、鼓励我的老师们、朋友们、亲人们，不忘初心，在语言学的殿堂里努力前行。

付　博

2024 年 12 月